Dorf
Völkerrecht

# Völkerrecht

von

**Dr. Yvonne Dorf**

Leitende Regierungsdirektorin
Hochschule des Bundes
für öffentliche Verwaltung, Brühl

2. Auflage 2016

C.H.BECK

**www.beck.de**

ISBN 978 3 406 68162 2

© 2016 Verlag C. H. Beck oHG
Wilhelmstraße 9, 80801 München
Druck: Nomos Verlagsgesellschaft
In den Lissen 12, 76547 Sinzheim

Satz: DTP-Vorlagen der Autorin

Gedruckt auf säurefreiem, alterungsbeständigem Papier
(hergestellt aus chlorfrei gebleichtem Zellstoff)

# Vorwort

Dieser kleine Band soll es ermöglichen, die völkerrechtlichen Grundlagen in kurzer Zeit zu wiederholen. Gerade vor Prüfungen ist die Zeit oftmals sehr knapp und der Wunsch groß, den Stoff noch einmal zügig auffrischen zu können. Zu diesem Zweck konzentriert sich die Darstellung auf eine kompakte Wissensvermittlung unter Berücksichtigung aktueller Entwicklungen und zentraler Fragestellungen. Das Kompendium dient jedoch nicht nur der Wiederholung, sondern will auch eine Basisorientierung im Völkerrecht geben. Die Darstellung verzichtet daher nicht auf die notwendige Detailgenauigkeit, die für das Verständnis des Völkerrechts erforderlich ist.

Brühl, Oktober 2015                                                                    *Yvonne Dorf*

# Inhaltsverzeichnis

# Abkürzungsverzeichnis

| | |
|---|---|
| FIFA | Fédération Internationale de Football Association |
| GA | General Assembly |
| GATS | General Agreement on Trade and Services |
| GATT | General Agreement on Tariffs and Trade |
| gem. | gemäß |
| GG | Grundgesetz |
| ggfs. | gegebenenfalls |
| grds. | grundsätzlich |
| GSG | Grenzschutzgruppe (der Bundespolizei) |
| HLKO | Haager Landkriegsordnung |
| h.M. | herrschende Meinung |
| Hs. | Halbsatz |
| IAEA | International Atomic Energy Agency |
| ICC | International Chamber of Commerce |
| ICJ | International Court of Justice |
| IDI | Institut de Droit International |
| IGH | Internationaler Gerichtshof |
| ILA | International Law Association |
| ILC | International Law Commission |
| ILM | International Legal Materials |
| ILO | International Labour Organization |
| IMF | International Monetary Fund |
| IOC | International Olympic Commitee |
| IPBPR | Internationaler Pakt über bürgerliche und politische Rechte |
| IPWSKR | Internationaler Pakt über wirtschaftliche, soziale und kulturelle Rechte |
| iS(d) | im Sinne (der/des) |
| ISGH | Internationaler Seegerichtshof |
| IStGH | Internationaler Strafgerichtshof |
| iVm | in Verbindung mit |
| IWF | Internationaler Währungsfonds |
| Kap. | Kapitel |
| KSZE | Konferenz über Sicherheit und Zusammenarbeit in Europa |
| lit. | litera (Buchstabe) |
| LNTS | League of Nations Treaty Service |
| NATO | North Atlantic Treaty Organization |
| NGO(s) | Non-Governmental Organization(s) |
| Nr. | Nummer |
| o.ä. | oder ähnliches |
| OAS | Organization of American States |
| OAU | Organization of African Unity |
| OECD | Organization for European Economic Cooperation und Development |
| OEEC | Organization for European Economic Cooperation (seit 1960: OECD) |

| | |
|---|---|
| OHCHR | Office of the High Commissioner for Human Rights |
| OSZE | Organisation für Sicherheit und Zusammenarbeit in Europa |
| PCIJ | Permanent Court of International Justice |
| PDK | Party of Democratic Kampuchea |
| PLO | Palestine Liberation Organization |
| Res. | Resolution |
| Rn. | Randnummer |
| s. | siehe |
| S. | Seite |
| SC | Security Council |
| s.o. | siehe oben |
| sog. | sogenannte(r, s) |
| SRÜ | Seerechtsübereinkommen |
| StAG | Staatsangehörigkeitsgesetz |
| StIGH | Ständiger Internationaler Gerichtshof |
| TNC | Transnational Corporation |
| TRIPS | Trade-Related Aspects of Intellectual Property Rights |
| u. | und |
| u.a. | unter anderem/und andere |
| UAbs. | Unterabsatz |
| UN | United Nations |
| UNAT | United Nations Administrative Tribunal |
| UNESCO | United Nations Educational, Scientific and Cultural Organization |
| UNHCHR | United Nations High Commissioner for Human Rights |
| UNHCR | United Nations High Commissioner for Refugees |
| UNITA | Nationale Union für die völlige Unabhängigkeit Angolas |
| UNMIK | United Nations Interim Administration Mission in Kosovo |
| UNTAET | United Nations Transitional Administration in East Timor |
| UNTS | United Nations Treaty Series |
| Var. | Variante |
| VG | Verwaltungsgericht |
| vgl. | vergleiche |
| WCC | World Councel of Churches |
| WHO | World Health Organization |
| WIPO | World Intellectual Property Organization |
| WKSV | Wiener Konvention über die Staatennachfolge in Verträge |
| WTO | World Trade Organization |
| WÜD | Wiener Übereinkommen über diplomatische Beziehungen |

# Literaturverzeichnis

| | |
|---|---|
| *von Arnauld* | Völkerrecht, 2. Aufl. 2014 |
| *Bleckmann* | Allgemeine Staats- und Völkerrechtslehre, 1995 |
| *ders.* | Völkerrecht, 2001 |
| *Brownlie* | Principles of Public International Law, 8. Aufl. 2012 |
| *Cassese* | International Law, 2. Aufl. 2005 |
| *Dahm/Delbrück/ Wolfrum* | Völkerrecht, 2. Aufl., Bd. I/1 1989, Bd. I/2 2002, Bd. I/3 2002 |
| *Doehring* | Völkerrecht, 2. Aufl. 2004 |
| *Geiger* | Grundgesetz und Völkerrecht, 6. Aufl. 2013 |
| *von Glahn/Taulbee* | Law Among Nations, 10. Aufl. 2012 |
| *Grabenwarter/Pabel* | Europäische Menschenrechtskonvention, 5. Aufl. 2012 |
| *Herdegen* | Völkerrecht, 14. Aufl. 2015 |
| *Hobe* | Einführung in das Völkerrecht, 10. Aufl. 2014 |
| *Ipsen (Hrsg.)* | Völkerrecht, 6. Aufl. 2014 |
| *Kempen/Hillgruber* | Völkerrecht, 2. Aufl. 2012 |
| *Kokott/Doehring/ Buergenthal* | Grundzüge des Völkerrechts, 3. Aufl. 2003 |
| *Lowe* | International Law, 2007 |
| *Peters* | Völkerrecht, Allgemeiner Teil, 3. Aufl. 2012 |
| *Ruffert/Walter* | Institutionalisiertes Völkerrecht, 2. Aufl. 2015 |
| *Schweisfurth* | Völkerrecht, 2006 |
| *Simma (Hrsg.)* | The Charter of the United Nations, A Commentary, 3. Aufl. 2012 |
| *Shaw* | International Law, 7. Aufl. 2014 |
| *Stein/von Buttlar* | Völkerrecht, 13. Aufl. 2012 |
| *Verdross/Simma* | Universelles Völkerrecht, 3. Aufl. 1984 (unveränderter Nachdruck 2010) |
| *Vitzthum (Hrsg.)* | Völkerrecht, 6. Aufl. 2013 |
| *Ziegler* | Völkerrechtsgeschichte, 2. Aufl. 2007 |

# Kapitel 1. Einführung

## A. Begriff des Völkerrechts

**Literatur:** *Herdegen*, Völkerrecht, § 1; *Kempen/Hillgruber*, Völkerrecht, § 1; *Stein/von Buttlar*, Völkerrecht, Rn. 1 ff.

Eine allgemeingültige Definition des Begriffs „Völkerrecht" existiert nicht. Die deutsche Terminologie „Völkerrecht" lässt sich zurückführen auf die direkte Übersetzung des lateinischen Begriffs *ius gentium* – Recht der Völker, der in römischer Zeit die Rechtsbeziehungen zwischen Römern und Fremden erfasste. Regelungsgegenstand des Völkerrechts ist jedoch nicht, wie der Wortlaut vermuten lassen könnte, das Recht der Völker. Zwar enthält das Völkerrecht auch Regelungen für Völker (vgl. zB das Selbstbestimmungsrecht der Völker; → Kap. 5 Rn. 47 ff.), doch wird der eigentliche Regelungsgegenstand des Völkerrechts erst mit Blick auf den im anglo-amerikanischen wie auch im romanischen Sprachraum benutzten Begriff verständlich: public international law, droit international public oder derecho internacional público machen deutlich, dass es beim Völkerrecht maßgeblich um das internationale öffentliche Recht, um ein zwischen den Staaten geltendes Recht geht. Mit der Bezugnahme auf das „öffentliche" Recht wird das Völkerrecht vom grenzüberschreitenden Privatrecht abgegrenzt. Internationales öffentliches Recht bedeutet, dass es sich um einen Regelungsbereich handelt, in dem sich Staaten als Hoheitsträger gegenüberstehen, und der dem Zugriff einer nationalen Rechtsordnung entzogen ist. **1**

Wenn ein Staat in einem anderen Staat ein Grundstück erwerben will, um darauf sein Botschaftsgebäude zu errichten, gilt nicht das Völkerrecht, sondern das Kaufrecht des anderen Staates. Das Völkerrecht hingegen regelt, dass die gewaltsame Einverleibung fremden Staatsgebiets (Annexion) völkerrechtswidrig ist (Art. 2 Nr. 4 UN-Charta). **2**

Nicht um Völkerrecht, sondern um nationales Recht handelt es sich beim Internationalen Privatrecht sowie den weiteren „internationalen" Disziplinen, dem Internationalen Strafrecht und Internationalen Verwaltungsrecht. Sie regeln, welches nationale Recht bei über die Grenzen eines Staates hinausreichenden Sachverhalten anwendbar ist.

Die Bezugnahme auf zwischenstaatliche Beziehungen allein wird dem Völkerrecht jedoch nicht gerecht. Das Völkerrecht hat sich im Laufe der Zeit auch zu einem Recht über die Beziehungen zwischen **3** anderen Völkerrechtssubjekten, wie insbesondere den internationalen Organisationen, entwickelt. Auch der einzelne Mensch, das Individuum, ist heute Regelungsgegenstand des Völkerrechts. Handeln die Völkerrechtssubjekte aufgrund von Normen, die dem Bereich hoheitlicher Funktionen zuzurechnen sind, greift das Völkerrecht. Primärer Adressat des Völkerrechts sind nach wie vor jedoch die Staaten als primäre Subjekte des Völkerrechts.

> **Völkerrecht** lässt sich definieren als die Gesamtheit der Rechtsnormen, welche die Beziehungen zwischen den Staaten als Trägern hoheitlicher Gewalt bzw. zwischen den hoheitliche Funktionen ausübenden Völkerrechtssubjekten regeln.

## B. Geschichte des Völkerrechts

**Literatur:** *Herdegen*, Völkerrecht, § 2; *Kempen/Hillgruber*, Völkerrecht, § 2; *Stein/von Buttlar*, Völkerrecht, Rn. 15 ff.; *Ziegler*, Völkerrechtsgeschichte.

4    Das Völkerrecht ist ein überaus dynamisches Rechtsgebiet. Mehr als andere Rechtsgebiete war und ist es in seiner Entwicklung von faktischen und politischen Veränderungen abhängig. Der Antike und dem Mittelalter war das Völkerrecht als ein die Rechte und Pflichten zwischen unabhängigen Staaten regelndes Rechtssystem fremd. Beginn der Periode des sog. klassischen Völkerrechts ist die Entstehung von Nationalstaaten in Europa. Der **Westfälische Friede** von Münster und Osnabrück 1648 stand am Anfang einer Entwicklung weg vom bloßen Personalverband hin zum modernen Territorialstaat. Die Verträge von Münster und Osnabrück räumten den Fürstentümern des Reiches eine nach innen und außen unbeschränkte Herrschaftsgewalt ein. Der französische Staatsrechtslehrer *Jean Bodin* hat hierfür den Begriff der „**Souveränität**" geprägt (Six livres de la République, 1576, erstes Buch, Kap. X). Der Grundsatz der Souveränität nach innen und nach außen hatte sich als ein Fundament des Völkerrechts durchgesetzt – wenngleich zunächst noch der Fürst und nicht der Staat souverän war. In geografischer Hinsicht war das Völkerrecht noch auf Europa beschränkt (*ius publicum europaeum*).

5    In den Vertragsabschlüssen von Münster und Osnabrück schlugen sich Ideen des weithin als „Vater des Völkerrechts" geltenden Niederländers *Hugo Grotius* (1583–1645) nieder. *Grotius* veröffentlichte im Jahr 1625 sein Hauptwerk „De iure belli ac pacis libri tres", in dem er auf den in den vertraglichen Vereinbarungen zum Ausdruck gebrachten Willen der Staaten zum Konsens als Geltungsgrundlage des Völ-

kerrechts abgestellt hatte. Neben dem Naturrecht griff *Grotius* erstmals auf die Staatenpraxis als Quelle des Völkerrechts zurück. Darüber hinaus bemühte sich *Grotius* auch, Regeln für einen gerechten Krieg (*bellum iustum*) zu definieren. *Grotius* vertrat die Auffassung, dass (nur) die Verteidigung, die Wiedererlangung genommener Gebiete und die Bestrafung als Kriegsgründe für einen gerechten Krieg in Betracht kommen.

Ein Wandel in der Herrschaftspraxis, eine Verlagerung der Rechts-  **6** subjektivität vom Fürsten auf den Staat, trat im 18. Jahrhundert ein. Im 19. Jahrhundert, mit der Durchsetzung der Gedanken der Aufklärung, gewann der Staat als verfasster Gebiets- und Personenverband Rechtspersönlichkeit, was aber nicht heißt, dass im 19. Jahrhundert bereits jedem autonomen Gebiets- und Personenverband auch die Völkerrechtssubjektivität im zwischenstaatlichen Verkehr zuerkannt wurde. Die territoriale Ordnung in Europa wurde über viele Jahre hinweg durch den Wiener Kongress (1815) geprägt, der ein Gleichgewicht der Großmächte England, Frankreich, Preußen, Österreich und Russland auf dem Kontinent etablierte („Europäisches Konzert" der Koexistenz und Kooperation). Dieses Gleichgewicht auf dem Kontinent wurde allerdings durch jede Veränderung des machtpolitischen Gefüges in den Kolonialgebieten erschüttert. Eroberungen vermeintlichen Niemandslandes (*terra nullius*) beispielsweise in Afrika oder Südamerika galten weiterhin als wirksame Gebietserwerbstitel. Das Recht zum Krieg (**ius ad bellum**), die gewaltsame Verwirklichung politischer Interessen, wurde im 19. und beginnenden 20. Jahrhunderts als Ausfluss der Staatensouveränität gesehen. Dieses Recht war unstreitig und galt als eine Art Grundrecht eines jeden Staates zur Durchsetzung seiner Rechtspositionen gegenüber einem anderen Staat.

*Henry Wheaton* drückte dies in seinem Werk „Elements of International Law" (8. Aufl. 1866, § 290, S. 368) folgendermaßen aus: „Every State has ... a right to resort to force, as the only means of redress for injuries inflicted upon it by others, in the same manner as individuals would be entitled to that remedy were they not subject to the laws of civil society. Each State is also entitled to judge for itself, what are the nature and extent of the injuries which will justify such a means of redress."

Das Zeitalter der industriellen Revolution im 19. und beginnenden  **7** 20. Jahrhundert ist aber auch gekennzeichnet von einem Aufschwung des Vertragswesens und einer Zunahme zwischenstaatlicher Kommunikation. Mit der Expansion der Wirtschaft ging eine Regelungsnotwendigkeit einher. Es kam zu ersten Formen internationaler Kooperation. Bilaterale Abkommen wie Freundschafts-, Handels- und Schifffahrtsverträge wurden geschlossen und Institutionen wie der Allgemeine Telegraphenverein (1865) und der Weltpostverein (1874) wurden – gleichsam als neue Völkerrechtssubjekte – gegründet.

**8**    Das Bemühen um Friedenssicherung führte seit Mitte des 19. Jahrhunderts zu einer Vielzahl von multilateralen Verträgen zur Beschränkung der zulässigen Mittel der Kriegsführung, insbesondere zu den beiden großen Kodifikationen des Kriegsvölkerrechts, den *Haager Abkommen betreffend die Gesetze und Gebräuche des Landkrieges* von 1899 und 1907 mit den jeweils als Anlage hierzu geltenden **Haager Landkriegsordnungen**. Die (zweite) *Haager Landkriegsordnung* von 1907 blieb bis heute unverändert. Das „Haager Recht" stellt Regeln über die zulässigen Methoden und Mittel der Kriegsführung, kurz: über das Recht im Krieg (*ius in bello*) auf. Diese Regeln sind durch zahlreiche Verträge ergänzt worden, wie 1949 durch die vier *Genfer Abkommen*, die den Schutz der Opfer des Krieges zum Regelungsgegenstand haben. Sämtliche Regelungen zur Humanisierung der Kriegsführung bilden heute das sog. **humanitäre Völkerrecht** (→ Kap. 8).

**9**    Nach dem Ende des Ersten Weltkrieges wurde durch die Versailler Friedensverträge von 1919/1920 der **Völkerbund** gegründet. Er gilt in der Funktion als Weltfriedensorganisation als Vorläufer der Vereinten Nationen. Ziel des Völkerbundes war die Förderung der Zusammenarbeit unter den Nationen sowie die Gewährleistung des internationalen Friedens und der internationalen Sicherheit (Präambel der Satzung). Die Mitgliedstaaten des Völkerbundes bekannten sich zur Abrüstung und verpflichteten sich zur gegenseitigen Beachtung und Aufrechterhaltung ihrer territorialen Integrität und politischen Unabhängigkeit, doch enthielt die Völkerbundsatzung noch keine generelle Ächtung des Krieges. Der Völkerbund als System der kollektiven Sicherheit erwies sich aus verschiedenen Gründen als schwach. So waren einige Großmächte wie die Sowjetunion, das Deutsche Reich, Japan und Italien nur vorübergehend Mitglied im Völkerbund, die Vereinigten Staaten traten erst gar nicht bei. Hinzu kam, dass der Völkerbund keine Kompetenz für Zwangsmaßnahmen hatte und somit nicht effektiv gegenüber satzungswidrigen Kriegshandlungen der Mitgliedstaaten vorgehen konnte. Im Jahr 1946 kam es daher zur Auflösung des Völkerbundes. Damit fand auch der **Ständige Internationale Gerichtshof**, den die Völkerbundsatzung vorsah, sein Ende. Mit der Aufnahme der Tätigkeit des Ständigen Internationalen Gerichtshofs im Jahr 1922 war ein wichtiger Schritt zur Fortentwicklung der internationalen Gerichtsbarkeit getan worden. Ein bedeutender Schritt für die Eindämmung des *ius ad bellum* wurde mit dem Pakt zur Ächtung des Krieges von 1928 gemacht (*Briand-Kellogg*-Pakt), der den Krieg als Mittel der Politik untersagte.

**10**    Die Kriegs-Ächtung des *Briand-Kellogg*-Pakts, dem die überwiegende Mehrheit der Staaten der Völkerbundära beigetreten war, wurde 1945 von der **Charta der Vereinten Nationen** (UN-Charta) aufgegriffen. Mit der UN-Charta wurde erstmals ein umfassendes zwischenstaatliches Gewaltverbot verankert (Art. 2 Nr. 4 UN-Charta). Ergänzt wird das unbedingte Kriegsverbot durch die Verpflichtung zur friedlichen Streitbeilegung (Art. 2 Nr. 3 UN-Charta) und die Verpflichtung zur Solidarität mit Maßnahmen der Vereinten Nationen gegen Aggressoren (Art. 2 Nr. 5 UN-Charta). Die Staatengemeinschaft reagierte mit der Gründung der **Vereinten Nationen/United Nations** (UN) im Jahr 1945 auf die beiden Weltkriege in der ersten Hälfte des 20. Jahrhunderts. 51 Staaten nahmen damals an der Gründungskonferenz in San Francisco teil. Heute zählen die Vereinten Nationen 193 Mitgliedstaaten (Stand: September 2015).

Mit und seit der Gründung der Vereinten Nationen hat sich das **11** Völkerrecht entscheidend weiterentwickelt. Hervorzuheben sind hier die Arbeiten der von der UN-Generalversammlung im Jahr 1947 zur Weiterentwicklung und Kodifizierung des Völkerrechts eingesetzten *International Law Commission* (ILC), sowie die internationalen Vorgaben zum Schutz der Menschenrechte, die durch die von der UN-Generalversammlung angenommene *Allgemeine Erklärung der Menschenrechte* von 1948 Auftrieb erhalten haben. Weitere Meilensteine des Menschenrechtsschutzes sind insbesondere die Europäische Menschenrechtskonvention von 1950 (EMRK) sowie die beiden UN-Menschenrechtspakte von 1966 (zum Menschenrechtsschutz → Kap. 7).

Gehemmt wurde die Völkerrechtsentwicklung bis zum Jahr 1989 durch den Ost-West-Konflikt, der die Handlungsfähigkeit des Sicherheitsrats blockierte. Mit der Überwindung der ideologischen Ost-West-Spaltung in der Ära *Gorbatschow* und dem Umbruch in der Sowjetunion ist gerade in jüngerer Zeit eine zunehmende Bedeutung des Sicherheitsrats als wichtigem Akteur zur Wahrung des Weltfriedens zu beobachten. Festzustellen ist auch, dass seither die Regelungsgegenstände des Völkerrechts rapide angewachsen sind. Das Völkerrecht dehnt sich auf immer neue Themen aus. Dies ist zum einen dem Umstand geschuldet, dass sich bestimmte Themen aufgrund ihres grenzüberschreitenden Sachverhalts nicht mehr allein auf nationaler Ebene regeln lassen wie bspw. der Umweltschutz, die Migration, der Schutz vor dem internationalen Terrorismus oder vor einer Ausweitung der nuklearen Bedrohung. Zum anderen liegen die Gründe für die normative Regelungsdichte in der Einbindung neuer Völkerrechtssubjekte und der zunehmenden Vernetzung und gegenseitigen Abhängigkeit der Weltwirtschaft, wofür die Chiffre „Globalisierung" steht.

Das Völkerrecht hat sich gewandelt: diente es früher der Gewähr- **12** leistung der Koexistenz souveräner Staaten und erfuhr seine begrenzende Wirkung gerade durch die Souveränität der absoluten Fürsten und Staaten, die gestützt auf ihre Souveränität fremdes Recht abzuwehren suchten, so dehnt sich das Völkerrecht heute immer weiter vertikal in den ehemals allein dem Staat vorbehaltenen Regelungsbereich, in die *domaine réservé* aus. Die unbeschränkte Staatsgewalt ist im Dienste der internationalen Gemeinschaft an Verpflichtungen gebunden. Die Herausforderungen der jüngsten Vergangenheit erfordern eine Intensivierung und Institutionalisierung der internationalen Zusammenarbeit, „damit zwischen den Nationen friedliche und freundschaftliche, auf der Achtung vor dem Grundsatz der Gleichberechtigung und Selbstbestimmung der Völker beruhende Beziehungen herrschen" (s. Art. 56 iVm Art. 55 UN-Charta).

## C. Geltungsgrund des Völkerrechts

**Literatur:** *Herdegen*, Völkerrecht, § 3; *Kempen/Hillgruber*, Völkerrecht, § 3; *Peters*, Völkerrecht Allgemeiner Teil, Kap. 1 Rn. 24 ff.; *Stein/von Buttlar*, Völkerrecht, Rn. 10 ff.

**13**     Anders als die nationalen Rechtsordnungen, die auf Rechtsetzung durch staatliche Organe beruhen, gilt das Völkerrecht nicht kraft einseitiger Setzung. Primärer Adressat des Völkerrechts sind die Staaten, die gleichzeitig diejenigen sind, die für die Entstehung des Völkerrechts verantwortlich zeichnen, indem sie völkerrechtliche Verträge abschließen oder Gewohnheitsrecht durch gleichförmiges Verhalten mit entsprechender Rechtsüberzeugung entstehen lassen. Der übereinstimmende Verpflichtungswille der Staaten bei Verträgen und der Grundkonsens der – wenn auch nicht aller – Staaten über bestimmte Ordnungsprinzipien führt zur Befolgung des Völkerrechts. Dabei wird Völkerrecht nicht etwa deswegen befolgt, weil im Falle seiner Verletzung mit harten Sanktionen zu rechnen wäre. Die Zwangsmechanismen des Völkerrechts sind im Gegenteil relativ schwach. Völkerrecht wird befolgt, weil es die Staatengemeinschaft als eine Rechtsordnung anerkennt, die Verlässlichkeit und Stabilität gewährt. Die Staaten erwarten, dass sich die anderen Staaten ebenfalls rechtstreu verhalten und ihren völkerrechtlichen Rechtsverpflichtungen nachkommen (**Gegenseitigkeitserwartung**). Die Regelbefolgung resultiert aber auch aus der Einsicht, dass ein völkerrechtlicher Normverstoß mit einem Prestigeverlust verbunden ist und den Staat als „Rechtsbrecher" in der Staatengemeinschaft abstempelt. Diese Nachteile will heute kaum ein Staat dieser Welt in Kauf nehmen. Vielmehr wird versucht, die Legitimation für staatliches Handeln gerade auch aus dem Völkerrecht zu gewinnen. Und selbst bei völkerrechtlich bedenklichem Agieren argumentieren die Staaten fast immer mit der Behauptung von Völkerrechtskonformität (vgl. die Bemühungen der USA zur Rechtfertigung des Irak-Krieges).

Die Geltung des Völkerrechts lässt sich nicht mit juristischen Tatbe- **14**
ständen erklären. Völkerrecht gilt, weil ein internationales Staatensys-
tem zur Erhaltung und Entwicklung einer Ordnung bedarf und die
Staaten die zur Erhaltung dieser Ordnung notwendigen Regeln praktisch als „überlebensnotwendig" zur Bewältigung ihrer – alleine nicht
lösbaren – Bedürfnisse und Probleme anerkennen.

Dass die Staaten zwar grundsätzlich, gleichwohl aber nicht immer motiviert
sind, Völkerrecht zu befolgen, hat *Louis Henkin* in seinem Werk „How Nations
Behave" (Erstauflage 1968) treffend mit folgenden Worten beschrieben: „Almost all nations observe almost all principles of international law and almost all
of their obligations almost all of the time."

## Testfragen zum 1. Kapitel

1. Welches sind die Hauptakteure des Völkerrechts?
2. Um welches Recht geht es dem Wesen nach in erster Linie beim
   Völkerrecht?
3. Welche beiden Regelungswerke des 19./20. Jahrhunderts sind von
   zentraler Bedeutung für die Beschränkung der zulässigen Mittel
   der Kriegsführung?
4. Was bedeuten die Begriffe *ius ad bellum* und *ius in bello*?
5. Mit welchem Vertrag wurde der Beginn der Eindämmung des *ius
   ad bellum* eingeleitet?
6. Welches sind die wesentlichen Gründe für die tatsächliche Geltung des Völkerrechts?

# Kapitel 2. Völkerrechtssubjekte

**Völkerrechtssubjekte** sind Träger völkerrechtlicher Rechte und    1
Pflichten.

Im Hinblick auf Art und Umfang der Völkerrechtssubjektivität ist zwischen **unbeschränkten und beschränkten (partiellen) Völkerrechtssubjekten** zu unterscheiden. Während unbeschränkte Völkerrechtssubjekte keinen gegenständlichen Beschränkungen unterliegen und grundsätzlich Träger aller völkerrechtlichen Rechte und Pflichten sein können, kommt den beschränkten Völkerrechtssubjekten nur hinsichtlich einzelner völkerrechtlicher Rechte und Pflichten Rechtspersönlichkeit zu.

## A. Staaten

**Literatur:** *Herdegen*, Völkerrecht, § 8, § 29 f.; *Hobe*, Einführung in das Völkerrecht, S. 71 ff., 106 ff.; *Kempen/Hillgruber*, Völkerrecht, § 5, § 21; *Stein/von Buttlar*, Völkerrecht, Rn. 248 ff., 336 ff.

Noch immer sind die Staaten die wesentlichen Akteure bei der Er-    2
zeugung von Völkerrecht. Ihre Fähigkeit, Völkerrecht zu erzeugen und Träger von völkerrechtlichen Rechten und Pflichten und damit Völkerrechtssubjekt zu sein, ist unbeschränkt. Aus diesem Grund werden die Staaten auch als sog. **geborene bzw. originäre Völkerrechtssubjekte** bezeichnet. Allein den Staaten wird unbeschränkte Völkerrechtssubjektivität zugesprochen. Zurzeit umfasst die Staatenwelt über 190 Staaten, die unstrittig internationale Anerkennung als Staaten genießen.

### I. Staatsbegriff des Völkerrechts

Die sog. **Drei-Elemente-Lehre**, von *Georg Jellinek* für die allgemeine    3
Staatslehre entwickelt, umschreibt am treffendsten die Wirklichkeit organisierter Staatlichkeit. Sie hat sich daher auch in der Völkerrechtstheorie durchgesetzt. Nach der Drei-Elemente-Lehre existiert ein Staat dann, wenn über ein **Staatsvolk** auf einem **Staatsgebiet** effektive **Staatsgewalt** ausgeübt wird. Diese Elemente finden sich auch in der berühmten Definition des Staates in Art. 1 der *Konvention von Montevideo über die Rechte und Pflichten der Staaten* von 1933 (LNTS Bd. CLXV, S. 25):

*„The State as a person of international law should possess the
following qualifications: a) a permanent population; b) a de-
fined territory; c) government and d) capacity to enter into relations with other States."*

Das in der Konvention genannte vierte, zusätzliche Element – die
Fähigkeit, in Beziehungen zu anderen Staaten zu treten – wird in der
Staatenwelt nicht als konstitutives Element angesehen.

## 1. Staatsvolk

4   Aus völkerrechtlicher Sicht ist die **Staatsangehörigkeit** das entscheidende Kriterium für die Zugehörigkeit zum Staatsvolk. Auf die
kulturelle, religiöse oder sprachliche Zusammengehörigkeit der Individuen kommt es nicht an. Auch Minderheiten gehören zum Staatsvolk.
Dem Staat steht es frei, die Fragen des Erwerbs und Verlusts der
Staatsangehörigkeit nach eigenem Ermessen selbst zu regeln. Zwei
bekannte Formen des Erwerbs der Staatsangehörigkeit sind zu unterscheiden: nach dem **ius soli** (Recht des Bodens) erwerben die auf dem
Staatsgebiet Geborenen die Staatsangehörigkeit des betreffenden
Staates; nach dem **ius sanguinis** (Recht des Blutes bzw. der Abstammung) entscheidet die Abstammung über die Staatsangehörigkeit
(→ Kap. 4 Rn. 26). Beide Erwerbsformen finden sich in der Staatenpraxis auch in Kombination. So stützen sich einige Staaten, die traditionell dem Prinzip des *ius sanguinis* folgen, auch auf das Territoriali-
tätsprinzip, um dadurch die Integration von im Inland lebenden
Ausländern zu verbessern (vgl. § 4 Abs. 3 Staatsangehörigkeitsgesetz
(StAG), wonach durch die Geburt im Inland auch ein Kind ausländischer Eltern die deutsche Staatsangehörigkeit erwerben kann).

5   Die Größe des Staates spielt für die Frage des Vorliegens eines
Staatsvolkes keine Rolle. Auch kleine Staaten wie Liechtenstein mit
ca. 37.000 Einwohnern, San Marino mit ca. 33.000 Einwohnern oder
der Inselstaat Nauru im Pazifik mit nur ca. 10.000 Einwohnern haben
Staatsqualität.

## 2. Staatsgebiet

6   Das Staatsgebiet ist der abgegrenzte Bereich, über den der Souverän
allein rechtmäßig Staatsgewalt ausüben kann. Das Staatsgebiet umfasst
nicht nur einen Teil der Erdoberfläche, sondern auch den darüber
befindlichen Luftraum und das darunter liegende Erdreich. An den
Meeresküsten erstreckt sich das eigentliche Staatsgebiet bis zur sog.
Grundlinie (Basislinie); damit ist die Wasserstandslinie bei Tiefebbe

gemeint. Die nach Art. 3 des Seerechtsübereinkommens (SRÜ) von 1982 bestehende 12 Seemeilenzone gewährt den Staaten die unbeschränkte Hoheitsgewalt in diesem Bereich, erweitert aber nicht ihr Staatsgebiet im eigentlichen Sinne. Eine bestimmte Mindestgröße ist nicht Voraussetzung für den völkerrechtlichen Staatsbegriff (vgl. → Rn. 5).

---

**Fall:** Etwa 8 Seemeilen vor der britischen Küste befindet sich die Flakstellung Roughs Tower, die während des 2. Weltkrieges als britische Verteidigungsbatterie diente und nach 1945 aufgegeben wurde. Die Flakstellung ist durch 2 Pfeiler mit dem Meeresgrund verbunden. 1967 besetzte der britische Major a.D. *Bates* die Plattform und rief dort das „Fürstentum Sealand" aus. Der Kläger, dem vom Fürstentum Sealand eine „Naturalisierungsurkunde" mit Feststellung der Staatsangehörigkeit des Fürstentums Sealand ausgestellt wurde, verfolgt mit seiner vor dem VG Köln erhobenen Klage die Feststellung, dass er durch Erwerb der Staatsangehörigkeit des Fürstentums Sealand seine deutsche Staatsangehörigkeit verloren habe.

**Lösung:** Das VG Köln sprach dem Fürstentum Sealand ab, ein Staat iSd Völkerrechts zu sein. Als Staatsgebiet kommen nach dem VG Köln nur solche Teile der Erdoberfläche in Betracht, die sich als Kegelschnitt aus der Erdkugel darstellen. Dies schließe zwar nicht aus, dass auch von Menschenhand durch Landgewinnungsmaßnahmen geschaffene Gebiete Staatsgebiet sein können; hier werde neue Erdoberfläche gewonnen, die ihre Staatsgebietsqualität aus dem Umstand ableite, dass sie an bereits vorhandenes Staatsgebiet angrenze und dessen Staatsgebietsqualität teile. Die Errichtung einer künstlich geschaffenen Insel schaffe aber keine neue „Erdoberfläche", weil sie ihren Ursprung nicht in der Erdkugel finde und nur durch Pfeiler mit dem Meeresboden verbunden sei. (Abgedruckt ist das bemerkenswerte Urteil des VG Köln in DVBl. 1978, 510 (511))

**Hinweis:** Die vor Dubai künstlich geschaffenen Inseln (u.a. The Palm Jumeirah oder das Inselprojekt The World) stellen von Menschenhand geschaffenes Staatsgebiet dar, das durch Sandaufschüttung entstanden und – wie etwa Palm Jumeirah – mit dem Festland durch eine Brücke verbunden ist.

---

Nicht erforderlich für die Staatsqualität ist eine exakte und lücken- **7** lose Grenzziehung, wenngleich die Gebiete der Staaten heute regelmäßig durch Grenzen voneinander getrennt sind. Der Grenzverlauf beruht dabei auf ausdrücklicher vertraglicher Regelung oder auf stillschweigender Vereinbarung. Die Flussgrenzen folgen besonderen Regeln. Bei nicht schiffbaren Flüssen liegt die Grenze in der Mittellinie zwischen den Ufern, bei schiffbaren Flüssen liegt sie im sog. Talweg, dh in der Schifffahrtslinie.

Dass das Staatsgebiet nicht notwendigerweise zusammenhängen und in sich geschlossen sein muss, zeigen bspw. der vollständig von Schweizer Territorium umschlossene deutsche Ort Büsingen oder die Oblast Kaliningrad mit der Hauptstadt Königsberg, die räumlich durch Polen und Litauen vom restlichen Russland getrennt ist.

### 3. Staatsgewalt

**8**     Die Staatsgewalt knüpft an die beiden anderen Elemente Staatsvolk und Staatsgebiet an. Zur Staatsgewalt gehört die Ausübung der Herrschaft über das Staatsgebiet (Gebietshoheit; → Kap. 4 Rn. 2 ff.) und das Staatsvolk (Personalhoheit; → Kap. 4 Rn. 23 ff.). Dabei hat die Staatsgewalt zur Aufrechterhaltung der Ordnung nicht nur die Rechtssetzung und -durchsetzung im Innern zu sichern. Vielmehr muss sie auch nach außen hin auf internationaler Ebene die Handlungsfähigkeit als Völkerrechtssubjekt und damit die Garantie für die Einhaltung der völkerrechtlichen Verpflichtungen sicherstellen. Dies setzt voraus, dass die Staatsgewalt über ein Mindestmaß an **Effektivität** verfügt, um nach innen und außen wirksam sein zu können. Hieran fehlt es grundsätzlich, wenn die Ausübung der Staatsgewalt nur in Abhängigkeit von einer anderen Staatsgewalt erfolgen kann (so zB immer noch im Fall des „Palästinenserstaates", den zwar bislang schon rund 135 Staaten als solchen anerkannt haben, dessen Selbstverwaltungsrechte jedoch von der israelischen Staatsgewalt und entsprechenden Gewährleistungen abhängen). Dass die Staatsgewalt über ein und dasselbe Gebiet auch von zwei oder mehreren Staaten ausgeübt werden kann, zeigen die Beispiele von Kondominien, die mittlerweile allerdings schon Geschichte sind. So übten England und Ägypten bis 1956 gemeinsam die Gebietshoheit über den Sudan aus, und Frankreich und Großbritannien bis 1980 gemeinsam über die Inselgruppe der Neuen Hebriden (jetzt: Vanuatu).

**9**     Staaten, in denen eine effektive Staatsgewalt nicht mehr existiert, verlieren deswegen nicht automatisch ihre Staatsqualität. So können Bürgerkriege, Revolutionen, innere Unruhen, abrupte Regimewechsel oder sonstige innerstaatliche Gründe aus einer einmal effektiven Staatsgewalt eine vorübergehend ineffektive Staatsgewalt werden lassen. Das Völkerrecht bezeichnet diese Staaten als *failed states* (aktuelle Beispiele hierfür sind nach einem von einer NGO (*Fund for Peace*) geführten Failed-State-Index vor allem der Südsudan, Somalia, die Zentralafrikanische Republik oder die Demokratische Republik Kongo). Für die völkerrechtliche Fiktion der Staatlichkeit kommt es darauf an, ob mit einer Wiederherstellung der Staatsgewalt gerechnet werden kann. Die internationale Staatengemeinschaft verfährt insoweit sehr großzügig und geht auch bei einem über viele Jahre andauernden Wegfall der Staatsgewalt vom Fortbestand des Staates aus (so hat die Staatengemeinschaft im Jahr 1991 für die baltischen Staaten trotz des Verlustes der eigenen Staatsgewalt aufgrund der sowjetischen Besetzung die Wiedererlangung der Staatsgewalt nach 51 Jahren und den Fortbestand aller drei Staaten anerkannt). Das Nicht-in-Frage-Stellen der Staatsqualität trotz (zeitweisen) Zusammenbruchs der Staatsgewalt hat seine Gründe in dem Interesse der Staatengemeinschaft an (Staaten-)Kontinuität und Rechtssicherheit. Erst wenn und soweit ausgeschlossen werden kann, dass es zur Wiederherstellung einer effektiven Staatsgewalt kommt, kann der – dauerhafte und endgültige – Wegfall der Staatsgewalt zum Staatenuntergang führen.

Großzügig verfährt die Staatengemeinschaft mit dem Kriterium der **10** Effektivität auch im Fall der Entstehung eines Staates. So hat die Staatengemeinschaft im Fall von Bosnien-Herzegowina, obwohl von Beginn an keine voll wirksame Staatsgewalt über das gesamte Staatsgebiet existierte und somit auch den völkerrechtlichen Gewährleistungspflichten nicht vollumfänglich nachgekommen werden konnte, 1992 die völkerrechtliche Anerkennung des Neustaates ausgesprochen.

Nicht zu den konstitutiven Staatsmerkmalen gehört der Begriff der **11** **Souveränität**, der oftmals anstelle von Effektivität der Staatsgewalt benutzt wird. Souveränität, verwendet im Kontext der Staatsqualität, besagt – als Eigenschaft der Staatsgewalt – lediglich, dass jeder Staat nur dem Völkerrecht und nicht etwa anderen Staaten untergeordnet ist (sog. Völkerrechtsunmittelbarkeit).

## II. Entstehung und Untergang von Staaten

### 1. Entstehung von Staaten

Das Element der effektiven Staatsgewalt ist für die Entstehung von **12** neuen Staaten das entscheidende Kriterium. Territoriale Veränderungen, Revolutionen, Änderungen der Regierungssysteme wirken sich ebenso wenig auf den Bestand eines Staates aus wie der vorübergehende Verlust der Staatsgewalt (→ Rn. 9). Notwendig ist, dass der Herrschaftsgewalt auf einem Gebiet eine ausreichende Effektivität aufweist. Da es heute kein unbesiedeltes bewohnbares Gebiet mehr gibt, gehört die originäre Entstehung eines Staates der Vergangenheit an. Neue Staaten entstehen heute durch Veränderungen des existierenden Staatsgefüges. Verschiedene Prozesse der Entstehung von Staaten können dabei unterschieden werden:

**13** – Beim Prozess der sog. **Integration** kommt es zur Staatenentstehung durch den Zusammenschluss bereits existierender Staaten. Dabei entsteht ein neuer Staat durch **Fusion**, wenn sich zwei oder mehrere Staaten unter Aufgabe ihrer eigenen Staatlichkeit zu einem neuen Staat zusammenschließen (Beispiele hierfür sind die Gründung des Norddeutschen Bundes im Jahr 1867, die Gründung des Deutschen Reiches im Jahr 1871 oder der Zusammenschluss von Ägypten und Syrien zur Vereinigten Arabischen Republik im Jahr 1958). Die Entstehung eines Staates durch **Inkorporation** liegt vor, wenn ein Staat unter Aufgabe seiner eigenstaatlichen Existenz einem anderen fortbestehenden Staat oder Staatsverband beitritt (Beispiel hierfür ist der Beitritt der DDR zur Bundesrepublik Deutschland im Jahr 1990 oder der Beitritt Texas im Jahr 1845 in den Staatsverband der USA).

**14** – Beim Prozess der sog. **Desintegration** entstehen Staaten durch Aufspaltung eines bestehenden Staates. Dies kann erfolgen durch **Sezession**, indem sich ein Teilstaat aus einem bestehenden Staat abspaltet, um sich entweder in einen anderen Staat einzugliedern oder um einen eigenen neuen Staat zu gründen (Beispiel hierfür ist die Abspaltung Panamas von Kolumbien im Jahr 1903, die Abspaltung des Kosovo am 17.2.2008 von Serbien oder die Unabhängigkeit des Südsudan vom Nordsudan am 9.7.2011). Im Fall der **Dismembration** zerfällt ein Staat in zwei oder mehrere Nachfolgestaaten und geht selbst als Vorgängerstaat vollständig unter (Beispiel hierfür ist der Zerfall Großkolumbiens im Jahr 1829 in die Einzelstaaten Venezuela, Ecuador und Neugranada, das spätere Kolumbien, sowie die Dismembration der Tschechoslowakei in Tschechien und die Slowakei im Jahr 1993).

## 2. Untergang von Staaten

**15** Bleibt beim Prozess der Desintegration kein Vorgängerstaat mehr bestehen (Fall der Dismembration, → Rn. 14), existiert also kein „Rumpfstaat" mehr fort, führt dies zum Untergang des Staates. Entscheidend für einen Untergang ist allerdings, dass eines der drei konstituierenden Staatsmerkmale gänzlich verloren gegangen ist. So würde bspw. die vollständige Überflutung eines Inselstaates wie etwa in der Südsee zum Wegfall des Staatsgebiets und damit zum Untergang des Staates führen. Denkbar wäre auch, dass aufgrund Vertreibung oder durch den Einsatz von Massenvernichtungswaffen ein Staatsvolk vollständig wegfällt. In der Praxis relevant, gleichzeitig aber auch schwieriger zu beurteilen, ist der Wegfall der effektiven Staatsgewalt (→ Rn. 9). Nur wenn auf längere Sicht ausgeschlossen werden kann, dass die Staatsgewalt wiederhergestellt bzw. eine neue Staatsgewalt begründet werden kann, kommt es zum Untergang des Staates.

Der Grundsatz der Staaten-Kontinuität kommt nicht nur im Fall des **16** *failed state* (→ Rn. 9), sondern auch im Fall einer **Annexion** zum Tragen. Bei einer – wegen des Gewaltverbots des Art. 2 Nr. 4 UN-Charta völkerrechtswidrigen – Annexion verleibt sich ein Staat durch unrechtmäßige Gewaltanwendung fremdes Staatsgebiet ein. Wenngleich in diesem Fall nur schwer von einer noch wirksamen effektiven Staatsgewalt des einverleibten Staates die Rede sein kann, dehnt die Staatengemeinschaft den Zeitraum, in dem mit der Wiederherstellung der eigenen Staatsgewalt gerechnet werden kann, sehr weit aus. Dies geschieht, um die Anerkennung des völkerrechtswidrigen Gebietserwerbs zu verhindern. So haben nach Ansicht der meisten westlichen Staaten die gewaltsam im Jahr 1940 in den sowjetischen Staatsverband eingegliederten baltischen Staaten ihre Existenz nie verloren, sondern haben fiktiv weiterhin bestanden und gelten seit Erlangung ihrer Unabhängigkeit und Souveränität im Jahr 1991 als sog. **wiederhergestellte Staaten** (→ Rn. 9). Ob der Anschluss der Krim an Russland im März 2014 als völkerrechtswidrige Annexion zu werten ist oder ob die Erklärung der staatlichen Unabhängigkeit, bestätigt durch ein Referendum, eine legitime Sezession (→ Rn. 14), also eine Abspaltung von der Ukraine darstellt, wird – nicht nur unter Völkerrechtlern – kontrovers diskutiert.

Von der Annexion zu unterscheiden ist der Fall, dass ein Staat im **17** Wege der Vereinbarung mit einem (Sieger-)Staat einen Teil seines Staatsgebiets in völkerrechtlich zulässiger Weise abtritt, sog. **Zession**.

### III. Anerkennung von Staaten

Die **Anerkennung** ist eine einseitige Willenserklärung eines Staa- **18** tes, dahingehend, dass er ein politisches Gebilde als Staat im Sinne des Völkerrechts anerkennt.

Für die Staatenpraxis hat die Anerkennung von Staaten immer dann entscheidende Bedeutung, wenn Zweifel an der Staatsqualität eines territorialen Gebildes bestehen; ansonsten besteht kein Anlass, eine Anerkennung auszusprechen.

#### 1. Rechtliche Wirkungen der Anerkennung

Die rechtlichen Wirkungen von Anerkennungserklärungen gegen- **19** über Staaten sind umstritten. Die Vertreter der **konstitutiven Theorie** gehen davon aus, dass die Anerkennung den Staat als Völkerrechtssubjekt erst entstehen lässt. Auf die Erfüllung der Merkmale der Drei-Elemente-Lehre kommt es für die Frage der Staatsqualität damit nicht entscheidend an. Entscheidend ist vielmehr die (hinzutretende) Anerkennung durch die Staatenwelt.

**20**    Anders wird die Anerkennung von den Vertretern der **deklaratorischen Theorie** gesehen, die heute als herrschende Auffassung gilt. Danach ist ein Gebilde, das die Staatsmerkmale aufweist, ein Staat im Sinne des Völkerrechts. Die Existenz eines Staates ist von der Anerkennung unabhängig. Das bedeutet, dass ein Staat ein die Staatsmerkmale erfüllendes Gebilde nicht als inexistent behandeln darf, auch wenn er sich selbst nicht für eine Anerkennung entscheidet. Für die herrschende Auffassung spricht, dass die Staaten nicht verpflichtet sind, Anerkennungen auszusprechen. Vielmehr können sie von der Anerkennung eines Staates jederzeit bspw. aus politischen Gründen absehen – selbst dann, wenn die Staatsmerkmale vorliegen.

**21**    **Beispiele** für die Nichtanerkennung eines „Staates" und damit Indiz für eine fehlende Staatsqualität sind die südafrikanischen sog. Homelands oder die türkische Republik Nordzypern, die bislang lediglich von der Türkei anerkannt wurde.

**22**    Eine Tendenz hin zu einer konstitutiven, statusverleihenden Wirkung der Anerkennung ist in der Staatenpraxis der Anerkennung neuer Staaten in Osteuropa (vor allem hinsichtlich der verschiedenen ehemals jugoslawischen Teilrepubliken) und in der ehemaligen Sowjetunion zu sehen. Diese Anerkennungen vollzogen sich auf der Grundlage eines von den Mitgliedstaaten der Europäischen Union im Jahr 1991 vereinbarten Kriterienkatalogs. Darin waren die Voraussetzungen festgelegt, die seitens der neu entstandenen Staaten erfüllt sein mussten, damit – nach einem jeweils positiven Schiedsgutachten – die Mitgliedstaaten zur Anerkennung der neuen Staaten bereit waren. Anstelle der Prüfung der drei Staatselemente wurden anhand des Kriterienkatalogs u.a. die Fähigkeit und Bereitschaft zur Übernahme der völkerrechtlichen und politischen Verpflichtungen und zur Integration in die Völkergemeinschaft bewertet. Erst die seitens der Mitgliedstaaten ausgesprochenen Anerkennungen sollten den Weg in die Staaten- und Völkerrechtsgemeinschaft ebnen. Die Anerkennungen hatten damit rechtsbegründenden und rechtsgestaltenden Charakter; sie verhalfen den Neustaaten erst zur „Geburt".

Der Kosovo, der sich am 17.2.2008 eigenständig für unabhängig von Serbien erklärte, wurde bislang von 109 (Stand: September 2015) Mitgliedstaaten der Vereinten Nationen anerkannt.

**23**    Die Wirkung der Anerkennung kann schließlich auch qualitative Unterschiede haben, je nachdem, ob es sich um eine sog. **de iure-** oder **de facto-Anerkennung** handelt. Während es sich bei der de iure-

Anerkennung um die endgültige und vollständige Anerkennung eines Staates handelt, die in der Erwartung ausgesprochen wird, dass der Staat auf Dauer existiert, kommt der Anerkennung de facto nur eine vorläufige Wirkung zu. Sie hat Bedeutung in den Fällen, in denen der anerkennende Staat Zweifel an der Stabilität der Verhältnisse hat und deshalb abwarten möchte, um ggfs. die Anerkennung bei einer Änderung der Herrschaftsverhältnisse wieder zurückzunehmen.

## 2. Rechtspflicht zur (Nicht-)Anerkennung

Oben wurde im Zusammenhang mit der deklaratorischen Theorie **24** (→ Rn. 20) bereits erwähnt, dass es keine völkerrechtliche Pflicht zur Anerkennung eines Staates gibt und damit keinen Anspruch eines neu entstandenen Staates auf Anerkennung durch die Staatengemeinschaft. Jeder Staat hat es somit selbständig in der Hand, einen Neustaat anzuerkennen oder ihm die Anerkennung zu verweigern (Letzteres wird sich aber im Fall eines anerkennungsfähigen Neustaates praktisch nicht auf Dauer aufrechterhalten lassen).

Anders sieht die Frage der Rechtspflicht mit Blick auf die Nichtan- **25** erkennung aus. Sofern ein Staat unter Androhung oder Anwendung von Gewalt oder unter Verstoß gegen das Selbstbestimmungsrecht der Völker (→ Kap. 5 Rn. 47 ff.) entstanden ist, besteht nach fast einhelliger Überzeugung die Pflicht der Völkergemeinschaft, diesen Staat nicht anzuerkennen (vgl. den 1. Grundsatz, 10. UAbs., S. 3 der *Friendly Relations Declaration* (GA Res. 2625 (XXV) vom 24.10.1970): „Kein durch Androhung oder Anwendung von Gewalt erreichter Gebietserwerb wird als rechtmäßig anerkannt werden.“). So wurden in der Vergangenheit immer wieder neu entstandene „Staaten" nicht anerkannt, weil sie aufgrund von „Legitimitätsmängeln" nicht die Gewähr für ein völkerrechtskonformes Verhalten boten.

## 3. Verbot vorzeitiger Anerkennung

Von einer vorzeitigen Anerkennung ist dann auszugehen, wenn die- **26** se zu einem Zeitpunkt erfolgt, zu dem noch nicht alle drei Staatselemente ausgeprägt sind bzw. von der Staatengemeinschaft noch verneint werden. So darf im Fall der Lossagung eines „Staates" vom Mutterstaat etwa im Rahmen eines Bürgerkrieges die Anerkennung erst dann erfolgen, wenn sich alle drei Staatselemente herausgebildet haben. Eine vorzeitige Anerkennung bei noch offenem Ausgang des Abspaltungsprozesses stellt eine völkerrechtswidrige Einmischung in die Angelegenheiten des Mutterstaates dar (s. zum unzulässigen Interventionsmittel der vorzeitigen Anerkennung von Staaten → Kap. 5

Rn. 17). Ein Beispiel für eine verfrühte Anerkennung ist der von der Palästinensischen Befreiungsorganisation PLO im Jahr 1988 ausgerufene „Palästinenserstaat". Die von zahlreichen Staaten ausgesprochene Anerkennung war verfrüht, da eine effektive Herrschaftsgewalt über die unter israelischer Hoheitsgewalt stehenden Palästinensergebiete nicht existierte.

Auch heute noch lässt sich darüber streiten, ob die Palästinensische Behörde mit Sitz in Ramallah in ausreichendem Maße effektive Herrschaftsgewalt über palästinensisches Territorium ausübt. Einen wichtigen Schritt in Richtung vollständige Integration in die Staatengemeinschaft hat die Palästinensische Behörde mit der Aufwertung Palästinas zum Beobachterstaat in den Vereinten Nationen (*non-member observer state*) durch Beschluss der Generalversammlung am 29.11.2012 (GA Res. 67/19) erreicht. Die Betonung liegt hier auf dem Wort „Staat", denn als Beobachter genießt Palästina innerhalb des UN-Systems nämlich schon seit vielen Jahren weitreichende Rechte (→ Rn. 124). Paragraph 2 der Resolution enthält nunmehr folgende Entscheidung der Generalversammlung: *„Decides to accord to Palestine non-member observer State status in the United Nations, without prejudice to the acquired rights, privileges and role of the Palestine Liberation Organization in the United Nations as the representative of the Palestinian people, in accordance with the relevant resolutions and practice".* Die aktuelle Aufwertung zum Beobachterstaat ermöglicht Palästina vor allem einen direkteren Zugang zum Sicherheitsrat (→ Rn. 75), nämlich das Recht, von sich aus die Aufmerksamkeit des Sicherheitsrates auf bestimmte Streitigkeiten zu lenken, von denen es selbst betroffen ist (Art. 35 Abs. 2 UN-Charta). Auch erleichterte die Anerkennung als Beobachterstaat den Palästinensern den Zugang zu wichtigen internationalen Organisationen und Organen (so unterzeichnete Präsident Abbas im Jahr 2014 rund 40 internationale Konventionen, darunter auch die vier Genfer Konventionen sowie das Rom-Statut des Internationalen Strafgerichtshofs; der Beitritt zum Internationalen Strafgerichtshof erfolgte am 1.4.2015). Darüber hinaus hat der Beschluss jedoch keine unmittelbare Auswirkung auf den völkerrechtlichen Status Palästinas. Auch wenn über 130 Länder Palästina offiziell als Staat anerkannt haben, so bleibt die Entscheidung für eine Anerkennung und Behandlung als Staat nach den völkerrechtlichen Regeln weiterhin jedem einzelnen Staat vorbehalten.

Auch die Anerkennung von Slowenien und Kroatien durch die europäischen Staaten am 15.1.1992 wird – abgesehen von allen politischen Argumenten und dem Sonderfall des zerfallenden jugoslawischen Staatenverbundes – von vielen als verfrüht angesehen.

### 4. Form der Anerkennung

**27**    Die Willenserklärung der Anerkennung ist nicht formgebunden. Sie kann entweder **ausdrücklich oder durch konkludentes Handeln** erfolgen. Letzteres geschieht bspw. durch die Aufnahme diplomatischer Beziehungen oder durch den Abschluss eines völkerrechtlichen

Vertrags mit dem Neustaat. Allein die Aufnahme eines Neustaates in eine internationale Organisation bedeutet nicht automatisch dessen Anerkennung durch alle anderen Mitgliedstaaten. Jedenfalls hat die Annahme einer Anerkennung hinsichtlich desjenigen Mitgliedstaates auszuscheiden, der bei Aufnahme des Neumitglieds in die Organisation die Anerkennung ausdrücklich verweigert. Strittig ist die Anerkennung bei Aufnahme eines Neumitglieds in die Vereinten Nationen. Während ein Teil der Literatur den Aufnahmebeschluss durch die Generalversammlung als Anerkennung des Neustaates hinsichtlich aller Mitgliedstaaten wertet (unter Bezug auf den Grundsatz der souveränen Gleichheit der Mitgliedstaaten, s. Art. 2 Nr. 1 UN-Charta), schließen andere für die Aufnahme die automatische Anerkennung durch alle Mitgliedstaaten aus.

### 5. Anerkennung von Regierungen

Von der Staaten-Anerkennung ist die Anerkennung von Regierun- **28** gen zu unterscheiden. Auch wenn in der Praxis die Anerkennung von neuen Staaten regelmäßig auch die Anerkennung der aktuellen Regierung mit einschließt, so bezieht sich Letztere gleichwohl nicht unmittelbar auf die Frage der Völkerrechtssubjektivität, sondern auf deren völkerrechtlichen Vertretungsanspruch im Verhältnis zum anerkennenden Staat. Durch die Anerkennung einer Regierung wird festgestellt, dass sie effektive Herrschaftsgewalt ausübt, und der anerkennende Staat verpflichtet sich, sie als relevante Vertreterin des betreffenden Staates zu behandeln. Mit der Anerkennung ist jedoch kein Urteil über die innerstaatliche Legitimität oder Legalität der Regierungsmacht verbunden.

Relevant wird die Anerkennung von Regierungen nicht nach regulä- **29** ren Regierungswechseln wie bspw. Neuwahlen, sondern vielmehr dann, wenn sich der Regierungswechsel durch Revolution oder Bürgerkrieg vollzogen hat. In diesem Fall kann sich die Staatengemeinschaft veranlasst sehen, die Befugnis des an die Macht gekommenen Regimes als neue Regierung anzuerkennen. Um sich aber nicht unzulässig in die inneren Angelegenheiten eines Staates einzumischen und um damit einen Verstoß gegen das völkerrechtliche Interventionsverbot (→ Kap. 5 Rn. 9 ff.) zu vermeiden, haben die anerkennenden Staaten sorgfältig darauf zu achten, dass der Machtkampf zwischen altem und neuem Regime effektiv tatsächlich zugunsten Letzterem ausgegangen ist. Möchte der anerkennende Staat erst noch die Stabilisierung der neuen Regierung abwarten, hat er – wie bei der Staatenanerkennung – die Möglichkeit, zunächst eine *de facto*-Anerkennung der Regierung auszusprechen. In der heutigen Staatenpraxis gehen immer mehr Staaten dazu über, keine Anerkennung von Regierungen mehr

auszusprechen; damit umgehen sie eine etwaige Völkerrechtswidrigkeit der Anerkennung und vermeiden im Fall von unter Menschenrechtsverletzungen an die Macht gekommenen Regierungen den Eindruck, diese Art der Machtergreifung zu billigen.

Ende Juli 2011 hatte Großbritannien als erster Staat der westlichen Allianz
alle libyschen Diplomaten des *Gaddafi*-Regimes aus dem Land ausgewiesen
und, anderen Staaten folgend, den Nationalen Übergangsrat, dh die Rebellen-
Regierung in Benghasi als legitime libysche Regierung offiziell anerkannt. Ziel
war es, mit dem Rat auf derselben Ebene zusammenarbeiten zu können wie mit
anderen Regierungen auf der Welt auch (so der britische Außenminister *Hague*).

## IV. Staatennachfolge

**30**  Als **Staatennachfolge** wird der Eintritt eines Staates in die Gebietshoheit eines anderen Staates bezeichnet.

Eine Definition der Staatennachfolge enthalten die *Wiener Konvention über die Staatennachfolge in Verträge* (vom 23.8.1978, ILM 1978
S. 1488 ff., Art. 2 Abs. 1 lit. b) sowie die *Wiener Konvention über die
Staatennachfolge in Staatsvermögen, Staatsschulden und Staatsarchive*
(vom 8.4.1983, ILM 1983, S. 306 ff., Art. 2 Abs. 1 lit. a):

> „ *'Succession of States' means the replacement of one State by
> another in the responsibility for the international relations of
> territory.* "

Dieser Wechsel in der Gebietshoheit kann auf verschiedene Weise
vollzogen werden.

### 1. Tatbestände der Staatensukzession

**31**  – Neben den bereits angesprochenen Fällen der **Annexion** und **Zession** (→ Rn. 16 f.) kann es zu einem Wechsel in der Gebietshoheit auch
durch **Adjudikation** kommen. Hierunter versteht man die Gebietszu-
weisung durch eine völkerrechtliche Entscheidungsinstanz. Die Entscheidung kann durch einen internationalen Gerichtshof, ein Schiedsgericht oder ein Staatengemeinschaftsorgan getroffen werden.

**32**  – Bei einer **Sezession** spaltet sich ein Gebietsteil aus einem fortbestehenden Staat ab. Es entsteht ein neuer Staat im abgespaltenen Gebietsteil. Der Vorgängerstaat besteht auf verkleinertem Gebiet unverändert fort (→ Rn. 14).

**33**  – Im Fall einer **Dismembration** zerfällt ein Staat in ein oder mehrere
Nachfolgestaaten; der Vorgängerstaat hört damit vollständig auf zu
existieren (→ Rn. 14).

– Bei einer **Fusion** schließen sich zwei oder mehrere bislang unabhän- 34
gige Staaten unter Aufgabe ihrer bisherigen Staatlichkeit zu einem
neuen Staat zusammen, der mit den Vorgängerstaaten völkerrechtlich nicht identisch ist (→ Rn. 13).
– Bei einer **Inkorporation** gliedert sich ein Staat in einen anderen 35
bestehenden Staat ein (→ Rn. 13). Der sich eingliedernde Staat gibt
seine bisherige eigenstaatliche Existenz vollständig auf, während der
andere Staat völkerrechtlich identisch fortbesteht.

Ein **Beispiel** für eine Inkorporation stellt der Beitritt der ehemaligen DDR zur
Bundesrepublik Deutschland dar, der am 3.10.1990 wirksam wurde. Der Beitritt führte zum Untergang der DDR. Die völkerrechtlichen Rechte und Verpflichtungen der Bundesrepublik erstreckten sich von diesem Zeitpunkt an
automatisch auch auf das Gebiet der neuen Bundesländer.

Welcher Sukzessionstatbestand vorliegt, lässt sich in der Praxis 36
oftmals nicht leicht bestimmen. Es fehlen hier eindeutige, klar ab-
grenzbare Kriterien und so „regelt" in vielen Fällen die Staatengemeinschaft nach ihren jeweiligen völkerrechtlichen Bedürfnissen, welchen
Sukzessionstatbestand sie als gegeben ansieht.

Insgesamt lässt sich festhalten, dass es sich bei der Staatennachfolge
um eine äußerst umstrittene Materie des Völkerrechts handelt. Einigkeit jedoch herrscht darüber, dass für die Staatennachfolge der Grundsatz gilt, dass **keine Universalsukzession**, also der Eintritt des Nach-
folgestaates in die Gesamtheit der Rechte und Pflichten des
Vorgängerstaates, stattfindet, sondern dass vielmehr der Grundsatz der
**Spezialsukzession** gilt – es ist somit hinsichtlich der Übernahme von
Rechten und Pflichten zu differenzieren.

## 2. Staatennachfolge in Verträge

Die Staatennachfolge in Völkerrechtsverträge ist in der *Wiener* 37
*Konvention über die Staatennachfolge in Verträge* (WKSV) von 1978
normiert, die erst im Jahr 1996 mit Erreichen der erforderlichen
Mindestanzahl an Ratifikationen in Kraft treten konnte – wenngleich
dies nicht darüber hinwegtäuschen darf, dass das Übereinkommen bis
heute erst von 22 Staaten ratifiziert wurde (Stand: September 2015).
Deutschland hat sie, wie viele andere Länder auch, noch nicht einmal
unterzeichnet. Einige Regelungen der Konvention sind in der Staatengemeinschaft äußerst umstritten – ein Grund weshalb die Staaten nur
zögerlich Vertragsstaat werden bzw. ratifizieren.

Dass sich die Verträge des Nachfolgerstaates grundsätzlich auch auf 38
das neu hinzugekommene Gebiet erstrecken, ergibt sich bereits aus
dem Grundsatz der beweglichen Vertragsgrenzen nach Art. 29 des

*Wiener Übereinkommens über das Recht der Verträge* (WVK). Problematisch ist die Frage der Behandlung bestehender völkerrechtlicher Verträge des Vorgängerstaates. Die WKSV geht vom Grundsatz der Kontinuität der vertraglichen Rechte und Pflichten aus. Die Staatenpraxis übt jedoch weder ein strenges Kontinuitätsprinzip aus, noch wird ein generelles Erlöschen von Verträgen des Vorgängerstaates nach dem *tabula-rasa*-Prinzip generell ausgeschlossen. Differenziert werden kann hier nach der **Rechtsnatur des jeweiligen Vertrags** sowie nach dem **Sukzessionstatbestand**.

**39**     Bei Verträgen des Vorgängerstaates, die den Status oder die Nutzung eines Staatsgebiets regeln, wie vor allem Grenzverträge oder Verträge zur Gebietsnutzung (Transitrechte), wird nach Maßgabe des Art. 11 f. WKSV eine automatische Nachfolge in die Rechte und Pflichten angenommen. Die Rede ist hier von **sog. radizierten oder lokalisierten Verträgen**.

Auch im Fall von **Menschenrechtsverträgen** wird verstärkt für einen automatischen Übergang der Vertragspflichten des Vorgängerstaates plädiert. Mit Blick auf die Mitgliedschaft in internationalen Organisationen soll dies nicht gelten; hier hat der Nachfolgestaat selbst um seine jeweilige Aufnahme zu ersuchen.

**40**     Bei den übrigen Verträgen wird entscheidend auf den jeweiligen Sukzessionstatbestand abgestellt:

– Für den Fall der **Zession** enthält Art. 15 WKSV in Übereinstimmung mit dem allgemeinen Völkerrecht den Grundsatz der beweglichen Vertragsgrenzen (*moving frontiers*). Danach erstrecken sich alle Verträge des Gebietserwerbers automatisch auch auf das hinzuerworbene Gebiet. Hingegen sind die Verträge des Vorgängerstaates dort nicht mehr anwendbar (Grundsatz der Diskontinuität); allerdings wird dem Nachfolgestaat oftmals die Möglichkeit eingeräumt, in Absprache mit den Vertragspartnern die Verträge fortzuführen.

– Bei einer **Fusion** gehen die Art. 31 ff. WKSV vom Grundsatz der Kontinuität aus. Damit weichen sie von der Lehre und Praxis ab, die davon ausgehen, dass im Fall einer Fusion Verträge des Vorgängerstaates erlöschen sollten.

– Auch für den Fall der **Dismembration** und **Sezession** geht die WKSV vom Grundsatz der Kontinuität der Verträge aus (Art. 34 ff.). Anderes soll nur gelten, wenn abweichende Abreden zwischen den Parteien existieren oder wenn das Fortgelten nicht mit dem Vertragszweck vereinbar wäre oder zu einer wesentlichen Änderung der Rahmenbedingungen führen würde.

– Bei einer **Inkorporation** gilt der allgemeine Grundsatz der beweglichen Vertragsgrenzen und damit die Grundregel der Kontinuität. Die vom Vorgängerstaat geschlossenen Verträge erlöschen, es sei denn, der Nachfolgestaat vereinbart mit den Vertragspartnern etwas anderes.

Privilegierende Sonderregelungen enthält die WKSV für die im Zuge **41** der Entkolonialisierung neu entstandenen Staaten (*newly independent states*). Diese sollen nach dem **clean-slate-Prinzip** (auch *tabula-rasa-* Prinzip) frei von den durch den Kolonialstaat geschlossenen Verträgen ihre neue Existenz beginnen können (Art. 16 WKSV). Allerdings räumt ihnen Art. 17 WKSV bei multilateralen (mehrseitigen) Verträgen die Möglichkeit des Vertragseintritts ein. Bei bilateralen (zweiseitigen) Verträgen ist eine besondere Vereinbarung mit dem anderen Vertragspartner Voraussetzung für die Weitergeltung des Vertrags (Art. 25 WKSV).

### 3. Staatennachfolge in Staatsvermögen und Staatsschulden

Die Staatennachfolge in Staatsvermögen und Staatsschulden wird von **42** der *Wiener Konvention über die Staatennachfolge in Staatsvermögen, Staatsarchive und Staatsschulden* von 1983 erfasst, die jedoch mangels der erforderlichen Anzahl von Ratifikationen bislang noch nicht in Kraft ist.

Nach der Staatenpraxis gilt vorbehaltlich abweichender Vereinba- **43** rungen der Grundsatz, dass das gesamte **Staatsvermögen** auf den Nachfolgestaat übergeht. Auch die **Staatsarchive** gehen, sofern sie für die Verwaltung des betreffenden Gebiets notwendig sind, unabhängig vom Sukzessionstatbestand auf den Nachfolgestaat über. Eine Ausnahme soll für die dekolonisierten Staaten gelten.

Problematisch stellt sich die Nachfolge in **Staatsschulden** dar. **44** Hierzu zählen die finanziellen Verpflichtungen des Vorgängerstaates. Gebietsbezogene Schulden, also solche, die in unmittelbarem Zusammenhang mit der inneren Struktur eines Gebiets stehen, gehen regelmäßig auf den Nachfolgestaat über. Im Fall der Zession und Dismembration bestimmen Art. 37 und Art. 40 der Konvention, dass ein Übergang der Staatsschulden in einem angemessenen Verhältnis vorzunehmen ist. Als Maßstab für die Schuldenübernahme können der Bevölkerungsanteil, der Anteil des übergegangenen Staatsgebiets am Bruttosozialprodukt oder die Gebietsgröße in Betracht kommen. Für die aus einem Dekolonialisierungsprozess hervorgegangenen neuen Staaten enthält Art. 38 der Konvention ausdrücklich eine – äußerst umstrittene – Ausnahme von der Schuldenübernahme.

Eine Nachfolge in Wiedergutmachungsverpflichtungen des Vorgän- **45** gerstaates aufgrund von Völkerrechtsverletzungen findet grundsätzlich nicht statt. Wie umstritten die Frage des Übergangs der Entschädigungspflicht für staatliche Enteignungen ist, zeigt bis heute der Fall der in der sowjetischen Besatzungszone (spätere DDR) im Rahmen der Bodenreform enteigneten Grundbesitzer.

## B. Internationale Organisationen

**Literatur:** *Herdegen*, Völkerrecht, § 10, §§ 40 ff.; *Hobe*, Einführung in das Völkerrecht, S. 123 ff.; *Kempen/Hillgruber*, Völkerrecht, § 6, §§ 22 ff.; *Ruffert/Walter*, Institutionalisiertes Völkerrecht, §§ 1 ff.; *Stein/von Buttlar*, Völkerrecht, Rn. 364 ff.

**46**  Anders als den Staaten kommt den internationalen Organisationen die Völkerrechtssubjektivität nicht automatisch zu. Vielmehr muss ihnen die Völkerrechtssubjektivität „verliehen" werden. Internationale Organisationen werden daher auch als sog. **gekorene Völkerrechtssubjekte** bezeichnet. Die Verleihung der Völkerrechtssubjektivität kann dabei auf ausdrücklicher Regelung der Völkerrechtssubjektivität im Gründungsvertrag der Organisation beruhen (siehe etwa zur Völkerrechtsfähigkeit der Europäischen Union nach dem Vertrag von Lissabon, Art. 47 EU: „Die Union besitzt Rechtspersönlichkeit") oder sich implizit aus dem Gründungsvertrag ergeben, in dem dieser der Organisation Aufgaben zuweist, die unabdingbar die Fähigkeit voraussetzen, Träger völkerrechtlicher Rechte und Pflichten zu sein.

**47**  Die **Völkerrechtssubjektivität** einer Internationalen Organisation ist – im Unterschied zur umfassenden Völkerrechtssubjektivität der Staaten – **beschränkt**: inhaltlich reicht sie nur so weit, wie dies der Organisationszweck erfordert; und in „personeller" Hinsicht gilt die Völkerrechtssubjektivität zunächst nur gegenüber allen Gründungsstaaten der internationalen Organisation. Gegenüber Nichtmitgliedern kann die internationale Organisation die Völkerrechtssubjektivität nach h.M. nur erlangen, wenn diese die internationale Organisation als solche anerkennen. Die Anerkennung wirkt damit konstitutiv.

Gegenüber Nichtmitgliedern, die keine Anerkennung aussprechen, gilt die internationale Organisation nicht als rechtsfähiges Völkerrechtssubjekt. Eine Ausnahme bilden die Vereinten Nationen, deren Völkerrechtssubjektivität gegenüber allen Staaten wirkt (vgl. das Gutachten des IGH im *Bernadotte*-Fall, ICJ Reports 1949, 174 (185), in dem der IGH von einer „personnalité internationale objective" spricht).

**48**  Von der Völkerrechtssubjektivität ist die Frage der **völkerrechtlichen Handlungsfähigkeit** zu unterscheiden, die durch Organe hergestellt wird, die für die Organisation agieren. Der Umfang der Handlungsfähigkeit einer internationalen Organisation richtet sich nach dem Gründungsvertrag und den darin zur Aufgabenerfüllung vorgesehenen Kompetenzen. Im Übrigen lässt sich die Fähigkeit, auf Völkerrechtsebene wirksame

Handlungen vorzunehmen, auch aus dem Organisationszweck ableiten (*implied powers*-Lehre, wonach der Organisation diejenigen Befugnisse zuerkannt werden, die sie zur Aufgabenerfüllung benötigt).

Bei der **nationalen Rechts- und Geschäftsfähigkeit** geht es um die **49** Frage, ob eine internationale Organisation in den nationalen Rechtsordnungen am Rechtsverkehr teilnehmen und bspw. Eigentum erwerben und veräußern kann. Vielfach ist diese Frage ausdrücklich in den Gründungsverträgen geregelt. So bestimmt der Vertrag von Lissabon in Art. 335 AEUV: „Die Union besitzt in jedem Mitgliedstaat die weitestgehende Rechts- und Geschäftsfähigkeit, die juristischen Personen nach dessen Rechtsvorschriften zuerkannt ist; sie kann insbesondere bewegliches und unbewegliches Vermögen erwerben und veräußern sowie vor Gericht stehen. Zu diesem Zweck wird sie von der Kommission vertreten." Im Übrigen ergibt sich die innerstaatliche Rechts- und Geschäftsfähigkeit regelmäßig aus der dem Gründungsvertrag entnehmbaren Verpflichtung der Gründungsstaaten, für eine Aufgabenerfüllung der internationalen Organisation auch im innerstaatlichen Recht Sorge zu tragen.

## I. Begriff und einzelne Merkmale

### 1. Begriff der internationalen Organisation

Als internationale Organisationen gelten zwischenstaatliche Zu- **50** sammenschlüsse, an deren Gründung Staaten bzw. andere Völkerrechtssubjekte beteiligt sind. Diese auch als **intergovernmental organizations** bezeichneten Organisationen auf der Ebene des Völkerrechts sind von den **non-governmental organizations** (NGOs als englischsprachige Abkürzung für Nichtregierungsorganisationen) zu unterscheiden (zu den NGOs zählen bspw. *Greenpeace* oder *Human Rights Watch*), die als von Individuen oder privaten Verbänden gegründete Vereinigungen keine internationalen Organisationen sind.

Auch wenn es bislang noch an einer allgemeingültigen Definition der internationalen Organisation fehlt, gibt es doch einen weitgehenden Konsens über folgende Begriffsmerkmale, die Voraussetzung für die Annahme einer internationalen Organisation sind:

> Die **internationale Organisation** ist ein auf völkerrechtlichem Vertrag beruhender, mitgliedschaftlich strukturierter Zusammenschluss von zwei oder mehreren Völkerrechtssubjekten (meist Staaten), der mit eigenen Organen ausgestattet Angelegenheiten von gemeinsamem Interesse besorgt.

## 2. Gründungsvertrag

**51**     Internationale Organisationen werden regelmäßig durch einen völkerrechtlichen Vertrag gegründet. Parteien des Gründungsvertrags können
nicht nur (mindestens zwei) Staaten, sondern auch andere Völkerrechtssubjekte sein. Auch internationale Organisationen selbst kommen als
Vertragspartner eines Gründungsvertrags in Betracht. Der Gründungsvertrag ist gleichsam die Verfassungsurkunde der internationalen Organisation. In ihm werden neben den Modalitäten der Gründung die Grundlagen der Organisation sowie der Organisationszweck festgelegt. Dabei
werden Umfang, Struktur und Qualität der Aufgaben, die der internationalen Organisation zur selbständigen Ausführung zugewiesen sind, von
den Vertragsparteien eigenmächtig bestimmt.

**52**     Auf den Gründungsvertrag finden prinzipiell die Regelungen des Völkervertragsrechts Anwendung gem. Art. 5 WVK, wobei besondere
Bestimmungen des Gründungsvertrags den allgemeinen völkervertrags-
rechtlichen Regelungen der WVK vorgehen. Die Bezeichnung des Gründungsvertrags – Charta, Satzung, Konvention o.ä. – hat keine rechtliche
Bedeutung (vgl. Art. 2 Abs. 1 lit. a WVK). Wie im Fall von Interpol ist
es auch möglich, dass eine internationale Organisation nicht durch
Gründungsvertrag, sondern durch gleichlautende staatliche Beschlüsse
über das Entstehen einer internationalen Organisation entsteht.

**53**     Entsprechend der *actus contrarius*-Theorie können durch Vertrag
gegründete internationale Organisationen durch übereinstimmende
Willenserklärung der Mitgliedstaaten auch wieder aufgelöst werden.

**54**     Da internationale Organisationen regelmäßig gegründet werden, um
langfristig bestimmte Aufgaben zu erfüllen, ist der Gründungsvertrag
im Regelfall auf unbestimmte Zeit abgeschlossen (so bestimmt bspw.
der Vertrag von Lissabon in Art. 356 AEUV: „Dieser Vertrag gilt auf
unbegrenzte Zeit.“). Gleichwohl kann die Vertragslaufzeit auch be-
grenzt sein, wie etwa das Beispiel der Europäischen Gemeinschaft für
Kohle und Stahl (EGKS) zeigt, die nach 50 Jahren am 23.7.2002
endete. Daneben ist es möglich, dass die Gründungsverträge bereits
ausdrückliche Regelungen zu ihrer Änderung oder zur Beendigung der
internationalen Organisation zB durch Auflösung enthalten. Manche
Verträge sehen auch den Austritt (zB Art. 50 EUV) oder den Ausschluss von Mitgliedern (zB Art. 6 UN-Charta) vor.

## 3. Mitgliedschaft

**55**     Die Mitgliedschaft in internationalen Organisationen erwerben nur
die Vertragsparteien des Gründungsvertrags. Das sind zum einen
diejenigen Völkerrechtssubjekte, die zu den **Gründungsmitgliedern**

gehören – also an den Verhandlungen über den Gründungsvertrag teilgenommen und ihn anschließend ratifiziert haben – und zum anderen diejenigen, die später der internationalen Organisation beigetreten sind. Einen Rechtsanspruch auf **Beitritt** gibt es nicht; vielmehr ist der Beitritt vom Aufnahmewillen der vorhandenen Mitglieder abhängig. Die in vielen Gründungsverträgen ausdrücklich enthaltenen Beitrittsvoraussetzungen sowie das dort geregelte Beitrittsverfahren sind durchaus unterschiedlich.

Soweit nichts anderes vorgesehen ist, wird regelmäßig eine **Voll-** 56 **mitgliedschaft** erworben. Aus dem Grundsatz der souveränen Gleichheit der Staaten folgt, dass grundsätzlich alle Mitglieder dieselben im Gründungsvertrag vorgesehenen Rechte und Pflichten haben. Der Gründungsvertrag kann jedoch auch eine Mitgliedschaft mit eingeschränkten Rechten und Pflichten – etwa bei der Stimmgewichtung oder bzgl. der Beitragspflichten – vorsehen (**Teilmitgliedschaft**).

Eine abgestufte Form der Mitgliedschaft stellen auch der Status als assoziiertes Mitglied und der Beobachterstatus dar. Die **assoziierte Mitgliedschaft** dient der Vorbereitung einer späteren Vollmitgliedschaft. Eine deutliche Ausprägung der assoziierten Mitgliedschaft findet sich im Europarat (s. Art. 5 der Satzung des Europarats). Hier entspricht der Status des assoziierten Mitglieds weitgehend dem eines Vollmitglieds, allerdings ist eine Mitwirkung im politisch bedeutsamen Gremium des Ministerkomitees gerade ausgeschlossen. Schwächer ist der **Beobachterstatus**, der nicht die Mitgliedschaft, sondern nur einzelne Mitwirkungsrechte wie Rede- oder Erwiderungsrechte gewährt; Antrags- und Stimmrechte stehen dem Beobachter nicht zu. Der Beobachterstatus kann eingeräumt werden, wenn zwar eine Vollmitgliedschaft nicht beabsichtigt ist, aus politischen Gründen aber gleichwohl das Nichtmitglied in die Kooperation mit der internationalen Organisation einbezogen werden soll. So kommt den NGOs in vielen internationalen Organisationen die Rechtsstellung des Beobachters zu. In den Vereinten Nationen hat auch der Heilige Stuhl Beobachterstatus.

### 4. Organe

Jede internationale Organisation benötigt mindestens ein eigenes 57 Organ, um **handlungsfähig** zu sein. Da die konkrete Organisationsstruktur von den jeweiligen Aufgaben und Bedürfnissen der internationalen Organisation abhängt, ist die Binnenstruktur äußerst vielfältig. Gleichwohl lassen sich bestimmte Organtypen feststellen, die für fast alle internationalen Organisationen gelten.

So verfügen alle internationalen Organisationen über ein **Organ, in** 58 **dem sämtliche Mitglieder vertreten** sind und das der gemeinsamen

Willensbildung dient (zB die Generalversammlung bei den Vereinten Nationen, das Ministerkomitee im Europarat oder der Europäische Rat der Union). Daneben existiert regelmäßig ein **Organ, dem die Geschäftsführung obliegt,** wie das Sekretariat bei den Vereinten Nationen oder das Sekretariat des Europarats. Dieses Organ ist für die Erledigung der laufenden Verwaltungsgeschäfte zuständig; ihm kann aber auch ein eigenes Initiativrecht zukommen.

**59**     Neben diesen beiden Organen wird die Organstruktur häufig um ein weiteres Exekutivorgan erweitert, das einzelne Mitglieder privilegiert und damit dem unterschiedlichen demographischen, wirtschaftlichen oder politischen Gewicht einzelner Staaten Ausdruck verleiht. Ein solches **spezielles Exekutivorgan** stellt der UN-Sicherheitsrat der Vereinten Nationen dar, in dem nur einige Mitgliedstaaten vertreten sind. Einige internationale Organisationen weisen auch **parlamentarische Gremien** auf, wie etwa die Parlamentarische Versammlung des Europarats oder das Europäische Parlament, die der demokratischen Rückkoppelung des Organhandelns an die Bevölkerungen der Mitgliedstaaten dienen. Darüber hinaus existieren bei einigen internationalen Organisationen auch **richterliche Organe,** die für Streitigkeiten zwischen einzelnen Organen oder aber auch für Streitigkeiten Einzelner mit der internationalen Organisation zuständig sein können. So besteht auf Ebene der Vereinten Nationen der Internationale Gerichtshof (IGH) und das Verwaltungsgericht, auf Ebene der Europäischen Union der EuGH.

Abhängig von den jeweils zu erfüllenden Aufgaben können auch noch **weitere eigene Organe** eingerichtet werden. So kann es einen Rechnungshof als Finanz-Kontrollorgan über selbständig von der Organisation getroffenen Finanzmittelentscheidungen geben, oder wie bei den Vereinten Nationen einen Wirtschafts- und Sozialrat, der für die besonderen Aufgaben u.a. auf den Gebieten der Wirtschaft, des Sozialwesens und der Kultur zuständig ist.

## 5. Organisationsziel und Kompetenzen

**60**     Das Handeln der internationalen Organisation hängt entscheidend vom Organisationsziel und damit von den Interessen ab, die verfolgt und durchgesetzt werden sollen. Im Gründungsvertrag ist festgelegt, welchem gemeinsamen Ziel der Vertragsparteien die internationale Organisation dienen soll. Dabei zeigt die Fülle der internationalen Organisationen, dass mit der Gründung von internationalen Organisationen die unterschiedlichsten Organisationsziele verfolgt werden. So werden internationale Organisationen zur kollektiven Selbstverteidigung (NATO), zu kulturellen Zwecken (UNESCO) oder zur Förderung der Zusammenarbeit auf währungspolitischem Gebiet (IWF) gegründet.

Abhängig vom Organisationsziel variieren auch die Kompetenzen **61** (Aufgaben und Befugnisse) der internationalen Organisation, die auf das Organisationsziel ausgerichtet sind. Dabei verbietet sich im Allgemeinen ein Schluss vom Organisationsziel auf die entsprechenden Kompetenzen. Vielmehr stehen der internationalen Organisation grundsätzlich nur diejenigen Kompetenzen zu, die ihr im Gründungsvertrag ausdrücklich zugewiesen worden sind. Anders als Staaten, bei denen die Vermutung der Allzuständigkeit gilt (Kompetenz-Kompetenz), hat die internationale Organisation Kompetenzen nur nach dem **Prinzip der begrenzten Einzelermächtigung** nach Maßgabe des Gründungsvertrags. Sie ist also gerade nicht befugt, ihre Kompetenzen eigenmächtig zu erweitern.

Allerdings schließt das Prinzip der begrenzten Einzelermächtigung **62** eine Auslegung der Kompetenzvorschriften nicht aus, um die internationale Organisation in die Lage zu versetzen, ihr Organisationsziel auch erfüllen zu können. Mittels Auslegung des Gründungsvertrags können daher ergänzende Kompetenzen gewonnen werden. Über die reine Auslegung des Gründungsvertrags hinaus kann zur Bejahung einer Kompetenz der internationalen Organisation auch auf die **implied powers-Lehre** (→ Rn. 48) zurückgegriffen werden. Nach dieser Lehre muss die Organisation diejenigen Kompetenzen haben, die sie benötigt, um die vertraglich festgelegten Funktionen erfüllen zu können. Dabei ist zu beachten, dass die *implied powers*-Lehre nicht dazu dienen kann, der internationalen Organisation neue Kompetenzen zuzuordnen. Vielmehr kann es sich nur um eine Ergänzung des ausdrücklich durch die Vertragsparteien übertragenen Kompetenzkatalogs im Hinblick auf die vertraglich übertragene Funktion handeln.

Handelt die internationale Organisation oder eines ihrer Organe außer- **63** halb der ihr eingeräumten Kompetenzen, liegt ein **ultra vires-Handeln** vor. Nach der Theorie der begrenzten Einzelermächtigung müssten *ultra vires*-Akte theoretisch unwirksam sein. Die Beurteilung der Rechtsfolgen von Kompetenzverstößen ist jedoch differenziert dahingehend zu betrachten, ob es um das Verhältnis zu Drittstaaten (dann wird, abgesehen von Fällen offensichtlicher Unzuständigkeit, das Vertrauen in die Kompetenzgemäßheit des Handelns in Betracht zu ziehen sein) oder um ein *ultra vires*-Handeln im Verhältnis zu den Mitgliedstaaten geht. Hierbei ist auch zu sondieren, ob eine Instanz zur Entscheidung über ein (angebliches) *ultra vires*-Handeln vorgesehen ist. Das soll nicht darüber hinwegtäuschen, dass die Ansichten zu den Rechtsfolgen eines *ultra-vires*-Handelns kontrovers sind.

## II. Die Vereinten Nationen

**64**    Die wichtigste internationale Organisation der Staatengemeinschaft sind die Vereinten Nationen mit Hauptsitz in New York. Gegründet wurden die Vereinten Nationen am 26.6.1945 in San Francisco mit Abschluss der **Charta der Vereinten Nationen** (UN-Charta) durch 51 Nationen. Die Vereinten Nationen lösten den Völkerbund von 1919 ab. Die Vereinten Nationen sind allerdings nicht Rechtsnachfolgerin des Völkerbundes. Vielmehr bestanden der Völkerbund und die Vereinten Nationen eine Zeitlang bis zur Auflösung des Völkerbundes am 19.4.1946 sogar nebeneinander. Den Anstoß zur Gründung der Vereinten Nationen gab die von *Roosevelt* und *Churchill* im Jahr 1941 als amerikanisch-britische Atlantik-Charta veröffentlichte Erklärung, die auf eine dauerhafte friedliche Neuordnung der internationalen Beziehungen nach dem Ende des Weltkrieges durch Gründung einer internationalen Organisation zielte.

### 1. Ziele der Vereinten Nationen

**65**    Die Ziele der Vereinten Nationen sind in Art. 1 UN-Charta umschrieben. Dies ist jedoch nicht die einzige Stelle, an der sich die Charta zu den Zielen erklärt. Vielmehr werden die Ziele schon eingangs in der Präambel sowie an anderer Stelle mehrfach in Bezug genommen. Zentrale Aufgabe der Vereinten Nationen ist nach Art. 1 Nr. 1 UN-Charta die **Bewahrung des Weltfriedens und der internationalen Sicherheit**. Die Vereinten Nationen sind das universelle System der kollektiven Sicherheit, mit dem Ziel, Bedrohungen des Friedens mittels Kollektivmaßnahmen zu verhüten und zu beseitigen. Daneben sind die Vereinten Nationen aber auch der Entwicklung und Verbesserung der zwischenstaatlichen Beziehungen gemäß dem **Selbstbestimmungsrecht der Völker** (Art. 1 Nr. 2 UN-Charta; → Kap. 5 Rn. 47 ff.) sowie der **internationalen Zusammenarbeit** zur Lösung internationaler Probleme wirtschaftlicher, sozialer, kultureller und humanitärer Art und dem **Menschenrechtsschutz** (Art. 1 Nr. 3 UN-Charta) verpflichtet. Die Grundsätze, nach denen die in Art. 1 UN-Charta dargelegten Ziele verfolgt werden müssen, sind in Art. 2 UN-Charta niedergelegt. Hervorzuheben ist an dieser Stelle bereits das Gewaltverbot in Art. 2 Nr. 4 UN-Charta, das es mit Ausnahme u.a. der Selbstverteidigung nach Art. 51 UN-Charta den Mitgliedstaaten verbietet, militärische Gewalt anzudrohen oder anzuwenden.

## 2. Mitglieder der Vereinten Nationen

Die 51 Gründungsmitglieder der Vereinten Nationen sind sog. **ur- 66 sprüngliche Mitglieder** nach Art. 3 UN-Charta. Die Aufnahme neuer Mitglieder erfolgt auf Empfehlung des Sicherheitsrats durch Beschluss der Generalversammlung (Art. 4 Abs. 2 UN-Charta). Dabei macht die Charta die Aufnahme eines neuen Mitglieds von bestimmten Bedingungen abhängig. So können nach Art. 4 Abs. 1 UN-Charta **neue Mitglieder** der Vereinten Nationen nur „alle sonstigen friedliebenden Staaten werden, welche die Verpflichtung aus dieser Charta übernehmen und nach dem Urteil der Organisation fähig und willens sind, diese Verpflichtungen zu erfüllen".

Wenngleich die UN-Charta noch immer den Begriff des „Feindstaates" (vgl. Art. 53 Abs. 1 S. 2 Hs. 2, Abs. 2, Art. 107 UN-Charta) für die Kriegsgegner der Siegermächte des Zweiten Weltkrieges verwendet und gegenüber den „Feindstaaten" besondere Ausnahmen vorsieht, können nach allgemeiner Auffassung die Feindstaaten-Klauseln mit Aufnahme dieser Länder in die Vereinten Nationen als obsolet betrachtet werden.

Neben einem zeitweiligen Entzug von Mitgliedschaftsrechten **67** (Art. 5 UN-Charta) durch die Generalversammlung auf Vorschlag des Sicherheitsrats sieht die Charta auch die Möglichkeit zum **Ausschluss** eines Mitglieds bei beharrlicher Verletzung der Grundsätze der UN-Charta vor (Art. 6 UN-Charta). Eine Klausel für einen (einseitigen) Austritt aus den Vereinten Nationen gibt es in der Charta nicht. Im Jahr 1965 erklärte Indonesien seinen Austritt, widerrief jedoch bereits im folgenden Jahr seine Erklärung und sprach von einem bloßen „Ruhenlassen" seiner Mitarbeit, was durch die Generalversammlung akzeptiert wurde. Ein dauerhafter Austritt eines Mitglieds ist bislang noch nicht erfolgt.

Die Vereinten Nationen haben seit der Unabhängigkeit des Südsu- **68** dan am 9. Juli 2011 **193 Mitglieder**. Davor wurden zuletzt Montenegro im Jahr 2006 sowie die Schweiz und Ost-Timor im Jahr 2002 in die Vereinten Nationen aufgenommen. Die Bundesrepublik Deutschland und die ehemalige DDR sind im Jahr 1973 den Vereinten Nationen beigetreten; seit der Wiedervereinigung Deutschlands ist nur noch die Bundesrepublik Deutschland als das fortbestehende deutsche Völkerrechtssubjekt Mitglied. Dem Heiligen Stuhl hat die Generalversammlung als Nicht-Mitgliedstaat einen Beobachterstatus (mit weitreichenden Rechten) eingeräumt.

### 3. Organe der Vereinten Nationen

**69**     Nach Art. 7 Abs. 1 UN-Charta verfügen die Vereinten Nationen
über **sechs Hauptorgane**: die Generalversammlung (dazu a), den
Sicherheitsrat (dazu b), den Wirtschafts- und Sozialrat (dazu c), den
Internationalen Gerichtshof (dazu d), das Sekretariat (dazu e) und den
Treuhandrat (dazu f). Je nach Bedarf können gemäß Art. 7 Abs. 2 UN-
Charta **Nebenorgane** eingesetzt werden; sie können eine zeitlich
begrenzte oder permanente Funktion haben. Beispiele für solche Nebenorgane sind die von der Generalversammlung zur Fortentwicklung
und Festschreibung des geltenden Völkerrechts eingesetzte *International Law Commission* (ILC) oder die sog. „Blauhelm-Missionen"
(*peace keeping forces*) der Vereinten Nationen (→ Kap. 6 Rn. 20).

**70**     Zur sog. **UN-Familie** gehören daneben auch die in Art. 57 UN-
Charta genannten **UN-Sonderorganisationen**. Hierbei handelt es sich
um durch zwischenstaatliche Vereinbarungen gegründete, rechtlich
selbständige internationale Organisationen, die aber vertraglich eng mit
den Vereinten Nationen verbunden und in das UN-System eingebun-
den sind (Art. 63 UN-Charta). Die Abkommen, die aus den internationalen Organisationen Sonderorganisationen der Vereinten Nationen
machen, werden nach Art. 63 Abs. 1 UN-Charta vom Wirtschafts- und
Sozialrat mit Genehmigung der Generalversammlung geschlossen. Zu
den Sonderorganisationen der Vereinten Nationen gehören bspw. die
*International Labour Organization* (ILO), der *International Monetary
Fund* (IMF), die *World Health Organization* (WHO), die *United Nations Educational, Scientific and Cultural Organization* (UNESCO)
oder die *World Intellectual Property Organization* (WIPO).

Daneben gibt es einige internationale Organisationen, die zwar
ebenfalls den Vereinten Nationen eng verbunden sind, mangels Beste-
hens von besonderen Abkommen nach Art. 57 und 63 UN-Charta mit
den Vereinten Nationen aber nicht zur UN-Familie zählen. Hierzu
gehören u.a. die *International Atomic Energy Agency* (IAEA) oder die
*World Trade Organization* (WTO).

### a) Generalversammlung

**71**     Die Generalversammlung ist das einzige Organ, in dem **alle Mitglieder** der Vereinten Nationen **vertreten** sind (Art. 9 Abs. 1 UN-
Charta). Jedes Mitglied ist hier stimmberechtigt. Die Abstimmung
erfolgt nach dem Prinzip **„one state, one vote"** (Art. 18 Abs. 1 UN-
Charta). Vom Stimmrecht kann ein Mitglied jedoch dann keinen Gebrauch machen, wenn das Stimmrecht wegen eines erheblichen Bei-
tragsrückstands (Art. 19 UN-Charta) oder wegen des zeitweiligen
Entzugs seiner Mitgliedschaftsrechte (Art. 5 UN-Charta) suspendiert

ist. Grundsätzlich werden die Beschlüsse (**Resolutionen**) der Generalversammlung mit der Mehrheit der anwesenden und abstimmenden
Mitglieder gefasst (Art. 18 Abs. 3 UN-Charta), wobei Enthaltungen
nach der Geschäftsordnung der Generalversammlung nicht gezählt
werden. Beschlüsse der Generalversammlung über „wichtige Fragen"
bedürfen allerdings einer Zweidrittelmehrheit der anwesenden und
abstimmenden Mitglieder (Art. 18 Abs. 2 UN-Charta). Die in Art. 18
UN-Charta normierten Mehrheitsregeln führen dazu, dass die Staaten
der Dritten Welt aufgrund ihrer zahlenmäßigen Überlegenheit zwar
erheblichen politischen Einfluss haben, sie aber oftmals nicht in der
Lage sind, entsprechende Verantwortung gerade auch in finanzieller
Hinsicht zu übernehmen.

Die **Beschlüsse** (Resolutionen) der Generalversammlung sind **72**
grundsätzlich – mit Ausnahme von organisationsrechtlichen Entscheidungen im Innenbereich (*housekeeping*) wie der Besetzung der übrigen
Hauptorgane oder der Suspendierung von Mitgliedschaftsrechten –
**rechtlich unverbindlich**. Aus diesem Grund ist auch die Allzuständigkeit der Generalversammlung in sachlicher Hinsicht in der Regel
unproblematisch. Nach Art. 10 UN-Charta kann die Generalversammlung alle chartarelevanten Fragen und Angelegenheiten erörtern und
hierzu Empfehlungen abgeben. Vor allem im Bereich der Menschenrechte hat die Generalversammlung bereits frühzeitig Resolutionen
verabschiedet (wie die *Allgemeine Erklärung der Menschenrechte* von
1948, die beiden Menschenrechtspakte von 1966, die Folterschutzkon-
vention von 1984; → Kap. 7 Rn. 8 ff.). Auch wenn den Resolutionen
lediglich empfehlender Charakter zukommt, sind sie rechtlich jedoch
keineswegs bedeutungslos, sondern können zur Entstehung von Völkergewohnheitsrecht beitragen.

Die allgemeine Erörterungsvorschrift des Art. 10 UN-Charta wird **73**
durch die Vorschriften der Art. 11, 13 und 14 UN-Charta konkretisiert.
Eine Ausnahme von der umfassenden Zuständigkeitsbefugnis macht
Art. 12 UN-Charta: danach darf die Generalversammlung zu einer
Streitigkeit oder Situation keine Empfehlung abgeben, solange der
Sicherheitsrat mit dieser Angelegenheit befasst ist. Allerdings hat die
Generalversammlung in ihrer berühmten *Uniting for Peace*-Resolution
von 1950, die im Zusammenhang mit dem Ausbruch des Koreakrieges
beschlossen wurde, argumentiert, dass die Generalversammlung für
den Fall, dass der Sicherheitsrat infolge Uneinigkeit seiner ständigen
Mitglieder handlungsunfähig sei, berechtigt sei, sich einer Angelegenheit zur Aufrechterhaltung des internationalen Friedens unverzüglich
anzunehmen und den Mitgliedstaaten angemessene Empfehlungen zur
Beilegung der Streitigkeit zu machen. Der Internationale Gerichtshof

hat die in der Resolution beanspruchte subsidiäre Veranwortung der Generalversammlung bestätigt (ICJ Reports 1962, 151 ff.).

74 Zur Bewältigung ihrer Aufgaben und zur Vorbereitung der zu fassenden Beschlüsse hat die Generalversammlung eine Reihe von **Ausschüssen** eingesetzt. Besondere Bedeutung kommt den in der Geschäftsordnung der Generalversammlung vorgesehenen sechs Hauptausschüssen zu, in denen ebenfalls sämtliche Mitglieder vertreten sind:

– Ausschuss für Abrüstung und internationale Sicherheit
– Ausschuss für Wirtschaft und Finanzen
– Ausschuss für soziale, humanitäre und kulturelle Fragen
– Ausschuss für besondere politische Fragen und Dekolonialisierung
– Verwaltungs- und Haushaltsausschuss
– Rechtsausschuss.

Darüber hinaus kann die Generalversammlung nach Art. 22 UN-Charta Nebenorgane (→ Rn. 69) einsetzen. Hierzu gehören neben dem schon erwähnten ILC u. a. das *United Nations Administrative Tribunal* (UNAT).

### b) Sicherheitsrat

75 Das Exekutivorgan der Vereinten Nationen ist der Sicherheitsrat. Er besteht aus 15 Mitgliedern, die je einen Vertreter entsenden (Art. 23 Abs. 1, Abs. 3 UN-Charta). **Fünf** ausdrücklich genannte Mitglieder (die Volksrepublik China, Frankreich, Russland, das Vereinigte Königreich Großbritannien und Nordirland sowie die Vereinigten Staaten von Amerika) sind **ständige Mitglieder** (Art. 23 Abs. 1 S. 2 UN-Charta). Die weiteren **zehn** Mitglieder des Sicherheitsrats werden von der Generalversammlung für jeweils zwei Jahre als **nichtständige Mitglieder** gewählt (Art. 23 Abs. 1 S. 3, Abs. 2 UN-Charta). Dabei soll sowohl auf die Verdienste um die Aufrechterhaltung des Friedens wie auch auf eine angemessene geografische Sitzverteilung geachtet werden. Zur Wahrung der Kontinuität werden jährlich jeweils fünf nichtständige Mitglieder gewählt.

Im Oktober 2010 setzte sich die Bundesrepublik Deutschland bei der Wahl für einen der nichtständigen Sitze mit der nötigen Zweidrittelmehrheit im ersten Wahlgang durch. Die Bundesrepublik Deutschland strebt jedoch weiterhin auch nach einem ständigen Sitz im Sicherheitsrat.

76 Die Aufteilung zwischen ständigen und nichtständigen Mitgliedern ist historisch bedingt und spiegelt die Weltordnung nach dem Ende des Zweiten Weltkrieges wieder. Dass sie nicht mehr den aktuellen Machtverhältnissen entspricht, ebenso wenig wie den Anteilen der Mitgliedstaaten an der Finanzierung der Vereinten Nationen und deren friedenssichernden Aktivitäten, wird zwar von vielen gesehen, doch dürfte für die

nahe Zukunft eine Reform nicht zu erwarten sein, da vor allem die ständigen Mitglieder an einer Erweiterung des Sicherheitsrats und insbesondere einer Erweiterung der ständigen Ratsmitgliedschaft nicht interessiert sind.

Neben der Bundesrepublik Deutschland erheben auch Staaten wie Japan, Brasilien oder Indien regelmäßig einen „Anspruch" auf einen ständigen Sitz.

Bedeutung erlangt die Unterscheidung zwischen ständigen und **77** nichtständigen Mitgliedern vor allem bei den Abstimmungen (Art. 27 UN-Charta). Zwar hat jedes Mitglied des Sicherheitsrats eine Stimme und bedürfen Beschlüsse immer der Zustimmung von neun Mitgliedern. Bedeutsam ist jedoch, dass alle Beschlüsse, die keine Verfahrensfragen betreffen (als Verfahrensfragen werden bspw. die Entscheidungen nach den Art. 28–32 UN-Charta behandelt, so u.a. die Festlegung des Sitzungsablaufs oder die Einberufung zu Sondertagungen), der Zustimmung sämtlicher ständigen Mitglieder bedürfen (Art. 27 Abs. 3 UN-Charta). Daraus folgt, dass in allen materiellen Fragen jedes ständige Mitglied prinzipiell die Möglichkeit hat, jeden Beschluss zu verhindern; jedes ständige Mitglied hat demnach faktisch ein **Vetorecht.** Hinzu kommt, dass für den Fall der Unklarheit der Einordnung eines Beschlusses als Beschluss über eine Verfahrensfrage oder materielle Frage ebenfalls nach Art. 27 Abs. 3 UN-Charta mit der Zustimmung aller ständigen Mitglieder zu entscheiden ist, weshalb man sogar von einem sog. doppelten Veto der ständigen Mitglieder spricht. Allerdings verbietet sich ein Missbrauch dieses Rechts: eindeutige Verfahrensfragen dürfen nicht als materielle Fragen behandelt werden.

Wenig beachtet wird, dass auch die nichtständigen Mitglieder über eine Art „kollektives Vetorecht" verfügen. Wird eine Resolution von mehr als sechs Mitgliedern des Sicherheitsrats nicht unterstützt, verfehlt sie das qualifizierte Mehrheitserfordernis nach Art. 27 Abs. 1 u. Abs. 2 UN-Charta von 9 Stimmen – auch wenn alle ständigen Mitglieder mit „Ja" stimmen. Dieser Fall tritt allerdings nur höchst selten ein.

Eine Übersicht über die seit 1946 eingelegten Vetos findet sich unter www.research.un.org.

Durch die Praxis des Sicherheitsrats, die der IGH im Namibia-Gutachten gebilligt hat (ICJ Reports 1971, 16 (22)), ist ungeachtet des Wortlauts des Art. 27 Abs. 3 UN-Charta geklärt, dass die ständigen Mitglieder ihre Zustimmung zu einem Beschluss nicht ausdrücklich erklären müssen. Vielmehr steht auch die Stimmenthaltung dem Zustandekommen der Beschlussfassung nicht entgegen. Gleiches gilt für den Fall der (freiwilligen) Abwesenheit eines ständigen Mitglieds.

Die zentrale Rolle, die dem Sicherheitsrat zukommt, zeigt sich in **78** der Vorschrift des Art. 25 UN-Charta. Danach sind alle Mitgliedstaaten

der Vereinten Nationen verpflichtet, „die Beschlüsse des Sicherheitsrats im Einklang mit dieser Charta anzunehmen und durchzuführen".
Sofern der Sicherheitsrat **Beschlüsse** fasst, sind diese (im Gegensatz zu
den Resolutionen der Generalversammlung) **verbindlich**. Der Sicherheitsrat kann neben Beschlüssen aber auch bloße Empfehlungen abgeben; diese sind als solche rechtlich nicht verbindlich (s. hierzu Art. 39
UN-Charta, der beide Entscheidungstypen nebeneinander anführt).

79      In sachlicher Hinsicht weist Art. 24 Abs. 1 UN-Charta dem Sicher-
heitsrat die „**Hauptverantwortung für die Wahrung des Weltfrie-
dens und der internationalen Sicherheit**" zu (eine subsidiäre Ver-
antwortung trägt, wie oben gezeigt, die Generalversammlung, s.
Art. 12 UN-Charta). Besondere Befugnisse zur Durchführung dieser
Aufgaben sind dem Sicherheitsrat in den Kapiteln VI, VII, VIII und
XII UN-Charta eingeräumt (Art. 24 Abs. 2 S. 2 UN-Charta; hierzu im
Einzelnen → Kap. 6 Rn. 3 ff.). Umstritten ist allerdings, ob diese
Aufzählung abschließend ist, oder ob der Sicherheitsrat darüber hinaus
über weitere Befugnisse zur Erfüllung der in Art. 24 Abs. 1 iVm
Abs. 2 S. 1 UN-Charta auferlegten Aufgaben verfügt.

80      Die wichtigen Aufgaben des Sicherheitsrats machen eine ständige Präsenz seiner Mitglieder notwendig (Art. 28 Abs. 1 UN-Charta), weshalb
in New York bei den Vereinten Nationen alle Mitglieder zu jeder Zeit
durch Botschafter vertreten sein müssen. Die Sitzungen werden vom
Präsidenten des Sicherheitsrats einberufen. Die Präsidentschaft im
Sicherheitsrat wechselt monatlich, wobei sich die Reihenfolge nach
dem englischen Alphabet bestimmt. Der monatliche Wechsel stellt
sicher, dass auch die nichtständigen Mitglieder während ihres Zweijah-
res-Wahlzeitraums mindestens einmal die Präsidentschaft innehaben.

### c) Wirtschafts- und Sozialrat

81      Ein wichtiges Aufgabenfeld der Vereinten Nationen ist im Kapitel IX UN-Charta mit der Überschrift **„Internationale Zusammenarbeit auf wirtschaftlichem und sozialem Gebiet"** beschrieben. Art. 55
UN-Charta zählt die Ziele im Einzelnen auf. Dazu gehören neben der
Verbesserung des Lebensstandards und der Förderung des wirtschaftlichen und sozialen Fortschritts, der Lösung internationaler Probleme
wirtschaftlicher, sozialer, gesundheitlicher Art, der Zusammenarbeit in
Fragen der Gesundheit und Kultur, auch die Sicherung der Achtung
und Verwirklichung der Menschenrechte und Grundfreiheiten. Nach
Art. 60 UN-Charta ist für die Wahrnehmung dieser Aufgaben neben
der Generalversammlung der Wirtschafts- und Sozialrat (*Economic
and Social Council*, ECOSOC) zuständig.

Der Wirtschafts- und Sozialrat besteht aus 54 Mitgliedern der Ver-  **82**
einten Nationen, die von der Generalversammlung für drei Jahre gewählt werden (Art. 61 UN-Charta). Die Aufgaben und Befugnisse des
Wirtschafts- und Sozialrats beschränkt Art. 62 Abs. 1 und Abs. 2 UN-
Charta auf eine Befassungs- und Empfehlungskompetenz für den in
Art. 55 UN-Charta aufgeführten Bereich der internationalen und wirt-
schaftlichen Zusammenarbeit. Die vom Rat abgegebenen Empfehlun-
gen haben keinen verbindlichen Charakter. Daneben kann der Wirt-
schafts- und Sozialrat Vertragstexte ausarbeiten und internationale
Konferenzen einberufen (Art. 62 Abs. 3 und 4 UN-Charta). Vor allem
ist es auch Aufgabe des Wirtschafts- und Sozialrats, die Tätigkeit der
Sonderorganisationen der Vereinten Nationen zu koordinieren (Art. 63
Abs. 2 UN-Charta). Er fungiert insoweit als Bindeglied zwischen den
Vereinten Nationen und ihren Sonderorganisationen. Daneben hat der
Wirtschafts- und Sozialrat für die Wahrnehmung seiner Aufgaben nach
Art. 68 UN-Charta Kommissionen einzusetzen. Hierzu zählen neben
Fachkommissionen (zB regionale Wirtschaftskommissionen für Afrika,
Europa, Lateinamerika, Asien und den Pazifik), ständige Ausschüsse
(bspw. für NGOs), Sachverständigengremien (zB für die Verbrechens-
bekämpfung) und Berichtsorgane für Sonderorganisationen und andere
Einrichtungen, deren Kontrolle dem Wirtschafts- und Sozialrat obliegt.

An den Sitzungen des Wirtschafts- und Sozialrats können auch  **83**
Nichtmitglieder ohne Stimmrecht teilnehmen (Art. 69 UN-Charta).
Zunehmend wichtiger wird die Mitwirkung von nichtstaatlichen Organisationen (NGOs), mit denen der Wirtschafts- und Sozialrat Vereinbarungen über einen Konsultativstatus treffen kann (Art. 71 UN-Charta).
Auf diese Weise kann der besondere Sachverstand der NGOs in die
Tätigkeitsbereiche des Wirtschafts- und Sozialrats einfließen und
wichtige Anstöße liefern. Insgesamt ist festzustellen, dass der Wirt-
schafts- und Sozialrat mit einer Fülle von Einrichtungen Kontakt hält
und selbst eine so große Anzahl von Nebenorganen geschaffen hat,
dass es im Einzelnen schwer fällt, den Überblick zu behalten.

### d) Internationaler Gerichtshof

Der Internationale Gerichtshof (IGH) ist das **Hauptrechtspre-**  **84**
**chungsorgan** der Vereinten Nationen (Art. 92 S. 1 UN-Charta) mit
Sitz in Den Haag. Die Grundzüge des IGH sind in den Art. 92–96 UN-
Charta geregelt. Die Wahrnehmung seiner Aufgaben richtet sich nach
dem **IGH-Statut**, das Bestandteil der UN-Charta ist (Art. 92 S. 2 UN-
Charta). Auch Nicht-Mitgliedstaaten der Vereinten Nationen können
Vertragspartei des IGH-Statuts werden (Art. 93 Abs. 2 UN-Charta).

**85**    Die Urteile des IGH binden nur die jeweiligen Streitparteien (*inter partes*-Wirkung, Art. 94 Abs. 1 UN-Charta). Der Sicherheitsrat hat die Möglichkeit, im Fall der Nichtbeachtung des Urteils durch eine Streitpartei Empfehlungen abzugeben oder entsprechende Maßnahmen zur zwangsweisen Durchsetzung des Urteils zu beschließen (Art. 94 Abs. 2 UN-Charta). Die Zuständigkeit des IGH erstreckt sich nur auf die **Regelung zwischenstaatlicher Streitigkeiten** (Art. 34 Abs. 1, 36 Abs. 1 IGH-Statut). Für Streitigkeiten zwischen den Vereinten Nationen und ihren Mitgliedern ist nicht der IGH, sondern das *United Nations Administrative Tribunal* (UNAT) zuständig. Voraussetzung für die Zuständigkeit des IGH ist stets die **Unterwerfung** der streitenden Staaten unter die Gerichtsbarkeit des IGH. Die Unterwerfung unter die Zuständigkeit des IGH kann dabei entweder für den Einzelfall begründet werden (Art. 36 Abs. 1 IGH-Statut) oder aber allgemein für den Fall, dass sich die andere Streitpartei in deckungsgleicher Weise der Zuständigkeit des IGH unterworfen hat (Art. 36 Abs. 2 IGH-Statut, sog. Fakultativklausel).

**86**    Neben der Entscheidung von zwischenstaatlichen Streitigkeiten kann der IGH auf Antrag der Generalversammlung, des Sicherheitsrats sowie – mit jeweiliger Ermächtigung durch die Generalversammlung – auch anderer Organe der Vereinten Nationen und Sonderorganisationen mit der Erstellung eines (rechtlich nicht verbindlichen) Gutachtens beauftragt werden (Art. 96 UN-Charta, Art. 65 ff. IGH-Statut). Politisch bedeutsam ist bspw. das Gutachten zur völkerrechtlichen Zulässigkeit der Drohung mit und dem Einsatz von Atomwaffen (ICJ Reports 1996, 226 ff.)

**87**    Der IGH besteht aus **15 Richtern**, die von der Generalversammlung und dem Sicherheitsrat gewählt werden (Art. 3 ff. IGH-Statut). Jeder Richter muss eine andere Staatsangehörigkeit haben. Bei der Wahl ist darauf zu achten, dass jeder Gewählte in seiner Gesamtheit eine Vertretung der großen Kulturkreise und der hauptsächlichen Rechtssysteme der Welt gewährleistet (näher zum IGH → Kap. 6 Rn. 54 ff.).

### e) Sekretariat

**88**    Jede internationale Organisation verfügt über ein **ständiges Verwaltungsorgan**. Das Sekretariat der Vereinten Nationen besteht aus einem **Generalsekretär** und den sonst von der Organisation benötigten, ihm untergeordneten Bediensteten (Art. 97 S. 1 UN-Charta), die unter Berücksichtigung eines geografischen Proporzes eingestellt werden. Der von der Generalversammlung auf Empfehlung des Sicherheitsrats ernannte Generalsekretär ist nicht nur der **höchste Verwaltungsbeamte** und Verwaltungschef der Vereinten Nationen. Ihm wurde durch die Charta auch eine **politische Rolle** zugedacht. So kann er nach Art. 99

UN-Charta die Aufmerksamkeit des Sicherheitsrats auf jede seiner Ansicht nach die Wahrung des Weltfriedens und der internationalen Sicherheit gefährdende Situation lenken. Darüber hinaus haben die Generalsekretäre je nach Persönlichkeit des Amtsinhabers auch eigene politische Initiativen ergriffen und etwa in Fragen zur Zukunft der Vereinten Nationen oder zur internationalen Konfliktbewältigung deutlich Stellung genommen. So hat der damalige Generalsekretär *Kofi Annan* im Jahr 2004 die Invasion des Iraks als illegal verurteilt und im März 2003 sein Reform-Dokument „In größerer Freiheit: Auf dem Weg zu Entwicklung, Sicherheit und Menschenrechten für alle" auf den Weg gebracht.

Die Charta enthält selbst keine Regelung zur Amtszeit des Generalsek- **89** retärs; es hat sich jedoch eine Periode von 5 Jahren eingebürgert. Seit 1998 ist das Amt eines Stellvertreters eingerichtet, der den Generalsekretär im Wesentlichen bei den administrativen Aufgaben unterstützt.

---

Bis heute gab es 8 Generalsekretäre:

- *Trygve Lie* (Norwegen, 1946–1952)
- *Dag Hammarskjöld* (Schweden, 1953–1961)
- *Sithu U Thant* (Burma, 1961–1971)
- *Kurt Waldheim* (Österreich, 1972–1981)
- *Javier Pérez de Cuéllar* (Peru, 1982–1991)
- *Boutros Boutros-Ghali* (Ägypten, 1992–1996)
- *Kofi Annan* (Ghana, 1997–2006)
- *Ban Ki-Moon* (Südkorea, seit 2007; im Juni 2011 wurde *Ban Ki Moon* von der Generalversammlung für eine zweite Amtszeit bis Ende 2016 bestätigt)

---

#### f) Treuhandrat

Auch wenn die Tätigkeit des Treuhandrats heute eingestellt ist, ob- **90** lag ihm jedoch eine wichtige Funktion: die Sicherung des Weltfriedens, die Achtung der Menschenrechte und die politische, wirtschaftliche und kulturelle Förderung der Einwohner der Gebiete, die in das Treuhandsystem einbezogen waren. Bei diesen Gebieten handelte es sich im Wesentlichen um die ehemaligen Mandatsgebiete des Völkerbundes, bei denen die Siegermächte des Ersten Weltkrieges als Mandatare für die Kolonialgebiete der Kriegsverlierer eintraten. Mit der massiven Entkolonialisierung in den sechziger Jahren verlor der Treuhandrat zunehmend seine Bedeutung. Das letzte Treuhandgebiet, die pazifische Insel Palau, wurde 1994 unabhängig. Die Einstellung der Treuhandtätigkeit Ende 1994 erfolgte formal nur vorläufig. Der Treuhandrat könnte wieder zusammentreten, jedoch würde das den – unwahrscheinlichen – Fall voraussetzen, dass Gebiete ohne Selbstregierung wie zB die Falkland Inseln dem Treuhandsystem unterstellt werden. Diskutiert wird, ob der Treuhandrat nicht für die *failed states* aktiviert werden und für deren Wiederaufbau oder als Übergangsregierung eingesetzt werden sollte.

**91**   Von dem Treuhandsystem nach Kapitel XII UN-Charta zu unterscheiden ist die Einrichtung von UN-Übergangsbehörden auf Grundlage des Kapitels VII UN-Charta, wie sie etwa für das von Indonesien ehemals besetzte Ost-Timor im Jahr 2000 eingerichtet wurde, um Sicherheit und humanitäre Hilfe zu garantieren und den Aufbau einer unabhängigen Regierung zu leiten (Übergangsbehörde UNTAET – *United Nations Transitional Administration in East Timor*). Ebenso übernahm die UNMIK (*United Nations Interim Administration Mission in Kosovo*), die 1999 eingerichtet wurde, die Verwaltung im Kosovo und sorgte u.a. für den Aufbau von Polizei und Justiz.

### III. Ausgewählte internationale Organisationen

**92**   Internationale Organisationen lassen sich nach ihrem Mitgliederkreis in **universelle Organisationen**, die grundsätzlich allen Staaten offen stehen, und **regionale Organisationen**, die nur Mitglieder aus einer bestimmten Region umfassen, einteilen. Daneben ist eine Unterscheidung nach dem Organisationszweck möglich. So gibt es internationale Organisationen mit allgemein-politischer Zielsetzung (zB die Vereinten Nationen, der Europarat) und solche, deren Aufgaben sich auf bestimmte Sachgebiete beschränken (zB IMF, WHO). Von einer **supranationalen Organisation** spricht man, wenn die Organisation mit „Durchgriffswirkung" ausgestattet ist, dh wenn ihre Beschlüsse in den Mitgliedstaaten und für deren Bürger unmittelbares Recht setzen. Prototyp hierfür ist die Europäische Union. Ihre nach dem Mehrheitsprinzip zustande gekommenen Rechtsakte wie Verordnungen oder Beschlüsse gem. Art. 288 Abs. 2 und 4 AEUV sind unmittelbar in den Mitgliedstaaten verbindlich.

#### 1. Universelle Organisationen

##### a) WTO

**93**   Die im Jahr 1994 in Marrakesch (Marokko) gegründete **Welthandelsorganisation** (*World Trade Organization*) hat ihren Sitz in Genf, wo sie am 1.1.1995 ihre Arbeit aufnahm. Die WTO gibt den Rechtsrahmen für die internationalen Handelsbeziehungen auf der Basis der Nichtdiskriminierung und weltweiten Handelsliberalisierung vor. Neben mehreren Nebenabkommen basiert die WTO auf drei Haupt-Handelsverträgen: dem GATT-Abkommen (*General Agreement on Tariffs and Trade*), dem sog. GATS-Abkommen (*General Agreement on Trade in Services*) und dem sog. TRIPS-Abkommen (*Trade-Related Aspects of Intellectual Property Rights*). Die WTO hat zurzeit 161 Mitglieder (Stand: April 2015). Als letzte Mitglieder sind im Juni 2014 der Jemen und im April 2015 die Seychellen beigetreten. Fast alle übrigen Staaten haben Beobachterstatus. Im laufenden Beitrittsverfahren befinden sich u.a. Serbien, Bosnien-Herzegowina und Kasachstan.

## b) NATO

Die **Nordatlantik-Organisation** (*North Atlantic Treaty Organization*) wurde 1949 als Verteidigungsorganisation gegründet. Sitz des NATO-Hauptquartiers ist Brüssel. Der NATO-Vertrag verpflichtet die Vertragsparteien in Übereinstimmung mit den Zielen und Grundsätzen der Charta der Vereinten Nationen zur friedlichen Streitbeilegung (Art. 1). Für den Fall eines bewaffneten Angriffs auf eine Vertragspartei verpflichtet **Art. 5 NATO-Vertrag** die übrigen Parteien zur **kollektiven Selbstverteidigung**. Dieser Bündnisfall nach Art. 5 NATO-Vertrag wurde bislang nur ein einziges Mal ausgerufen: am Tag nach den Terroranschlägen vom 11.9.2001 erklärte die NATO die Anschläge als Angriff gegen alle NATO-Mitgliedstaaten gem. Art. 5 S. 1 NATO-Vertrag, wonach **94**

> *„die Parteien vereinbaren, dass ein bewaffneter Angriff gegen eine oder mehrere von ihnen in Europa oder Nordamerika als ein Angriff gegen sie alle angesehen werden wird".*

Entsprechend verpflichten sich die Parteien gem. Art. 5 NATO-Vertrag, dem angegriffenen Land beizustehen.

Das höchste Entscheidungsgremium der NATO ist der Nordatlantikrat (NATO-Rat, Art. 9 NATO-Vertrag), der unter dem Vorsitz des NATO-Generalsekretärs steht. **95**

Der NATO gehören zur Zeit 28 Mitglieder an (Stand: September 2015). Zuletzt traten im Jahr 2009 Albanien und Kroatien bei. Die Bundesrepublik Deutschland ist seit 1955 Mitglied. **96**

Mit dem auf dem NATO-Gipfeltreffen im April 1999 in Washington verabschiedeten Strategischen Konzept erfolgte eine Ausweitung der NATO auf Krisenreaktionseinsätze. Eine der wichtigsten konzeptionellen Änderungen lag in der Feststellung, dass zur Konfliktverhütung und Krisenbewältigung auch NATO-Einsätze außerhalb des NATO-Gebiets und damit nicht unter Art. 5 NATO-Vertrag fallende **97**

Krisenreaktionseinsätze möglich sein sollen (sog. *Out-of-Area-*Einsätze). Am 19./20.11.2010 verabschiedeten die NATO-Mitgliedstaaten in Lissabon ein neues Strategisches Konzept mit dem Titel „Active engagement, modern defence", das das bisherige Konzept von 1999 ersetzt und drei Kernfunktionen der NATO festlegt: kollektive Verteidigung, Krisenmanagement und kooperative Sicherheit. In Erweiterung der bisherigen Doktrin der Abschreckung und Verteidigung stehen in Bezug auf die neuen Sicherheitsherausforderungen die Aspekte Prävention und Widerstandsfähigkeit im Vordergrund der Bemühungen. Arbeitsschwerpunkte sind hier vor allem die Bereiche Cybersicherheit, die Erörterung unterstützender Maßnahmen zur Verhinderung der Proliferation von Massenvernichtungswaffen und der Schutz gegen Angriffe mit Massenvernichtungswaffen sowie der Kampf gegen den Terrorismus.

#### c) OECD

**98**    Der **Organisation für wirtschaftliche Zusammenarbeit und Entwicklung** (*Organization for Economic Cooperation and Development*), die 1961 gegründet wurde und Nachfolgeorganisation der *Organisation für europäische wirtschaftliche Zusammenarbeit* (OEEC) ist, gehören heute 34 Mitgliedsländer an (Stand: September 2015). Hauptziel der Organisation mit Sitz in Paris ist es, durch eine enge Zusammenarbeit der Mitgliedstaaten und Koordinierung ihres Handelns eine optimale Wirtschaftsentwicklung und Beschäftigung sowie einen steigenden Lebensstandard zu erreichen und dadurch zur Entwicklung der Weltwirtschaft beizutragen, s. Art. 1 des Übereinkommens über die Organisation für Wirtschaftliche Zusammenarbeit und Entwicklung (OECD-Vertrag). Darüber hinaus teilt die OECD ihre Expertise mit über 100 Nichtmitgliedstaaten in der ganzen Welt und arbeitet u.a. mit einer großen Anzahl von Entwicklungs- und Schwellenländern eng zusammen. Oberstes Entscheidungsorgan der OECD ist der **Rat**, der regelmäßig auf Botschafterebene und mindestens einmal jährlich auch auf Ministerebene tagt (Art. 7 OECD-Vertrag). Die vom Rat getroffenen Entscheidungen werden vom Sekretariat, das unter der Leitung eines Generalsekretärs steht, umgesetzt.

**99**    Ein Projekt der OECD, das in den vergangenen Jahren die Bildungslandschaft in Deutschland stark beschäftigt hat, ist die sog. **PISA-Studie** (*Programme for International Student Assessment*). Es handelt sich dabei um eine internationale Schulleistungsstudie, mit der die OECD die Kompetenzen von 15-jährigen Schülerinnen und Schülern in den Kernbereichen Mathematik, Leseverständnis und Naturwissenschaften analysiert und die Ergebnisse in Bezug zum sozioökonomischen Hintergrund der Schülerinnen und Schüler setzt. Die Tests werden seit dem Jahr 2000 im Dreijahresrhythmus durchgeführt.

## d) OSZE

Die **Organisation für Sicherheit und Zusammenarbeit in Euro-** **100** **pa** (*Organization for Security and Co-operation in Europe*) ging aus der Konferenz über Sicherheit und Zusammenarbeit in Europa (KSZE) hervor. Mit der Umbenennung von „Konferenz" in „Organisation" im Jahr 1995 sollte den veränderten Aufgaben und der inneren Struktur Rechnung getragen werden. Die wichtigsten Verpflichtungen der Teilnehmerstaaten sind in der Schlussakte von Helsinki aus dem Jahr 1975 verankert – mit Dimensionen zur Sicherheit und Zusammenarbeit (1. Dimension), zur Kooperation in Wirtschaft, Wissenschaft und Umweltschutz (2. Dimension) und zu den Menschenrechten (3. Dimension). Während ursprünglich die Stabilisierung des Ost-West-Konflikts und die Förderung der Abrüstung zu den Aufgaben der OSZE zählten, geht es heute vorrangig um die Sicherung des regionalen Friedens, der Demokratie und des Schutzes der Menschenrechte. Den Weg für eine Neudefinition der Rolle der OSZE nach dem Ende des Kalten Krieges ebnete die Charta von Paris aus dem Jahr 1990. Der OSZE gehören 57 Teilnehmerstaaten an (Stand: September 2015), darunter alle europäischen Länder, die Nachfolgestaaten der Sowjetunion, die USA, Kanada und die Mongolei, die am 20.11.2012 57. Teilnehmerstaat wrude. Alle 57 Teilnehmerstaaten genießen einen gleichberechtigten Status; Entscheidungen werden im Konsens gefällt und sind politisch, nicht aber rechtlich bindend. Nach herrschender Meinung ist die OSZE trotz ihrer relativ dichten strukturellen Gliederung allerdings (noch) keine internationale Organisation im Sinne des Völkerrechts, da es an einem entsprechenden Rechtsbindungswillen der Teilnehmer fehle, die in Mehrzahl die OSZE eher als gemeinsames politisches Forum verstehen. Damit sind für rechtlich relevante Akte der OSZE völkerrechtlich die Teilnehmerstaaten verantwortlich.

## 2. Regionale Organisationen

### a) Afrikanische Union

Die Afrikanische Union (AU) ist seit 2002 Nachfolgerin der **Orga-** **101** **nisation der Afrikanischen Einheit** (OAU), die 1963 gegründet wurde. Ihren Sitz hat die AU in Addis Abeba (Äthiopien). Außer Marokko, das 1984 aus der OAU wegen eines Konflikts um die Unabhängigkeit der West-Sahara ausgetreten ist, sind alle afrikanischen Staaten Mitglied der AU. Hauptziel der OAU war es, nach dem Ende der Kolonialherrschaft die souveränen Staaten Afrikas zu vereinigen und ihre friedliche Zusammenarbeit zu fördern. Die Aufgaben der AU gehen darüber hinaus: sie hat sich neben der Durchsetzung der Menschenrechte und der Demokratisierung insbesondere den Kampf gegen den Hunger und die Eindämmung von vermeidbaren Krankheiten wie zB AIDS zur Hauptaufgabe gemacht. Eines der wichtigsten Dokumente der OAU/AU ist die 1986 in Kraft getretene **Afrikanische Charta der Menschenrechte und der Rechte der Völker**, sog. *Banjul*-Charta, die neben der *Europäischen Konvention zum Schutz der Menschenrechte und Grundfreiheiten* (EMRK) und der *Amerikanischen Konvention der Menschenrechte* (AMRK) eine weitere bedeutende regionale Kodifikation von Menschenrechten ist. Dabei garantiert die *Banjul*-Charta nicht nur die klassischen Freiheitsrechte, sondern neben wirtschaftlichen, sozialen und kulturellen Rechten auch einige Kollektivrechte (→ Kap. 7 Rn. 28 f.).

### b) Europäische Union

**102**    Die Europäische Union (EU), der heute 28 Staaten angehören (Stand: September 2015), wurde mit dem Vertrag über die Europäische Union, der 1992 in Maastricht unterzeichnet wurde und 1993 in Kraft getreten ist, gegründet. Zuletzt wurde er durch den *Vertrag von Lissabon* vom 13.12.2007 geändert. Der Vertrag von Lissabon, der die vorherigen Verträge ändert, soll die EU demokratischer, effizienter und transparenter machen und befähigen, globale Herausforderungen wie den Umweltschutz, die Sicherheit und die nachhaltige Entwicklung in Europa anzugehen. Die Vertragswerke, das neue Primärrecht, auf das sich die Staats- und Regierungschefs mit dem Vertrag von Lissabon geeinigt haben, sind zum 1.12.2009 in Kraft getreten. Es ist dies der *Vertrag über die Europäische Union* (EUV) und der *Vertrag über die Arbeitsweise der Europäischen Union* (AEUV), der den EG-Vertrag ersetzt. Die beiden Verträge stehen rechtlich gleichrangig nebeneinander, s. Art. 1 UAbs. 3 EUV und Art. 1 Abs. 2 AEUV. Die Europäische Union tritt gem. Art. 1 UAbs. 3 EUV an die Stelle der Europäischen Gemeinschaft (EG), deren Rechtsnachfolgerin sie ist. Die Europäische Union erhält damit **Rechtspersönlichkeit** und **Völkerrechtsfähigkeit**, s. Art. 47 EUV. Die Völkerrechtsubjektivität der EU war vorher nach überwiegender Auffassung nicht gegeben. Als internationale Organisation – oftmals auch „eigener Art" – galt die EU aber schon bislang.

**103**    Ursprüngliches Ziel der EG war die Friedenssicherung durch wirtschaftliche Integration. Heute ist die EU auf eine **umfassende europäische Integration** ausgerichtet. Art. 1 UAbs. 2 EUV lautet:

*„Dieser Vertrag stellt eine neue Stufe bei der Verwirklichung einer immer engeren Union der Völker Europas dar, in der die Entscheidungen möglichst offen und möglichst bürgernah getroffen werden."*

Die EU gründet auf einem gemeinsamen Binnenmarkt, in dem die sog. Grundfreiheiten (Warenverkehrsfreiheit, freier Personenverkehr, Dienstleistungsfreiheit, Freiheit des Kapital- und Zahlungsverkehrs) gewährleistet sind. Die der EU von den Mitgliedstaaten übertragenen Hoheitsrechte können eine **ausschließliche oder geteilte Zuständigkeit der EU** begründen. Im Fall der ausschließlichen Zuständigkeit kann nur die EU gesetzgeberisch tätig werden und verbindliche Rechtsakte erlassen; die Mitgliedstaaten dürfen in einem solchen Fall nur tätig werden, wenn sie von der Union hierzu ermächtigt werden, oder um Rechtsakte der Union durchzuführen (Art. 2 Abs. 1 AEUV). Geprägt wird das Verhältnis zu den Mitgliedstaaten von der begrenzten Einzelermächtigung, s. Art. 5 Abs. 1 S. 1 und Abs. 2 EUV, und die Zuständigkeitsvermutung des Art. 4 Abs. 1 EUV. Für die Ausübung der Zuständigkeiten der EU gelten die Grundsätze der Subsidiarität und der Verhältnismäßigkeit (Art. 5 Abs. 1 S. 2 und Abs. 3 und 4 EUV).

Die **Organe der EU** sind gem. Art. 13 EUV     **104**

– das Europäische Parlament

– der Europäische Rat (Zusammensetzung: Präsident des Europäischen Rates, Staats- und Regierungschefs der Mitgliedstaaten und Präsident der Europäischen Kommission)

– der Rat (Ministerrat)

– die Europäische Kommission

– der Gerichtshof der EU

– der Rechnungshof

– die Europäische Zentralbank.

Die **Rechtsakte der EU** sind neben den unmittelbar in jedem Mit- **105** gliedstaat geltenden, verbindlichen Verordnungen, die noch in innerstaatliches Recht umzusetzenden Richtlinien, die an bestimmte Adressaten gerichteten verbindlichen Beschlüsse sowie die unverbindlichen Empfehlungen und Stellungnahmen, s. Art. 288 AEUV.

**c) Europarat**

Der am 5. 5. 1949 von 10 westeuropäischen Staaten gegründete Eu- **106** roparat mit Sitz in Straßburg umfasst heute 47 Mitgliedstaaten (Stand: September 2015) und damit fast alle Staaten Europas, auf die nach Art. 5 Europarat-Satzung die Mitgliedschaft beschränkt ist. Die Aufgabe des Europarats liegt beim Schutz der Menschenrechte und der

Förderung rechtsstaatlicher Strukturen in ganz Europa. Bedingung für einen Beitritt ist die Anerkennung der *rule of law* und die Achtung der Menschenrechte (Art. 3 Europarat-Satzung). Dies bedeutet, dass Voraussetzung für die Mitgliedschaft im Europarat die Ratifizierung der **Europäischen Menschenrechtskonvention** (EMRK) und ihrer Protokolle sowie die Abschaffung der Todesstrafe ist. Die EMRK von 1950 ist die bedeutendste Europaratskonvention und das wichtigste europäische Menschenrechtsdokument (→ Kap. 7 Rn. 21 f.). Die EMRK trat 1953 in Kraft, nachdem sie von zehn Mitgliedstaaten ratifiziert worden war. Um die Einhaltung der von den Vertragsparteien übernommenen Verpflichtungen sicherzustellen, wurde der *Europäische Gerichtshof für Menschenrechte* (EGMR) in Straßburg eingerichtet. Der EGMR kann von jedem Mitgliedstaat (Staatenbeschwerde gem. Art. 33 EMRK) und jeder natürlichen Person, nichtstaatlichen Organisation oder Personengruppe (Individualbeschwerde gem. Art. 34 EMRK) angerufen werden. Voraussetzung ist jedoch immer, dass alle innerstaatlichen Rechtsbehelfe erschöpft sind (Art. 35 EMRK). Der EGMR ist kein Organ des Europarats, sondern der EMRK. Organe des Europarats sind das Ministerkomitee als Entscheidungsorgan (Art. 13 ff. Europarat-Satzung) und die Beratende Versammlung (Art. 22 ff. Europarat-Satzung), für die nach Beschluss des Ministerkomitees im Februar 1994 in allen Europaratsdokumenten die Bezeichnung „Parlamentarische Versammlung" zu verwenden ist. Beiden Organen steht das Sekretariat des Europarats zur Seite.

**107**    Neben der EMRK sind weitere bedeutende Europaratskonventionen die *Europäische Sozialcharta* von 1961, das *Europäische Übereinkommen zur Verhütung von Folter oder unmenschlicher und erniedrigender Behandlung oder Strafe* von 1987, die *Bioethikkonvention* von 1997 oder die im Jahr 2008 in Kraft getretene *Konvention des Europarats zur Bekämpfung des Menschenhandels* von 2005.

**108**    Immer wieder wird der Europarat mit dem Europäischen Rat verwechselt. Während es sich beim Europarat um eine eigenständige internationale Organisation handelt, ist der Europäische Rat Organ der Europäischen Union.

## IV. Nichtregierungs-Organisationen

**109**    Die Nichtregierungs-Organisationen (NGOs, Non-Governmental Organizations) lassen sich als **nichtstaatliche internationale Organisation** klassifizieren. Anders als internationale Organisationen sind sie nicht durch ein zwischenstaatliches (völkerrechtliches) Übereinkommen entstanden, sondern **von Individuen oder privaten Verbänden gegründet**. Während internationale Organisationen dem Völkerrecht unterliegen, gilt für die NGO und ihre Aktivitäten das Recht des Staates, in dem sie ihren Verwaltungssitz hat. Grundsätzlich ist den NGOs aufgrund der Tatsache, dass sie durch jedermann gegründet werden können und es ihnen damit an einer Legitimation auf Völkerrechtsebene fehlt, die Völkerrechtssubjektivität abzusprechen. Je nach dem Grad ihrer Einbeziehung durch völkerrechtliche Normen (zB durch die Einräumung von völkerrechtlichen Berechtigungen und/oder Pflichtenstellungen) kann für bestimmte NGOs jedoch eine partielle Völkerrechtssubjektivität angenommen werden.

Auf dem internationalen Parkett sind die NGOs heute nicht mehr wegzudenken – nicht nur weil sie zahlenmäßig den internationalen Organisationen um ein Vielfaches überlegen sind, sondern vor allem weil ihr Einfluss auf das Völkerrecht von nicht zu unterschätzender Bedeutung ist. So besitzen NGOs gem. Art. 71 UN-Charta einen Konsultativstatus beim Wirtschafts- und Sozialrat, beteiligen sich an der Erzeugung von Völkerrecht (zB haben sie die Ausarbeitung der UN-Antifolterkonvention aktiv unterstützt) oder sorgen mit für eine Durchsetzung von Völkerrecht. Insbesondere auf dem Gebiet des Menschenrechtsschutzes und des Umweltvölkerrechts leisten die NGOs wertvolle Dienste in der Beschaffung von Informationen (*fact-finding*) sowie in der Formulierung von Mindeststandards (*standard-setting*).

NGOs sind in fast allen Bereichen tätig: auf humanitärem Gebiet **110** wie *Amnesty International* oder *Human Rights Watch*, im Umweltschutz wie zB *Greenpeace*, im religiösen Bereich der Weltkirchenrat (*World Councel of Churches*, WCC), auf völkerrechtspolitischem Gebiet die *International Law Association* (ILA) oder das *Institut de Droit International* (IDI), im Wirtschafts- und Handelsrecht zB die *International Chamber of Commerce* (ICC) oder im Sport der Weltfußballverband FIFA (*Fédération Internationale de Football Association*) oder das Internationale Olympische Komitee (*International Olympic Committee*, IOC).

# C. Individuen

**Literatur:** *Herdegen*, Völkerrecht, § 12; *Hobe*, Einführung in das Völkerrecht, S. 166 ff.; *Kempen/Hillgruber*, Völkerrecht, § 7; *Stein/von Buttlar*, Völkerrecht, Rn. 493 ff.

Nach überkommenem Völkerrecht standen dem Einzelnen keine ei- **111** genen Rechte und Pflichten zu. Es galt die Idee der sog. **Mediatisierung** des Einzelnen. Der Einzelne besaß keine Völkerrechtssubjektivität, sondern profitierte lediglich aufgrund seiner Staatsangehörigkeit von den völkerrechtlichen Rechten und Pflichten seines Heimatstaates. Er wurde damit nur mittelbar über den Staat als Medium Gegenstand des Völkerrechts. Im Bereich des Fremdenrechts (→ Kap. 4 Rn. 37 ff.) besteht die Mediatisierung des Individuums auch heute noch. So hat ein Ausländer im Fall der Verletzung von fremdenrechtlichen Bestimmungen durch den Gaststaat keine Möglichkeit, eine eigene Rechtsverletzung geltend zu machen. Auf eine Verletzung der zwischenstaatlich geltenden internationalen Mindeststandards für die Behandlung fremder Staatsangehöriger kann sich nicht (auch) der Einzelne, sondern nur der Heimatstaat berufen. Nur der Staat hat Anspruch auf die Einhaltung der Rechte und kann im Wege des diplomatischen Schutzes zugunsten des Betroffenen bspw. in Form eines Protests oder der Geltendmachung von Wiedergutmachungsansprüchen die Rechtsverletzung geltend machen. Reflexartig trifft der Schutz dann auch das Individuum.

**112**     Insbesondere nach dem Zweiten Weltkrieg und der Verabschiedung der UN-Charta im Jahr 1945 wurde zunehmend anerkannt, dass auch auf völkerrechtlicher Ebene Rechte und Pflichten des Einzelnen bestehen können. Heute wird angenommen, dass auch dem Individuum eine **eigene Völkerrechtssubjektivität** zukommen kann. Allerdings hält sich nach wie vor in Teilen die Auffassung, dass das Individuum nur dann Völkerrechtssubjekt ist, wenn ihm Mittel zur Verfügung stehen, seine Rechte in einem völkerrechtlichen Verfahren auch durchzusetzen. Nach dieser Auffassung hängt die Völkerrechtssubjektivität somit von den prozessualen Möglichkeiten ab. Dies hat zur Folge, dass sich die Völkerrechtssubjektivität des Einzelnen auf die Fälle wie den Art. 34 EMRK (→ Rn. 106) oder den Art. 44 der AMRK beschränkt, nach denen eine Befassung der Gerichtshöfe mit einer Individualbeschwerde möglich ist.

Nach anderer Auffassung ist die Möglichkeit der Geltendmachung eigener Rechtspositionen keine Voraussetzung für die Völkerrechtssubjektivität. Vielmehr wird die Völkerrechtssubjektivität vom Inhalt der völkerrechtlichen Regeln abhängig gemacht. Entscheidend kommt es darauf an, ob die völkerrechtliche Vereinbarung dem Individuum eindeutig auch **individuelle Rechte** einräumt oder aber die Vertragsstaaten nur zwischenstaatlich bindet. Um eindeutig subjektive Rechte des Individuums geht es bspw. in Art. 6 Abs. 1 S. 1 und 3 des *Internationalen Pakts über bürgerliche und politische Rechte* (IPBPR) von 1966: „Jeder Mensch hat ein angeborenes Recht auf Leben. ... Niemand darf willkürlich seines Lebens beraubt werden." Um ein subjektives Recht und nicht nur einen Rechtsreflex handelt es sich auch bei Art. 1 EMRK: „Die Hohen Vertragsparteien sichern allen ihrer Hoheitsgewalt unterstehenden Personen die in Abschnitt I bestimmten

Rechte und Freiheiten zu." Für jeden völkerrechtlichen Vertragstext ist daher im Wege der Auslegung zu ermitteln, ob und in welchem Umfang er ein eigenes subjektives Recht des Individuums begründet oder ob nur eine faktische, reflexartige Begünstigung vorliegt (vgl. auch BGHZ 169, 348 ff.).

Völkerrechtliche **Pflichten** des Individuums bestehen insbesondere **113** im Völkerstrafrecht. Als Beispiel für eine völkerstrafrechtliche Regelung sei hier Art. IV der *Völkermordkonvention* von 1948 genannt wonach „Personen, die Völkermord oder eine der sonstigen in Art. II aufgeführten Handlungen begehen, ... zu bestrafen (sind), gleichviel, ob sie regierende Personen, öffentliche Beamte oder private Einzelpersonen sind". Kraft Völkerrecht sind auch Kriegsverbrechen und Verbrechen gegen die Menschlichkeit, die Piraterie oder die Geldfälschung verboten. Grundlage für die Durchsetzung internationaler Straftatbestände legten die Nürnberger Kriegsverbrecherprozesse, in denen erstmals ein internationaler Gerichtshof bestimmte Handlungen mit Strafe belegte. Ein weiteres Beispiel für die völkerstrafrechtliche Inpflichtnahme des Individuums ist die Schaffung internationaler Strafgerichtshöfe für das ehemalige Jugoslawien und Ruanda.

Festzuhalten ist schließlich, dass die Völkerrechtssubjektivität des **114** Individuums nur eine von den Staaten abgeleitete, also **beschränkte Völkerrechtssubjektivität** ist. Völkerrechtliche Rechte und Pflichten des Individuums werden erst durch völkerrechtliche Verträge und das Völkergewohnheitsrecht erzeugt.

> Das gegenwärtige Völkerrecht erkennt das Individuum in be- **115** schränktem Umfang als Völkerrechtssubjekt an. Die **Völkerrechtssubjektivität des Individuums** liegt jedenfalls soweit vor, wie dem Individuum die Möglichkeit eingeräumt wird, eine materielle Rechtsposition in einem völkerrechtlichen Verfahren vor einer internationalen Instanz durchzusetzen.

# D. Sonstige Völkerrechtssubjekte

**Literatur:** *Herdegen,* Völkerrecht, § 9, § 11, § 13; *Hobe,* Einführung in das Völkerrecht, S. 154 ff.; *Kempen/Hillgruber,* Völkerrecht, § 10; *Stein/von Buttlar,* Völkerrecht, Rn. 483 ff.

Auf dem internationalen Parkett agieren heute nicht mehr nur Staa- **116** ten und internationale Organisationen, sondern auch einige andere Akteure. Ihre Völkerrechtssubjektivität ist teilweise aus historischen Gründen unbestritten. Teilweise jedoch wird ihnen trotz ihrer Relevanz für die Gestaltung der zwischenstaatlichen Beziehungen und ihrer faktischen Machtposition eine beschränkte (partielle) Völkerrechtssubjektivität nicht zuerkannt.

## I. Heiliger Stuhl

**117**    Traditionell gilt der Heilige Stuhl (*Holy See*) als **eigenes Völkerrechtssubjekt**. Personalisiert wird der Heilige Stuhl durch den Papst. Der Papst ist gleichzeitig das Staatsoberhaupt des Staates der Vatikanstadt, der 1929 durch völkerrechtlichen Vertrag (sog. *Lateranvertrag*) zwischen Italien und dem Heiligen Stuhl geschaffen wurde. Der Vatikanstaat, der über eine Fläche von knapp 44 Hektar verfügt, weist – als kleinster Staat der Welt – alle Merkmale der Drei-Elemente-Lehre auf. Exterritorialen Status haben außerdem der päpstliche Sommersitz in Castel Gandolfo sowie einige Kirchen und Paläste in Rom. Vatikanstaat und Heiliger Stuhl bestehen als verschiedene Völkerrechtssubjekte nebeneinander. Beide nehmen am internationalen Rechtsverkehr teil. Wie ein Staat besitzt auch der Heilige Stuhl **umfassende Völkerrechtsfähigkeit**.

**118**    Der Heilige Stuhl unterhält diplomatische Beziehungen zu rund 180 Staaten der Welt. Die diplomatischen Vertreter bekleiden das Amt des sog. **Nuntius**. Die staatskirchenrechtlichen Vereinbarungen, die der Heilige Stuhl mit anderen Staaten eingeht, um die besonderen kirchlichen Rechte und Pflichten zB im Ehe- und Familienrecht oder im Bildungswesen festzulegen, heißen **Konkordate**. Zwar kann der Heilige Stuhl, da er kein Staat ist, nicht Mitglied der UN sein (vgl. Art. 4 UN-Charta). Doch hat er dort wie auch bei anderen internationalen Organisationen, zB im Europarat, Beobachterstatus. In zahlreichen internationalen Organisationen (Stand: September 2015: in 58) ist der Heilige Stuhl Vollmitglied, zB bei der OSZE oder der IAEA. Zudem ist der Heilige Stuhl Vertragspartner zahlreicher völkerrechtlicher Verträge wie des Flüchtlingsabkommens von 1951, des Übereinkommens zum Schutz des Kultur- und Naturerbes der Welt von 1972 oder auch des Vertrags über die Nichtverbreitung von Kernwaffen von 1968.

## II. Souveräner Malteser Ritterorden

**119**    Auch der Souveräne Malteser Ritterorden ist ein historisch gewachsenes (**beschränktes**) **Völkerrechtssubjekt**. Der Orden wurde ursprünglich zur Unterstützung der Kreuzzüge errichtet, regierte später die Insel Rhodos und übte bis 1798 seine Territorialherrschaft auf Malta aus (sog. *Malteserorden*). Er verfügt heute nicht mehr über ein eigenes Territorium. Seit 1834 hat er seinen Sitz in Rom und nimmt sich seitdem **karitativer Aufgaben** in der ganzen Welt an. Er ist mit eigenen Einrichtungen in vielen Ländern der Erde vertreten, unterhält diplomatische Präsenz in 104 Ländern und auf Botschafterebene Beziehungen zu 105 Staaten (darunter auch viele nicht katholische Staaten) und ist ständiger Beobachter u.a. bei den UN und ihren Sonderorganisationen. Auch wenn der Orden über kein eigenes Territorium mehr verfügt, so kommt er dennoch weiterhin in den Genuss eines eigenen Münz- und Passrechts, gibt eigene Briefmarken heraus und genießt Exterritorialität seines Sitzes in Rom.

### III. Internationales Komitee vom Roten Kreuz

Das Internationale Komitee vom Roten Kreuz (**IKRK**) gehört eben- **120** falls zu den traditionellen Völkerrechtssubjekten mit **beschränkter Völkerrechtssubjektivität**. Es ist zu beachten, dass nicht die Organisation des Internationalen Roten Kreuzes, die ein Netzwerk verschiedener Akteure ist, die Völkerrechtsfähigkeit besitzt, sondern nur ein „Organ": das Internationale Komitee. Dies ist umso beachtlicher, als es sich bei dem 1863 von *Henri Dunant* gegründeten IKRK um einen aus maximal 25 Schweizer Bürgern bestehenden **Verein des schweizerischen Zivilrechts** handelt, der seinen Sitz in Genf hat. Das IKRK tagt als Versammlung vier- bis sechsmal im Jahr und legt die allgemeine Politik und Richtlinien fest. Grundlage seines Tätigwerdens und seiner völkerrechtlichen Befugnisse sind insbesondere die vier *Genfer Abkommen* von 1949 und die beiden Zusatzprotokolle von 1977 (→ Kap. 8 Rn. 6). Dem IKRK sind humanitäre Aufgaben in bewaffneten Konflikten übertragen wie die Durchführung von Rotkreuztransporten, der Schutz von Kriegsgefangenen durch Besuch von Lagern etc. oder Hilfeleistungen in Kriegen und bei Naturkatastrophen. Darüber hinaus sehen die Abkommen auch vor, dass das IKRK mit Zustimmung der Konfliktparteien als **Ersatzschutzmacht** (in Form der Mitwirkung und Aufsicht bei der Durchführung der Genfer Abkommen unter unparteiischer Warhnehmung der Interessen der Konfliktbeteiligten) fungieren kann.

### IV. Sonderfälle

#### 1. Aufständische, de facto-Regimes und Befreiungsbewegungen

**Aufständische** im völkerrechtlichen Sinn sind Personengruppen, **121** die gegen die etablierte Staatsgewalt einen (meist bewaffneten) Kampf führen. Nach traditioneller Auffassung erlangen die Aufständischen als Kollektiv erst dann beschränkte Völkerrechtssubjektivität, wenn sie von der anderen Konfliktpartei als „kriegführende Partei" anerkannt werden, mit der Folge, dass dann der innerstaatlich bewaffnete Konflikt zum Krieg im Sinne des Völkerrechts wird und das humanitäre Völkerrecht Anwendung findet. Diese Form der konstitutiven Anerkennung spielt heute keine Rolle mehr und ist vor dem Hintergrund der Entwicklung des humanitären Völkerrechts auch abzulehnen. Das humanitäre Völkerrecht zielt heutzutage darauf ab, beide Konfliktparteien den humanitären Mindeststandards in internationalen Konflikten zu unterstellen. So unterwirft der in allen vier *Genfer Abkommen* von 1949 (→ Kap. 8 Rn. 6, 18) gleichlautende Art. 3 in Abs. 1 „im Falle eines bewaffneten Konflikts, der keinen internationalen Charakter aufweist und der auf dem Gebiet einer der Hohen Vertragsparteien entsteht, ... jede der am Konflikt beteiligten Parteien" den Grundregeln des humanitären Kriegsvölkerrechts. Die Aufständischen haben diese Vorschrift einzuhalten und sind damit – ganz ohne Selbstverpflichtung – Träger einer Völkerrechtspflicht. Gemäß Art. 3 Abs. 3 der *Genfer Abkommen* können die Aufständischen sogar durch besondere Vereinbarung mit der anderen Konfliktpartei auch die anderen Konventionsbestimmungen auf den internen bewaffneten Konflikt ausdehnen. Die Zuweisung von völkerrechtlichen Pflichten und Rechten macht die Aufständischen damit zum **beschränkten Völkerrechtssubjekt.** In der Vergangenheit sind aufständische Gruppen nach dem VII. Kapitel der UN-Charta wiederholt auch Adressaten von verbindlichen Resolutionen des UN-Sicherheitsrats geworden wie bspw. in Angola (UNITA, SC Res. 1173 (1998)), im Libanon (Hisbollah, SC Res. 1701 (2006) oder in Mali (SC Res. 2085 (2012)).

**122**    Üben die Aufständischen in dem von ihnen beherrschten Territorium über längere Zeit hinweg effektive Herrschaftsgewalt aus, erlangen sie den Status eines (stabilisierten) **de facto-Regimes.** Noch vor Staatswerdung kommt dem *de facto*-Regime **(beschränkte) Völkerrechtssubjektivität** zu – und zwar nach h.M. **unabhängig von einer Anerkennung.** Mit der faktischen Erfüllung staatsähnlicher Aufgaben und dem Erreichen eines Grades an Herrschaftsstabilität, die dem eines Staates gleichkommt, kann das *de facto*-Regime von nicht am Konflikt Beteiligten nicht mehr als völkerrechtliches Nullum betrachtet werden, sondern kann vielmehr die Achtung seines territorialen Bestands und seiner Herrschaftsgewalt beanspruchen. Es gilt dann das völkerrechtliche Gewalt- und Interventionsverbot. Als Beispiel für ein *de facto*-Regime gilt die Türkische Republik Zypern, die bislang nur von der Türkei anerkannt worden ist.

**123**    Auch **Befreiungsbewegungen,** die gegen koloniale oder rassistische Herrschaft kämpfen, können als **beschränkte Völkerrechtssubjekte** anerkannt werden. Entscheidend kommt es dabei auf ihre Effektivität und Organisation und vor allem ihre Anerkennung durch das Volk an (→ Kap. 5 Rn. 47 ff.). Das erste Zusatzprotokoll zu den *Genfer (Rotkreuz) Abkommen* (→ Rn. 120) über den Schutz der Opfer internationaler bewaffneter Konflikte erweitert den Begriff des bewaffneten Konflikts, in dem es darunter auch den Kampf von Völkern gegen Kolonialherrschaft und fremde Besetzung sowie gegen rassistische Regimes fasst (Art. 1 Abs. 4 ZP I). Mit der Unterwerfung der Befreiungsbewegung unter das Zusatzprotokoll wird die Befreiungsbewegung durch die entsprechenden Abkommen geschützt und kommt damit in den Genuss der ansonsten nur im internationalen bewaffneten Konflikt anwendbaren völkerrechtlichen Regeln.

Die UN-Generalversammlung hat in der Vergangenheit verschiede- **124** nen Befreiungsbewegungen einen Beobachterstatus gewährt, so zB dem Afrikanischen Nationalkongress (*African National Congress*, ANC) und der **Palästinensischen Befreiungsorganisation PLO** (*Palestine Liberation Organization*), die seit 1988 innerhalb der Vereinten Nationen unter der Bezeichnung „Palästina" firmierte. „Palästina" genoss in der Rolle als Beobachter von Beginn an relativ weitreichende Beteiligungsrechte, die im Juli 1998 noch einmal deutlich gestärkt wurden (GA Res. 52/250 vom 7.7.1998). Seitdem haben palästinensische Vertreter das Recht, an den Generaldebatten der Generalversammlung teilzunehmen. Sie dürfen dort u.a. Erklärungen durch den Präsidenten des Gremiums abgeben und jeweils gegen Ende der Debatte auch selbst das Wort ergreifen. Außerdem wurde Palästina gestattet, gemeinsam mit Vollmitgliedern Resolutionsentwürfe zu Nahost und Palästina betreffenden Fragen einzubringen. Ein Abstimmungsrecht wurde den Palästinensern jedoch verwehrt. Daran hat auch die Aufwertung zum Beobachterstaat nichts geändert (→ Rn. 26).

## 2. Transnationale Unternehmen

Unternehmen, die in einem Staat ihren Hauptsitz haben und in anderen **125** Staaten mehrere Betriebseinheiten unterhalten, werden als transnationale Unternehmen (*Transnational Corporation*, TNC) bezeichnet. Obwohl ihre Machtpositionen stark sind und sie in den Vertragsverhandlungen und beim Abschluss von Verträgen den Staaten faktisch als gleichberechtigte Vertragspartner gegenüberstehen, sind die transnationalen Unternehmen nach überwiegender Meinung **keine Völkerrechtssubjekte** und somit nicht an das Völkerrecht gebunden. Vielfach jedoch haben die transnationalen Unternehmen ein Interesse daran, dass ihre Vertragsbeziehungen nicht ausschließlich der jeweiligen nationalen Rechtsordnung des Vertragsstaates unterliegen, sondern völkerrechtlichen Regelungen unterstellt sind. Insbesondere bei Konzessionsverträgen sind transnationale Unternehmen darum bemüht, völkerrechtliche Regelungen als sog. Stabilisierungsklauseln einzubeziehen, um so den Vertragsinhalt vor einseitigen Rechtsänderungen zu schützen.

**126**   Nach einer Ansicht soll eine Unterwerfung des Staates unter völkerrechtliche Regelungen in der Vereinbarung mit dem transnationalen Unternehmen dazu führen, dass der Vertrag dem Völkerrecht untersteht und das Unternehmen auf diese Weise eine vom staatlichen Vertragspartner abgeleitete, beschränkte Völkerrechtssubjektivität erreicht. Nach anderer Ansicht soll es nur dann zur Anwendung des Völkerrechts kommen, wenn die Anwendung des Völkerrechts explizit vereinbart wird, sofern das jeweilige internationale Privatrecht eine solche Anwendungsvereinbarung zulässt. Da zwischenzeitlich ein dichtes Netzwerk völkerrechtlicher Vereinbarungen insbesondere zum für die Unternehmen so bedeutsamen Investitionsschutz mit weitreichenden vertraglichen Gewährleistungen für Unternehmen aus einem Vertragsstaat besteht, hat die Frage nach der Völkerrechtssubjektivität transnationaler Unternehmen an Relevanz verloren.

**127**   Hinzuweisen ist schließlich darauf, dass transnationale Unternehmen ebenso wie Individuen oder NGOs beschränkte Völkerrechtssubjektivität dann erlangen können, wenn Menschenrechtsabkommen, die der Vertragsstaat ratifiziert hat, ihnen Rechte zugestehen.

**128**   Die Ausarbeitung von **Verhaltenskodizes** für transnationale Unternehmen, wie sie etwa die OECD geschaffen hat, ist ein Versuch, die wirtschaftsstarken transnationalen Unternehmen selbst auf völkerrechtliche Standards zu verpflichten und dafür zu sorgen, dass die Unternehmen in dem Gaststaat die Menschenrechte und die Mindeststandards bei Arbeitsbedingungen, dem Umweltschutz etc. wahren. Im Frühjahr 2011 hat der Menschenrechtsrat der UN die vom Sonderberichterstatter *John Ruggie* vorgelegten *Guiding Principles on Business and Human Rights* bestätigt (A/HRC Res. 17/4 (2011)), die den Grundsatz der Unternehmensverantwortlichkeit im Hinblick auf Menschenrechte (*corporate responsibility to respect human rights*) formulieren.

## Testfragen zum 2. Kapitel

1. Was bedeutet beschränkte (partielle) Völkerrechtssubjektivität?
2. Welches sind die kraft Tradition anerkannten beschränkten Völkerrechtssubjekte?
3. Ist die EU Völkerrechtssubjekt?
4. Welche Elemente sind für das Bestehen eines Staates konstitutiv?
5. Was ist ein *failed state*?

6. Auf welche Weise kann es zu einem derivativen Erwerb fremden Territoriums kommen?
7. Was ist der Unterschied zwischen einer sog. *de jure-* und einer *de facto*-Anerkennung?
8. Ist die Bundesrepublik Deutschland nach dem Zweiten Weltkrieg neu gegründet worden oder ist sie mit dem Deutschen Reich identisch?
9. Was ist Voraussetzung für das Vorliegen einer zwischenstaatlichen internationalen Organisation?
10. Was ist zentrale Aufgabe der Vereinten Nationen und was sind ihre Hauptorgane?
11. Welche Aufgabe kommt dem Sicherheitsrat der Vereinten Nationen zu und wie setzt er sich zusammen?
12. Was versteht man unter dem Veto- bzw. Doppel-Vetorecht des Sicherheitsrats?
13. Wodurch unterscheiden sich die Vereinten Nationen von der NATO?

# Kapitel 3. Rechtsquellen des Völkerrechts

Mit den „Rechtsquellen des Völkerrechts" werden die **Normerzeu-** 1
**gungsarten** erfasst. Anders als etwa im nationalen Rechtssystem gibt
es im Völkerrecht keinen einheitlichen Gesetzgeber, der mit Bindungswirkung Recht setzen kann. Vielmehr sind die Staaten selbst die
wesentlichen Akteure der Rechtserzeugung.

Als klassisches Verzeichnis der Völkerrechtsquellen gilt **Art. 38** 2
**Abs. 1 des Statuts des Internationalen Gerichtshofs** (IGH-Statut).
Die Vorschrift richtet sich zwar an den Internationalen Gerichtshof und
bestimmt, welche Quellen er bei der Rechtsfindung anzuwenden hat.
Doch herrscht Einigkeit, dass die dort aufgezählten Normerzeugungs-
akte Rechtsquellen des Völkerrechts sind. Art. 38 Abs. 1 IGH-Statut
lautet:

> *„Der Gerichtshof, dessen Aufgabe es ist, die ihm unterbreite-*
> *ten Streitigkeiten nach dem Völkerrecht zu entscheiden, wen-*
> *det an*
>
> a) *internationale Übereinkünfte allgemeiner oder besonderer*
> *Natur, in denen von den streitenden Staaten ausdrücklich*
> *anerkannte Regeln festgelegt sind;*
>
> b) *das internationale Gewohnheitsrecht als Ausdruck einer*
> *allgemeinen, als Recht anerkannten Übung;*
>
> c) *die von den Kulturvölkern anerkannten allgemeinen*
> *Rechtsgrundsätze;*
>
> d) *vorbehaltlich des Art. 59 {die Vorschrift betrifft die inter-*
> *partes-Wirkung von Entscheidungen des Gerichtshofs}*
> *richterliche Entscheidungen und die Lehrmeinung der fä-*
> *higsten Völkerrechtler der verschiedenen Nationen als*
> *Hilfsmittel zur Feststellung von Rechtsnormen."*

Die in lit. a–c genannten völkerrechtlichen Verträge, das Gewohnheitsrecht und die allgemeinen Rechtsgrundsätze sind die echten
Rechtsquellen des Völkerrechts. Von diesen Rechtsquellen zu unterscheiden sind die in lit. d aufgeführten Gerichtsentscheidungen und die
Völkerrechtslehre, die als **sog. Rechtserkenntnisquellen** bzw. Hilfsmittel zur Ermittlung von Völkerrechtsnormen dienen.

Umstritten ist, ob die Aufzählung der Quellen in Art. 38 Abs. 1
IGH-Statut abschließend ist. Diskutiert werden als weitere eigenständige Rechtsquellen des Völkerrechts vor allem einseitige Rechtsakte
von Staaten und Akte internationaler Organisationen (sog. *soft law*;
→ Rn. 99).

3     Die **Reihenfolge der Völkerrechtsquellen** in Art. 38 Abs. 1 lit. a–c
sagt noch nichts über eine Rangordnung aus. Die Frage wird dann
entscheidend, wenn sich zwei oder mehrere Völkerrechtsnormen
widersprechen. In jedem Fall gilt, dass eine zwingende Norm des
allgemeinen Völkerrechts (sog. **ius cogens**) dem Vertrags- oder Gewohnheitsrecht vorgeht und deren Nichtigkeit zur Folge hat (vgl.
Art. 53 WVK). Eine zwingende Norm des allgemeinen Völkerrechts
ist eine Norm, die von der Gesamtheit der internationalen Staatengemeinschaft als eine Norm anerkannt und akzeptiert wird, von der keine
Abweichung zulässig ist (vgl. Art. 53 WVK). Zum *ius cogens* zählen
jedenfalls das Gewalt- und Interventionsverbot (→ Kap. 6 Rn. 21 ff. u.
→ Kap. 5 Rn. 9 ff.), das Verbot des Angriffskrieges, das Verbot des
Völkermords, der Sklaverei oder der Rassendiskriminierung, das
Selbstbestimmungsrecht der Völker (→ Kap. 5 Rn. 47 ff.) sowie die
Achtung der grundlegenden Menschenrechte. Grundlegend ist, dass die
Normen des *ius cogens* sog. **erga omnes-Wirkung** haben, dh dass sie
Pflichten statuieren, deren Nichterfüllung von jedem anderen Völker-
rechtssubjekt gerügt werden kann, ohne dass es auf eine eigene
Rechtsverletzung ankäme.

4     Im Übrigen gilt für das Verhältnis von Vertragsrecht und Gewohnheitsrecht, dass im Falle eines Widerspruchs das Vertragsrecht, das für
die Parteien das speziellere Recht darstellt, Vorrang vor der allgemei-
neren, gewohnheitsrechtlichen Regelung hat (*lex specialis derogat legi
generali*).

5     Die allgemeinen Rechtsgrundsätze sind gegenüber dem Vertrags-
und Gewohnheitsrecht subsidiär und kommen nur dann zur Anwendung, wenn sich weder mit Hilfe des Vertragsrechts noch des Gewohnheitsrechts eine Lösung für den konkreten Streitfall finden lässt.

6     Damit lässt sich als Rangfolge ausmachen:
   − *ius cogens*
   − Vertragsrecht
   − Gewohnheitsrecht
   − allgemeine Rechtsgrundsätze.
   Die Praxis wendet die verschiedenen Rechtsquellen regelmäßig nebeneinander an.

7     Bei Konflikten innerhalb der Rechtserkenntnisquellen wird in der
Regel der Rechtsprechung der Vorzug vor den Lehrmeinungen einzu-
räumen sein.

# A. Völkerrechtliche Verträge

**Literatur:** *Herdegen*, Völkerrecht, § 15; *Hobe*, Einführung in das Völkerrecht, S. 182 ff.; *Kempen/Hillgruber*, Völkerrecht, § 13; *Stein/von Buttlar*, Völkerrecht, Rn. 25 ff.

## I. Begriff und Grundlagen

**Völkerrechtliche Verträge** sind Vereinbarungen zwischen zwei **8** oder mehr Staaten bzw. sonstigen vertragsfähigen Völkerrechtssubjekten, die auf die Begründung, Abänderung oder Aufhebung von völkerrechtlichen Rechten und Pflichten gerichtet sind.

Völkerrechtliche Verträge setzen eine Übereinkunft **auf dem Ge-** **9** **biet des Völkerrechts** voraus. Demzufolge scheiden alle vertraglichen Übereinkommen zwischen Völkerrechtssubjekten aus, die dem nationalen Recht unterliegen (zB Vertrag über die Anmietung eines Gebäudes im Ausland). Ein völkerrechtlicher Vertrag muss nicht in schriftlicher Form geschlossen werden. Vielmehr sind **auch mündliche Vertragsabschlüsse** möglich. Für die Verbindlichkeit völkerrechtlicher Verträge ist der Rechtsbindungswille der Vertragsparteien entscheidend. Ein sog. *gentlemen's agreement*, das nach dem Willen der Parteien keine Rechte und Pflichten entfalten soll, sondern lediglich eine politische Absichtserklärung darstellt, unterliegt nicht dem Völkervertragsrecht. Die Abgrenzung zwischen einer verbindlichen Vertragsabsprache und einer unverbindlichen Absichtserklärung kann im Einzelfall schwierig sein.

In einem Streitfall zwischen den Emiraten von Bahrain und Qatar (vgl. ICJ Reports 1994, S. 112, 120, Qatar gegen Bahrain) stufte der Internationale Gerichtshof ein unterzeichnetes Sitzungsprotokoll nicht als Dokumentation allein des Verhandlungsverlaufs, sondern als Nachweis eines Vertrags ein. Der Gerichtshof urteilte, dass es insoweit auf den objektiven Empfängerhorizont ankomme.

Völkerrechtliche Verträge können zwischen Staaten, zwischen Staa- **10** ten und vertragsfähigen Völkerrechtssubjekten, wie etwa internationalen Organisationen, oder zwischen verschiedenen vertragsfähigen Völkerrechtssubjekten geschlossen werden. In Abhängigkeit von der Anzahl der an einem Vertrag beteiligten Vertragsparteien unterscheidet man zwischen **bilateralen** (zweiseitigen) und **multilateralen** (mehrseitigen) **Verträgen**. Letztere nennt man auch Konventionen, Abkommen, Satzungen, Übereinkommen, Pakte oder Protokolle. Entscheidend ist jedoch nicht die Bezeichnung, sondern allein der im Text geäußerte Rechtsbindungswille der Parteien.

**11**     Unterschieden wird teilweise noch zwischen **rechtsetzenden** und
**rechtsgeschäftlichen Verträgen** (sog. *law-making treaties* und
*contract treaties*). Rechtsetzende Verträge sind Vereinbarungen, mit
denen sich die Parteien eine Vorgabe für ihr künftiges Verhalten geben
(zB Menschenrechtsverträge). Rechtsgeschäftliche Verträge, auch
Austauschverträge genannt, haben eine wechselseitige Pflichterfüllung
zum Gegenstand und erledigen sich regelmäßig mit Erfüllung. Da jeder
Vertrag auch rechtsetzende Elemente besitzen dürfte, ist die Differen-
zierung allerdings nicht von großer Bedeutung.

**12**     Schließlich gibt es noch eine weitere Kategorie von Verträgen: die
**Statusverträge**. Sie errichten für die Rechtsstellung eines Staates,
eines Gebiets oder einer internationalen Verkehrsstraße eine allge-
meinverbindliche Ordnung. Wird die vertragliche Ordnung von einer
repräsentativen Zahl der übrigen Völkerrechtssubjekte anerkannt, wird
diese zum Bestandteil der internationalen Rechtsordnung und damit
dem Willen der Vertragsparteien entzogen. Damit ist zum einen eine
Änderung der geschaffenen Ordnung durch die Vertragsstaaten nicht
mehr möglich, zum anderen gilt die Ordnung selbst dann fort, wenn
die Vertragsstaaten nicht mehr bestehen sollten.

Ein **Beispiel** für einen Statusvertrag ist der Suezkanal-Vertrag vom
29.10.1888, der von neun Staaten geschlossen wurde. Der Vertrag garantiert die
freie Durchfahrt durch den Suezkanal für Handels- und Kriegsschiffe aller
Flaggen in Kriegs- und Friedenszeiten und untersagt jegliche Kriegshandlung
gegen den Kanal und seine Nebenanlagen. Da der Vertrag eine allgemeine
internationale Ordnung geschaffen hat, müssen neben den Signatarstaaten auch
alle anderen Staaten die Rechtsstellung des Suezkanals anerkennen.

Ein weiteres Beispiel ist der Weltraumvertrag von 1967, der u.a. die Aneig-
nung des Weltraums und der Himmelskörper durch einzelne Staaten sowie das
Verbringen von Atomwaffen in den Weltraum ausschließt.

## II. Das Recht der Verträge

**13**     Das Recht der völkerrechtlichen Verträge ergab sich lange Zeit allein aus gewohnheitsrechtlich geltenden Regeln des Vertragsrechts.
Die heute bestehenden Rechtsgrundlagen zum Völkervertragsrecht
geben zu weiten Teilen bereits gewohnheitsrechtlich geltende Regelungen wieder.

**14**     Das *Wiener Übereinkommen über das Recht der Verträge* von 1969
(Wiener Vertragsrechtskonvention, WVK), das seit 1980 in Kraft ist
und bislang von 114 Staaten ratifiziert wurde (Stand: September 2015),
greift in seinen wichtigsten Bestimmungen völkergewohnheitsrechtliche Vertragsgrundsätze auf, präzisiert und verfestigt sie. Diese Völker-

gewohnheitsrecht aufgreifenden Normen der WVK binden damit unabhängig von einer Ratifikation des Vertragswerks alle Staaten, dh sie sind universell bindend. Die WVK enthält u.a. Regelungen zum Abschluss und dem Inkrafttreten von Verträgen, dem Anbringen von Vorbehalten, Regelungen zur Anwendung und Auslegung von Verträgen sowie Bestimmungen über die Ungültigkeit und Beendigung von Verträgen. Auch diejenigen Staaten, die bislang die WVK noch nicht ratifiziert haben (u.a. wichtige Staaten wie die USA, Kenia oder der Iran), halten sich in der Vertragspraxis in weiten Teilen an die Konventionsregeln, was dazu führt, dass sich auch diejenigen Konventionsregeln, die noch nicht zum gewohnheitsrechtlichen Bestand gehören, auf diese Weise gewohnheitsrechtlich verfestigen.

Die WVK regelt nur die **zwischen Staaten geschlossenen, schrift-** **15** **lichen Verträge** (Art. 1, Art. 2 Abs. 1 lit. a). Dies bedeutet nicht, dass es sich bei mündlich abgeschlossenen Vereinbarungen oder zwischen einem Staat und einem anderen Völkerrechtssubjekt oder zwischen solchen anderen Völkerrechtssubjekten geschlossenen Übereinkünften nicht auch um völkerrechtliche Verträge handeln kann; sie fallen nur nicht unter den Geltungsbereich der WVK. Soweit die Konventionsregeln gleichzeitig Völkergewohnheitsrecht widerspiegeln, finden auch die entsprechend in der Konvention niedergelegten Regeln auf die internationalen Übereinkünfte Anwendung (vgl. Art. 3 lit. b WVK).

Eine weitere Rechtsgrundlage des Völkervertragsrechts ist die *Wie-* **16** *ner Konvention über das Recht der Verträge zwischen Staaten und Internationalen Organisationen oder zwischen Internationalen Organisationen* (WVKIO) von 1986. Das Abkommen ist jedoch noch nicht in Kraft getreten, da es bislang noch nicht von der erforderlichen Anzahl von 35 Staaten ratifiziert wurde. Inhaltlich entsprechen die Regelungen des WVKIO im Wesentlichen dem Inhalt der WVK. Da das WVKIO nur für diejenigen Verträge gilt, die unter Beteiligung einer internationalen Organisation als Vertragspartner geschlossen wurden, gilt das WVKIO nicht für die **Gründungsverträge der internationalen Organisationen**. Auf diese Verträge, die völkerrechtliche Abkommen zwischen Staaten darstellen, kommt die WVK zur Anwendung, wie es auch **Art. 5 WVK** ausdrücklich bestimmt.

Die von der WVK explizit nicht geregelten Fragen, die sich hin- **17** sichtlich eines Vertrags aus der Nachfolge von Staaten ergeben können, greift die *Wiener Konvention über die Staatennachfolge in Verträge* (WKSV) auf (→ Kap. 2 Rn. 37 ff.). Der Inhalt des Staatennachfolgeabkommens ist in weiten Teilen umstritten, wohl auch deswegen, weil sich die Regeln in vielen wichtigen Fragen nicht auf Völkergewohnheitsrecht stützen können.

**18**     Der nachfolgende Überblick über das Recht der völkerrechtlichen Verträge orientiert sich im Wesentlichen an der WVK, die überwiegend bereits gewohnheitsrechtlich verfestigte Regelungen wiedergibt.

## III. Vertragsschluss

### 1. Vertretungsbefugnis

**19**     Um wirksam einen Vertrag abschließen und von der Vertragsfähigkeit (Art. 6 WVK) Gebrauch machen zu können, bedarf es Repräsentanten oder Organe, die für die Völkerrechtssubjekte die entsprechenden Willenserklärungen abgeben. Die Vertretungsbefugnis ist für Staaten regelmäßig in der jeweiligen Verfassung geregelt; bei internationalen Organisationen findet sie sich in den Gründungsverträgen. Um jegliche Unsicherheit hinsichtlich der intern geregelten Vertretungsbefugnis zu vermeiden, bestehen **völkerrechtliche Vertretungsregeln**. Nach Art. 7 Abs. 1 WVK gilt eine Person als handlungsbefugt, wenn sie eine Vollmacht vorlegt oder wenn sich konkludent aus der zwischenstaatlichen Übung eine entsprechende Befugnis ergibt. Nach Art. 7 Abs. 2 WVK gelten kraft Amtes, ohne dass es auf die Vorlage einer Vollmacht ankommt, Staatsoberhäupter, Regierungschefs und Außenminister vollumfänglich, Chefs diplomatischer Missionen und Konferenzvertreter in beschränktem Umfang als bevollmächtigte Vertreter.

**20**     Ein **Überschreiten** der internen Vertretungsmacht ist bei vorhandener Ermächtigung auf völkerrechtlicher Ebene unbeachtlich. Allerdings gilt eine Einschränkung: War die Verletzung des innerstaatlichen Rechts schwerwiegend und für den Vertragspartner offenkundig, kann sich ein Staat gem. Art. 46 WVK auf die Ungültigkeit seiner Zustimmung zum Vertrag berufen. Handelte eine Person, die nach Art. 7 WVK gar nicht mit völkerrechtlicher Vollmacht ausgestattet war, begründet dies keine völkerrechtliche Bindung des Staates. Allerdings hat der Staat die Möglichkeit, die ohne Ermächtigung vorgenommene Handlung nachträglich zu bestätigen (Art. 8 WVK).

### 2. Verfahren des Vertragsschlusses

**21**     Nachdem der Vertragstext durch vertretungsbefugte Repräsentanten bzw. Organe verhandelt wurde, folgt die **Annahme des Vertragstextes**. Nach Art. 9 Abs. 2 WVK kann die Annahme des Textes auf einer internationalen Konferenz mit den Stimmen von zwei Dritteln der anwesenden und abstimmenden Staaten erfolgen. Nach der allgemeinen Regel des Art. 9 Abs. 1 WVK wird der Vertragstext durch Zustimmung aller an seiner Abfassung beteiligten Parteien angenommen.

Die **Festlegung des authentischen Vertragstextes** kann **endgültig** 22 oder **nur vorläufig** erfolgen. Dies hängt davon ab, ob die Vertreter nur zu Vertragsverhandlungen oder bereits zum Vertragsabschluss ermächtigt sind. Besitzen die Vertreter eine Abschlussbefugnis, wird der Vertragstext mit der Unterzeichnung endgültig festgelegt (Art. 10 WVK). In diesem Fall findet der Vertragsabschluss in einem **einstufigen Verfahren** statt. Dieses Verfahren findet in der Regel bei politisch weniger wichtigen Verträgen und Verwaltungsabkommen Anwendung. Mit der Unterzeichnung des Vertragswortlauts wird beim einfachen Verfahren nicht nur der Text endgültig festgelegt, sondern gleichzeitig auch die vertragliche Bindung bewirkt gem. Art. 12 Abs. 1 WVK. Gleiches gilt für den Fall des Austauschs der Vertragsurkunden gem. Art. 13 WVK. Voraussetzung des einstufigen Vertragsabschlussverfahrens ist, dass die unterzeichnenden oder vertragsaustauschenden Vertreter tatsächlich auch zum Eingehen der Verbindlichkeit ermächtigt sind. Der Vertrag kann, ohne dass noch weitere Verfahrensschritte zu beachten wären, entweder unmittelbar mit Unterzeichnung bzw. Austausch oder zu einem späteren Zeitpunkt in Kraft treten und seine Bindungswirkung entfalten (vgl. Art. 24 Abs. 1 u. Abs. 2 WVK).

Sind die Staatenvertreter nicht befugt, selbst die Verbindlichkeit des 23 Vertrags begründen zu können, vollzieht sich der Vertragsabschluss in mehreren Phasen in einem **zusammengesetzten Verfahren**. Zunächst wird das Ergebnis der Vertragsverhandlungen regelmäßig nur vorläufig als authentisch festgelegt, indem die Vertreter den Text **paraphieren**, also mit ihren Initialen (Paraphen) versehen. Trotz Paraphierung können die Parteien jederzeit in neue Verhandlungen eintreten. Art. Abs. Erst mit der auf die Paraphierung folgenden **Unterzeichnung** wird der Vertragstext (nicht der Vertrag selbst) als amtlich und endgültig festgelegt (vgl. Art. 10 WVK). Anders als bei der Unterzeichnung im einfachen Verfahren bewirkt die Unterzeichnung beim zusammengesetzten Verfahren nicht sofort eine rechtliche Bindung des Vertrags. Die Unterzeichnung ist hier nur Vorstufe zur endgültigen Zustimmung. Gleichwohl haben aber die Unterzeichnerstaaten nach Art. 18 WVK die Pflicht, Ziel und Zweck des Vertrags vor seinem Inkrafttreten nicht mehr zu vereiteln (sog. Vereitelungs- bzw. Frustrationsverbot). Wichtig ist das Datum der Unterzeichnung für die Zitierweise, da völkerrechtliche Verträge nach dem Datum ihrer Unterzeichnung zitiert werden.

Der Unterzeichnung folgt in einer nächsten Phase das **innerstaatli-** 24 **che Zustimmungsverfahren**, meistens in der Form des parlamentarischen Zustimmungsverfahrens. Dieses Verfahren richtet sich nach dem nationalen Recht der Vertragspartner und dient dem Zweck, den Vertrag gemäß den einschlägigen Verfassungsvorschriften den zuständigen Organen zur Prüfung und Annahme vorzulegen. So bestimmt Art. 59 Abs. 2 S. 1 GG:

> *„Verträge, welche die politischen Beziehungen des Bundes regeln oder sich auf Gegenstände der Bundesgesetzgebung beziehen, bedürfen der Zustimmung oder der Mitwirkung der jeweils für die Bundesgesetzgebung zuständigen Körperschaften in der Form eines Bundesgesetzes."*

Für das Eingehen der endgültigen vertraglichen Bindung bedarf es nach dieser Vorschrift einer besonderen gesetzlichen Ermächtigung. Das Zustimmungsgesetz legitimiert innerstaatlich den völkerrechtlichen Vertrag und damit die Exekutive zur (endgültigen) Vertragsbindung.

25    Im Staatsrecht wird das Zustimmungsgesetz häufig als Ratifikationsgesetz bezeichnet. Dies führt zu Missverständnissen, da im völkerrechtlichen Sinn **„Ratifikation"** nicht die innerstaatliche Zustimmung meint, sondern die völkerrechtliche Handlung eines Staates bezeichnet, durch die er im internationalen Bereich seine Zustimmung bekundet, durch einen Vertrag gebunden zu sein (s. Art. 2 Abs. 1 lit. b, Art. 14 WVK).

26    Die eigentliche völkerrechtliche Verbindlichkeit wird über die völkerrechtliche Ratifikation durch Austausch oder Hinterlegung der Ratifikationsurkunden besiegelt (Art. 14 iVm Art. 16 WVK). Hiermit erklärt das Staatsoberhaupt gegenüber dem Vertragspartner oder Verwahrer der Urkunden (→ Rn. 29; dies können gem. Art. 76 Abs. 1 WVK einzelne oder mehrere Staaten, eine internationale Organisation oder der leitende Verwaltungsbeamte einer internationalen Organisation, zB der UN-Generalsekretär sein), dass sich der durch ihn vertretene Staat nunmehr völkerrechtlich an den Vertrag für gebunden hält. Die Ratifikation ist im zusammengesetzten Verfahren somit der für die endgültige völkerrechtliche Bindungswirkung des Vertrags entscheidende Schritt. Nach Art. 14 Abs. 2 WVK haben die Annahme und die Genehmigung die gleiche Rechtswirkung wie die Ratifikation. Mit Eintritt der Bindungswirkung kann sich der Staat grundsätzlich nicht mehr vom Vertrag lösen.

27    Eine weitere Art, Bindungswirkung zu begründen, stellt der **Beitritt** dar (Art. 11 iVm Art. 15 WVK). Mit dem Beitritt erklärt ein Völkerrechtssubjekt, das nicht am Abschluss des Vertrags beteiligt war, Partei des bereits bestehenden multilateralen Vertrags zu werden. Die Bindungswirkung entsteht in der Regel mit Vorlage der Beitrittsurkunde. Der Beitritt ist möglich, wenn die ursprünglichen Unterzeichnerstaaten

im Vertrag den Beitritt vorgesehen haben oder die Beitrittsmöglichkeit aus einer anderweitigen Vereinbarung hervorgeht (Art. 15 WVK).

## IV. Inkrafttreten, Verwahrung und Registrierung

Ein völkerrechtlicher Vertrag tritt unmittelbar mit der Ratifikation **28** (Art. 24 Abs. 2 WVK) oder zu dem von den Verhandlungsstaaten regelmäßig im Vertrag selbst vereinbarten Zeitpunkt in Kraft (Art. 24 Abs. 1 WVK). Häufig ist bei multilateralen Verträgen vorgesehen, dass sie erst nach Hinterlegung einer festgelegten Zahl von Ratifikations- oder Beitrittsurkunden in Kraft treten. Damit wird sichergestellt, dass die Bindung auf breiter Mehrheit fußt. So sieht Art. 84 Abs. 1 WVK für die Konvention selbst vor, dass diese erst am dreißigsten Tag nach Hinterlegung der 35. Ratifikations- oder Beitrittsurkunde in Kraft tritt. Für Staaten, die einem bereits in Kraft getretenen Vertrag beitreten, tritt dieser zum Zeitpunkt ihrer Zustimmung, durch den Vertrag gebunden zu sein, in Kraft (Art. 24 Abs. 3 WVK).

Die Art. 76 ff. WVK regeln, dass Vertragsurkunden und alle den Ver- **29** trag betreffenden Erklärungen bei einem **Verwahrer (Depositar)** zu hinterlegen und von diesem zu verwahren sind. Der Verwahrer ist verpflichtet, seine Aufgaben unparteiisch wahrzunehmen (Art. 76 Abs. 2 WVK).

Zu den Aufgaben des Verwahrers gehört auch, die bei ihm hinter- **30** legten Verträge beim Sekretariat der Vereinten Nationen registrieren zu lassen, s. Art. 77 Abs. 1 lit. g und Art. 80 WVK. Für sämtliche von den Vertragsparteien der WVK abgeschlossenen Verträge besteht nach Art. 80 Abs. 1 WVK eine Registrierungspflicht. Entsprechend sieht Art. 102 Abs. 1 UN-Charta vor, dass alle völkerrechtlichen Verträge und sonstigen internationalen Übereinkünfte der UN-Mitgliedstaaten beim UN-Sekretariat registriert werden. Erfolgt keine Registrierung, führt dies zwar nicht zur Unwirksamkeit des Vertrags, jedoch können sich nach Art. 102 Abs. 2 WVK dann die Vertragsparteien nicht bei einem Organ der Vereinten Nationen wie dem IGH auf den Vertrag berufen. Das UN-Sekretariat veröffentlicht die Verträge regelmäßig in der online verfügbaren **United Nations Treaties Series (UNTS)**.

## V. Vorbehalte

**Vorbehalte** sind von einer Partei bei Abschluss eines Vertrags abge- **31** gebene einseitige Erklärungen, durch die sie bezweckt, die Rechtswirkung einzelner Vertragsbestimmungen in der Anwendung auf sich auszuschließen oder zu ändern (vgl. Art. 2 Abs. 1 lit. d WVK).

**32**     Entscheidend kommt es nicht auf die seitens der Vertragspartei gewählte Bezeichnung an, wie der Wortlaut des Art. 2 Abs. 2 lit. d WVK –
„eine wie auch immer formulierte oder bezeichnete ... einseitige Erklärung" – zu erkennen gibt. Entscheidend ist vielmehr der Sinn und Zweck
der Erklärung. Will die Vertragspartei die vertragliche Verpflichtung
modifizieren und bestimmte Vertragsbindungen ausschließen, handelt es
sich um einen Vorbehalt. Gibt eine Vertragspartei hingegen eine geson-
derte Erklärung ab, ohne die Absicht, damit Inhalt oder Anwendungsbereich des Vertrags abändern zu wollen, wird dies nicht als Vorbehalt
betrachtet. Zu solchen Erklärungen zählen bspw. Absichtsbekundun-
gen, Klarstellungen, bloße politische oder auslegende Erklärungen. Die
Abgrenzung zu einem Vorbehalt ist allerdings oftmals nicht einfach.

**33**     Im sog. *Belilos*-Fall (EGMR, Belilos gegen Schweiz, Series A, Nr. 132) befasste
sich der EGMR mit einer „auslegenden Erklärung", die die Schweiz zu Art. 6
EMRK (Recht auf faires Verfahren) abgegeben hatte. Die Schweiz sah nach der
Erklärung für das zu gewährleistende Recht auf ein faires Verfahren bei Streitigkeiten über zivilrechtliche Rechte und Pflichten oder über die Stichhaltigkeit straf-
rechtlicher Anklagen die letztinstanzliche richterliche Überprüfung als genügend
an. Die Schweiz berief sich auf diese Erklärung, um eine bloße Rechtskontrolle über
eine strafrechtliche Sanktion durch eine Polizeibehörde zu rechtfertigen. Der
EGMR qualifizierte die Erklärung nach ihrem materiellen Gehalt (unabhängig von
der Bezeichnung) als Vorbehalt, da sie darauf abziele, bestimmte Verfahrensarten
dem Anwendungsbereich des Art. 6 EMRK zu entziehen. Da Art. 57 Abs. 1 S. 2
EMRK „Vorbehalte allgemeiner Art" als nicht zulässig bezeichnet, sah der
EGMR die Erklärung der Schweiz als mit der EMRK unvereinbar an und folger-
te, dass die Schweiz vollumfänglich an die Garantie eines fairen Verfahrens mit
einem auch die Tatsachenfragen umfassenden Gerichtsschutz gebunden ist.

**34**     Grundsätzlich können Staaten bei der Unterzeichnung, Ratifikation,
Annahme oder Genehmigung eines Vertrags oder beim Beitritt einen
Vorbehalt anbringen (Art. 19 Hs. 1 WVK). Für das Anbringen eines
Vorbehalts schreibt Art. 23 Abs. 1 WVK die Schriftform vor. Nicht
zugelassen sind Vorbehalte, wenn der Vertrag sie verbietet, wenn der
Vertrag nur bestimmte Arten von Vorbehalten zulässt, der betreffende
Vorbehalt aber nicht dazu gehört, oder wenn der Vorbehalt „mit Ziel
und Zweck der Vertrags unvereinbar ist" (Art. 19 lit. a–c WVK).
Welche Art von Vorbehalten mit dem Ziel und Zweck des Vertrags
unvereinbar ist, ist eine im Einzelfall durch Auslegung zu ermittelnde
Frage, die jedoch häufig nur schwer zu beantworten ist und oft Anlass
für Streitigkeiten bietet. Die WVK selbst sieht kein Verfahren zur
Klärung einer derartigen Frage vor.

**35**     Anders als nach der früher vertretenen Konsenstheorie bedarf ein
Vorbehalt zu einem mehrseitigen Vertrag heute grds. keiner Annahme
durch alle anderen Vertragsparteien. Der IGH stellte in seinem Gutach-

ten zur Völkermordkonvention fest, dass ein Staat auch dann Partei der Konvention werden kann, wenn der von ihm angebrachte Vorbehalt nicht bei allen anderen Vertragsparteien auf Zustimmung stößt:

> *„... a State which has made and maintained a reservation which has been objected to by one or more of the parties to the Convention but not by others, can be regarded as being a party to the Convention if the reservation is compatible with the object and purpose of the Convention." (IGH, ICJ Reports 1951, 15 ff.)*

Die WVK regelt in Anlehnung an diese Rechtsprechung, dass ein Vorbehalt nur in Ausnahmefällen der Annahme durch alle Parteien bedarf. So ist nach Art. 20 WVK die Annahme eines Vorbehalts durch die anderen Vertragsparteien nur in folgenden Fällen angezeigt: Nach Absatz 1, wenn ein Vertrag die Annahme eines ausdrücklich zugelassenen Vorbehalts durch die anderen Vertragsparteien vorsieht; nach Absatz 2, wenn aus der begrenzten Zahl der Verhandlungsstaaten sowie aus Ziel und Zweck eines Vertrags hervorgeht, dass die Anwendung des Vertrags in seiner Gesamtheit zwischen allen Vertragsparteien eine wesentliche Voraussetzung für die Ratifikation ist. Ein Vorbehalt zu einem Vertrag, der die Gründung einer internationalen Organisation zum Gegenstand hat, bedarf nach Art. 20 Abs. 3 WVK der Annahme durch die Organisation selbst, sofern der Vertrag nicht ausdrücklich etwas anderes vorsieht.

Die **Wirkung eines Vorbehalts** hängt davon ab, ob eine Annahme **36** durch die anderen Vertragsparteien zu erfolgen hat. Ein durch einen Vertrag ausdrücklich zugelassener Vorbehalt bedarf, sofern der Vertrag selbst nichts anderes vorsieht, keiner Annahme (Art. 20 Abs. 1 VWK). In diesem Fall wirkt der Vorbehalt sofort gem. Art. 21 WVK, dh die Vertragsbestimmungen ändern sich nach Maßgabe des Vorbehalts. Im Übrigen kommt es darauf an, ob die anderen Parteien den Vorbehalt annehmen oder ihm widersprechen. Grundsätzlich gilt ein Vorbehalt nach einem Fristablauf von 12 Monaten durch Stillschweigen als angenommen (Art. 20 Abs. 5 WVK). Nimmt eine Vertragspartei (ausdrücklich oder stillschweigend) den Vorbehalt an, tritt der Vertrag zwischen ihr und der den Vorbehalt erklärenden Partei in Kraft (Art. 20 Abs. 4 lit. a WVK), allerdings nur in dem im Vorbehalt vorgesehenen Ausmaß (Art. 21 Abs. 1 WVK). Auf die Vertragsbeziehungen der anderen Vertragsparteien untereinander hat der Vorbehalt keinen Einfluss und ändert die Vertragsbestimmungen nicht (Art. 21 Abs. 2 WVK). Erhebt eine Partei Einspruch gegen einen Vorbehalt, so tritt nach Art. 20 Abs. 4 lit. b WVK der Vertrag zwischen der den Einspruch erhebenden und der den Vorbehalt anbringenden Partei in

Kraft, sofern nicht die den Einspruch erhebende Partei ihre gegenteilige Absicht eindeutig zum Ausdruck bringt. Widerspricht eine Partei somit zwar dem Vorbehalt, aber nicht dem Inkrafttreten, finden nur die vom Vorbehalt betroffenen Bestimmungen zwischen den Parteien keine Anwendung (Art. 21 Abs. 3 WVK). Widerspricht eine Partei nicht nur dem Vorbehalt, sondern lehnt sie die Herstellung vertraglicher Beziehung zu dem den Vorbehalt anbringenden Staat insgesamt ab, gibt es zwischen diesen beiden Parteien keine vertraglichen Beziehungen; der Vertrag tritt in diesem Fall nicht in Kraft. Diese Grundsätze führen dazu, dass bei multilateralen Verträgen die Bindungswirkungen für die einzelnen Vertragsparteien durchaus verschieden sein können. Bei mehreren, von verschiedenen Vertragsparteien angebrachten Vorbehalten sind die Rechtsfolgen daher oftmals kompliziert.

37    Im Falle eines **unzulässigen Vorbehalts** ist die Wirkung umstritten. Die WVK liefert hier keine deutliche Hilfestellung. Im Fall von Menschenrechtsgewährleistungen ist eine Tendenz auszumachen, die eine vollständige Vertragsbindung ohne Modifikation durch den Vorbehalt annimmt. Der UN-Menschenrechtsausschuss hält ebenso wie der EGMR Vorbehalte gegen Menschenrechtsgewährleistungen für unbeachtlich, dh der Vorbehalt entfaltet keinerlei Wirkung, womit die den (unzulässigen) Vorbehalt erklärende Partei in vollem Umfang an den Vertrag gebunden ist.

## VI. Einhaltung von Verträgen

38    Neben dem Grundsatz der Vertragsfreiheit, also der Freiheit, Verträge mit einem bestimmten Inhalt abzuschließen, ist das Völkervertragsrecht wesentlich von einem weiteren Grundsatz geprägt: Dem allgemeinen Grundsatz **pacta sunt servanda**, der in Art. 26 WVK normiert ist. Danach binden einmal in Kraft getretene Verträge die Vertragsparteien und sind von ihnen nach Treu und Glauben zu erfüllen. Die ILC bewertet diese Regel als „grundlegendes Prinzip des Vertragsrechts" (ILC Report 1966). Auch das Gebot *pacta sunt servanda* kann jedoch beschränkt sein, sofern vertragliche Rücktritts- oder Kündigungsrechte vorgesehen sind, die eine Lösung von der vertraglichen Bindung rechtfertigen.

39    Ein weiteres wichtiges und unbestrittenes Prinzip des Völkervertragsrechts stellt Art. 27 WVK mit dem **Vorrang des völkerrechtlichen Vertrags** vor innerstaatlichem Recht auf. Danach ist die Berufung einer Vertragspartei auf innerstaatliches Recht, um die Nichterfüllung eines Vertrags zu rechtfertigen, ausgeschlossen. Eine Ausnahme gilt nach Art. 27 S. 2 iVm Art. 46 WVK nur für den Fall der Verletzung einer innerstaatlichen Regel über die Kompetenz zum Abschluss eines

Vertrags, wenn die Verletzung offenkundig war und eine innerstaatliche Rechtsvorschrift von grundlegender Bedeutung betraf.

## VII. Geltungsbereich

Der **räumliche Geltungsbereich** völkerrechtlicher Verträge erstreckt sich nach Art. 29 WVK, sofern keine abweichende Absicht aus dem Vertrag hervorgeht oder anderweitig festgestellt ist, auf das gesamte Hoheitsgebiet einer Partei. Bei Gebietsveränderungen dehnt sich der Geltungsbereich eines Vertrags somit aus (sog. *moving treaty frontiers*). **40**

Die deutsche Wiedervereinigung war ein Beitritt der DDR zur Bundesrepublik Deutschland. Die völkerrechtlichen Verträge der Bundesrepublik Deutschland erstreckten sich mit der Wiedervereinigung auf das gesamte – das west- und ostdeutsche – Hoheitsgebiet.

Die Vorschrift des Art. 28 WVK bestimmt in **zeitlicher Hinsicht,** dass ein völkerrechtlicher Vertrag *ex nunc* gilt, sofern die Vertragsparteien nichts Abweichendes vereinbart haben. Eine echte Rückwirkung von Verträgen ist danach verboten. **41**

Ein grundlegendes Prinzip des internationalen Vertragsrechts ist die allgemeine Regel nach Art. 34 WVK, wonach ein Vertrag für einen Drittstaat ohne dessen Zustimmung weder Rechte noch Pflichten begründet (sog. *pacta tertiis*-Prinzip). Mit Rücksicht auf die Souveränität des Drittstaates kann ein Drittstaat nur dann durch eine Vertragsbestimmung verpflichtet werden, wenn er die vertragliche Pflicht ausdrücklich in Schriftform annimmt (Art. 35 WVK), und er kann nur dann durch eine Vertragsbestimmung berechtigt werden, wenn er der Einräumung von Rechten zustimmt (Art. 36 WVK). Ist eine vertragliche Bestimmung bereits Völkergewohnheitsrecht, so bestimmt Art. 38 WVK klarstellend, dass dann eine Verbindlichkeit auch für die nicht am Vertrag beteiligten Staaten besteht – die vertragliche Bestimmung wird in diesem Fall für den Drittstaat „als ein Satz des Völkergewohnheitsrechts" (Art. 38 WVK) verbindlich. **42**

Eine Bindung für einen Drittstaat kann schließlich noch bei den **Statusverträgen** eintreten (→ Rn. 12). Sie entfalten Wirkung für die gesamte Staatengemeinschaft. **43**

Hinsichtlich der Bindung der Vertragsparteien erlaubt Art. 17 WVK das sog. **opting-out** oder **contracting out**. Danach ist eine einvernehmliche Abmachung aller Vertragsparteien möglich, wonach für eine Vertragspartei nur Teile eines Vertrags gelten sollen. **44**

Um Dänemark, dessen Bevölkerung sich im Juni 1992 gegen den Maastricht-Vertrag aussprach, dennoch die Ratifikation des Vertrags zu ermöglichen, wurden Ausnahmeregelungen vereinbart, die ausschließlich für Dänemark und keinen anderen Mitgliedstaat galten. So wurde u.a. beschlossen, dass Dänemark nicht an einer einheitlichen Währung teilnehmen wird. Auf Grundlage dieser und anderer Bestimmungen nahm Dänemark den Maastricht-Vertrag nach einem zweiten Referendum im Mai 1993 an.

## VIII. Auslegung

**45**  Die Regeln über die Auslegung völkerrechtlicher Verträge, die lange umstritten waren, sind in den Art. 31 ff. WVK kodifiziert. Die **grundlegende Auslegungsregel**, die nach der Rechtsprechung des IGH auch gewohnheitsrechtliche Geltung hat, lautet gem. Art. 31 Abs. 1 WVK:

> *„Ein Vertrag ist nach Treu und Glauben in Übereinstimmung mit der gewöhnlichen, seinen Bestimmungen in ihrem Zusammenhang zukommenden Bedeutung und im Lichte seines Zieles und Zweckes auszulegen."*

In erster Linie entscheidend ist damit nicht der subjektive Parteiwille, sondern der objektive Vertragstext. Ausgangspunkt jeder Auslegung bildet damit der **Wortlaut** des Vertrags (*ordinary meaning*).

**46**  Nach der Auslegungsregel des Art. 31 Abs. 1 WVK hat die Auslegung eines Vertrags auch in Übereinstimmung mit der Bedeutung, die seinen Bestimmungen in ihrem Zusammenhang (*context*) zukommt, zu erfolgen. Für die **Systematik** sind nach Art. 31 Abs. 2 und Abs. 3 WVK daher neben dessen Wortlaut, Präambel und Anlagen, auch jede spätere Übereinkunft oder Übung sowie „jeder in den Beziehungen zwischen den Vertragsparteien anwendbare einschlägige Völkerrechtssatz" (Art. 31 Abs. 3 lit. c WVK) zu berücksichtigen.

**47**  Schließlich ist ein völkerrechtlicher Vertrag nach seinem **Ziel und Zweck** auszulegen, wie es Art. 31 Abs. 1 WVK bestimmt. Die teleologische Auslegung ist Einfallstor für eine dynamische Auslegung. So sind bei langfristigen Verträgen im Laufe der Zeit eingetretene Veränderungen zu berücksichtigen und Vertragsbestimmungen nach dem gegenwärtigen Begriffsverständnis – und nicht nach einem zum Zeitpunkt des Vertragsschlusses möglicherweise geltenden, damals anderen Sinn und Zweck – auszulegen. Diese Auslegung zielt auf den sog. **effet utile**, mit dem der fortschreitenden Entwicklung und dem Charakter vieler Abkommen als „living instruments" Rechnung getragen werden soll. Nach dem *effet utile* ist diejenige Auslegung maßgebend, die den Sinn und Zweck des Vertrags am effektivsten zum Tragen bringt.

**48**  Als **ergänzende Auslegungsmittel** kommen die Entstehungsgeschichte und die **vorbereitenden Arbeiten** (*travaux préparatoires*) in Betracht (Art. 32 WVK). Sie können jedoch nur hilfsweise und nur dann berücksichtigt werden, um eine sich aus der Auslegung des Vertragswortlauts ergebende Auslegung zu bestätigen, oder um die Bedeutung zu bestimmen, wenn die Auslegung nach Art. 31 „die Bedeutung mehrdeutig oder dunkel lässt" oder „zu einem offensichtlich sinnwidrigen oder unvernünftigen Ergebnis führt".

Anders als im nationalen Recht liegen Textfassungen völkerrechtli- **49** cher Verträge häufig in verschiedenen Sprachen vor. Ist ein Vertrag in zwei oder mehr Sprachen als authentisch festgelegt worden (meistens steht dies in den Schlussbestimmungen), ist nach Art. 33 Abs. 1 WVK grundsätzlich **jede authentische Sprachfassung** gleichermaßen auslegungsrelevant, es sei denn, der Vertrag sieht etwas anderes vor oder die Vertragsparteien haben anderes vereinbart. Dabei stellt die Vorschrift des Art. 33 Abs. 3 WVK die Vermutung auf, dass die Ausdrücke des Vertrags in jedem authentischen Text dieselbe Bedeutung haben. Verbleiben jedoch Bedeutungsunterschiede, ist nach Art. 33 Abs. 4 WVK diejenige Bedeutung zugrunde zu legen, die unter Berücksichtigung von Ziel und Zweck des Vertrags die Wortlaute am besten miteinander in Einklang bringt.

## IX. Vertragsänderung

Nach Art. 39 WVK kann ein Vertrag durch Übereinkunft zwischen **50** den Vertragsparteien geändert werden. Die Änderung erfolgt wiederum durch einen völkerrechtlichen Vertrag. Geändert werden können sowohl einzelne Bestimmungen des ursprünglichen Vertrags als auch der Gesamtvertrag – in letzterem Fall spricht man von einer **Vertragsrevision**. Eine Vertragsänderung bedarf der Zustimmung aller Parteien des ursprünglichen Vertrags. Zwischen den Vertragsparteien gelten dann die neuen inhaltlichen Regelungen. Für die Änderung multilateraler Verträge enthält Art. 40 WVK bestimmte Verfahrensvoraussetzungen.

Da kein Staat verpflichtet ist, einer Vertragsänderung zuzustimmen **51** (vgl. Art. 40 Abs. 4 WVK), kann der Fall eintreten, dass ein multilateraler Vertrag ausschließlich im Verhältnis einiger Vertragsparteien zueinander verändert wird. In diesem Fall spricht man von einer **Vertragsmodifikation**, die in Art. 41 WVK geregelt ist. Danach ist die Modifikation multilateraler Verträge zwischen einzelnen Vertragsparteien nur dann durch eine Modifikationsübereinkunft zulässig, wenn die Modifikation nicht im Vertrag ausgeschlossen ist, die anderen Vertragsparteien nicht beeinträchtigt werden und die Modifikation nicht mit Sinn und Zweck des Vertrags unvereinbar ist. Wird ein Vertrag ausschließlich im Verhältnis bestimmter Vertragsparteien zueinander modifiziert, kommt es zu verschiedenen Rechtsverhältnissen. Zwischen den die Modifikationsübereinkunft abschließenden

Parteien gelten die neuen Vertragsregeln, während zwischen einer Partei, die beide Verträge ratifiziert hat und einer Partei, die nur dem ursprünglichen Vertrag angehört, nur die ursprünglichen Vertragsregelungen anwendbar sind. Die Vertragsmodifikation bindet somit nur den Kreis der die Modifikationsübereinkunft treffenden Parteien (sog. *inter se*-Abkommen).

**52**     Zu unterscheiden ist die Vertragsmodifikation mit Wirkung nur für einen Teil der Parteien von einer Vertragsänderung, die nicht mit der Zustimmung aller erfolgte, aber dennoch für alle wirkt. So sehen einige multilaterale Verträge wie bspw. die Vorschrift des Art. 108 UN-Charta vor, dass bei der Ratifizierung des Änderungsvertrags durch eine qualifizierte Mehrheit die Änderungen für alle Vertragsmitglieder in Kraft treten.

## X. Ungültigkeit

**53**     Unter den Oberbegriff der „Ungültigkeit" fasst die WVK in den Art. 46 ff. sowohl die **Nichtigkeit**, also die Ungültigkeit von Anfang an, als auch die **Anfechtbarkeit** von völkerrechtlichen Verträgen. Die Rechtsfolge bestimmt Art. 69 Abs. 1 WVK einheitlich:

> *„Ein Vertrag, dessen Ungültigkeit auf Grund dieses Übereinkommens festgestellt wird, ist nichtig. Die Bestimmungen eines nichtigen Vertrags haben keine rechtliche Gültigkeit."*

**54**     Zur Ungültigkeit eines Vertrags von Anfang an führt nach Art. 51 WVK der Zwang gegen einen Staatenvertreter. Zur Nichtigkeit führt nach Art. 52 WVK auch die Anwendung oder Androhung von Gewalt gegen einen Staat, wobei es hierbei entscheidend auf die Völkerrechtswidrigkeit des Zwangs ankommt. Als dritten Ungültigkeitsgrund nennt Art. 53 WVK den Widerspruch zu einer zwingenden Norm des allgemeinen Völkerrechts (zum *ius cogens* → Rn. 82 ff.). Während Art. 53 WVK auf den Widerspruch zu einer zwingenden Norm im Zeitpunkt des Vertragsabschlusses abstellt, ergänzt die Vorschrift des Art. 64 WVK den Ungültigkeitsgrund auch für den Fall, dass ein Vertrag nach Abschluss zu einer neu entstandenen zwingenden Norm des allgemeinen Völkerrechts in Widerspruch gerät.

**55**     Die Anfechtung von völkerrechtlichen Verträgen ist in den Art. 46–50 WVK geregelt. Art. 46 und Art. 47 WVK, die auf die Zuständigkeit zum Abschluss völkerrechtlicher Verträge abstellen, nennen als Anfechtungsgründe die offenkundige Verletzung grundlegender innerstaatlicher Kompetenzregeln oder notifizierter besonderer Ermächtigungsbeschränkungen. Als weitere Anfechtungsgründe kommen der Irrtum (Art. 48 WVK), der Betrug (Art. 49 WVK) sowie die Bestechung eines Staatenvertreters (Art. 50 WVK) in Betracht. Art. 65 Abs. 1 WVK verlangt, dass die Geltendmachung eines Anfechtungsgrundes den anderen Vertragsparteien zu notifizieren ist. Wird innerhalb einer Frist von drei Monaten (in besonders dringenden Fällen kann die Frist auch kürzer sein) kein Einspruch erhoben, kann der Vertrag für ungültig erklärt werden (Art. 65 Abs. 2, Art. 67 WVK).

## XI. Beendigung und Suspendierung

Die in der WVK genutzten Begriffe für die Beendigung völkerrecht- **56** licher Verträge werden zum Teil uneinheitlich verwendet, was leicht zu Verwirrungen führt. Hinzu kommt, dass der Begriff der Beendigung teilweise als Oberbegriff gebraucht wird.

Als Grundsatz gilt die Regelung des Art. 54 WVK, wonach die Be- **57** endigung oder der Rücktritt von einem Vertrag nach Maßgabe der Bestimmungen des Vertrags selbst (lit. a) oder durch Einvernehmen zwischen allen Vertragsparteien (lit. b) erfolgen kann. Gleiches gilt für den Fall der Suspendierung eines Vertrags, also der zeitweiligen Aussetzung der Vertragspflichten (Art. 57 WVK). Enthält ein Vertrag keine Bestimmungen über Beendigung, Kündigung oder Rücktritt und lässt sich nicht entnehmen, dass die Vertragsparteien eine solche Möglichkeit zulassen wollten und lässt sie sich auch nicht aus der Natur der Vertrags herleiten, sind Kündigung und Rücktritt gem. Art. 56 WVK prinzipiell nicht möglich. Eine Vertragspartei, die einen Vertrag kündigen oder von ihm zurücktreten möchte, hat dies nach Art. 56 Abs. 2 WVK mindestens 12 Monate im Voraus der (den) anderen Vertragspartei(en) gegenüber zu notifizieren. Erhebt keine Vertragspartei innerhalb einer Frist von mindestens drei Monaten Einspruch, kann die Kündigung oder der Rücktritt erklärt werden (Art. 65 Abs. 2 WVK). Durch Abschluss eines späteren Vertrags kann nach Art. 59 WVK ebenfalls eine Beendigung oder Suspendierung eines Vertrags erfolgen.

Auch ohne dass zwischen den Vertragsparteien Einvernehmen über **58** die Beendigung eines Vertrags besteht oder diese vertraglich vereinbart war, kann ein Vertrag einseitig beendet oder suspendiert werden. Hier sind die Art. 60–62 WVK besonders zu erwähnen. Die Gewohnheitsrecht aufgreifende Regelung des Art. 60 WVK sieht vor, dass sich ein einseitiges Recht zur Beendigung oder Suspendierung eines Vertrags aus einer **erheblichen Vertragsverletzung** (*material breach*) durch eine Vertragspartei ergeben kann. Gem. Art. 60 Abs. 3 WVK liegt nach der Konvention eine erhebliche Verletzung in einer nach der WVK „nicht zulässigen Ablehnung des Vertrags" oder „in der Verletzung einer für die Erreichung des Vertragsziels oder des Vertragszwecks wesentlichen Bestimmung".

**59**     Art. 60 WVK unterscheidet in seinen Absätzen 1 und 2 zwischen
der erheblichen Verletzung eines **zweiseitigen** und eines **mehrseitigen
Vertrags**. Bei einem zweiseitigen Vertrag hat die nicht verletzende
Vertragspartei das Recht, die Vertragsverletzung als Grund für eine
Beendigung oder Suspendierung des Vertrags geltend zu machen. Eine
lediglich bevorstehende Vertragsverletzung reicht noch nicht als Been-
digungs- oder Suspendierungsgrund aus. Verletzt eine Partei einen
mehrseitigen Vertrag, bietet Absatz 2 des Art. 60 WVK mehrere Möglichkeiten an: so können die vertragstreuen Parteien einvernehmlich
den Vertrag ganz oder teilweise entweder nur im Verhältnis zum
vertragsbrüchigen Staat oder zwischen allen Vertragsparteien beendi-
gen oder suspendieren (lit. a); weiterhin hat eine durch die Vertragsverletzung besonders betroffene Partei die Möglichkeit, den Vertrag
zwischen ihr und der vertragsbrüchigen Partei gänzlich oder teilweise
zu suspendieren (lit. b); und schließlich hat jede Vertragspartei – außer
der vertragsbrüchigen – die Möglichkeit, den Vertrag in Bezug auf sich
selbst zu suspendieren, wenn sich durch die erhebliche Vertragsverletzung ihre Lage hinsichtlich der weiteren Erfüllung ihrer Vertragsverpflichtungen „grundlegend ändert" (lit. c).

**60**     Art. 60 Abs. 5 WVK bestimmt, dass die Regelungen über eine Beendigung oder Suspendierung wegen einer erheblichen Vertragsverletzung keine Anwendung finden auf „Bestimmungen über den Schutz
der menschlichen Person in Verträgen humanitärer Art, insbesondere
auf Bestimmungen zum Verbot von Repressalien jeder Art gegen die
durch derartige Verträge geschützten Personen". Die vertragstreuen
Staaten bleiben im Interesse eines effektiven Menschenrechtsschutzes
zur Erfüllung der Schutzbestimmungen zugunsten der Individuen des
vertragsbrüchigen Staates angehalten, auch wenn die Rechte in diesem
Staat nicht beachtet und zB Kriegsverbrechen begangen werden.

**61**     Art. 61 WVK bietet einen weiteren Grund für eine einseitige Vertragsbeendigung an: die **nachträgliche Unmöglichkeit**. Voraussetzung
ist, dass die die Beendigung herbeiführende Partei die Unmöglichkeit
der Vertragserfüllung nicht selbst herbeigeführt hat (Art. 61 Abs. 2
WVK). Die Unmöglichkeit kann sich aus dem endgültigen Verschwin-
den oder der Vernichtung eines zur Vertragserfüllung unerlässlichen
Gegenstands ergeben. Als Beispiele, die in der Staatenpraxis selten
vorkommen, werden etwa der Untergang einer Insel oder das endgültige Austrocknen eines Flusses genannt.

**62**     Schließlich kann eine **grundlegende Änderung der Umstände**
nach Art. 62 WVK eine Vertragspartei berechtigen, den Vertrag zu
beenden, von ihm zurückzutreten oder ihn zu suspendieren. Diese
auch gewohnheitsrechtlich anerkannte sog. *clausula rebus sic stantibus*
ist, da sie den Grundsatz *pacta sunt servanda* aufweicht und tendenzi-

ell zu Rechtsunsicherheit führt, an strenge Voraussetzungen geknüpft und eng auszulegen. Eine Beendigung oder der Rücktritt von einem Vertrag können nach Art. 62 WVK nur geltend gemacht werden, wenn die grundlegende Änderung der Umstände von den Parteien nicht vorausgesehen wurde (Abs. 1), die Umstände eine wesentliche Grundlage für die Zustimmung der Parteien zur Vertragsbindung waren (Abs. 1 lit. a) und die Änderung die Vertragsverpflichtungen tiefgreifend umgestalten würde (Abs. 1 lit. b). Auf Art. 62 WVK kann sich eine Vertragspartei dann nicht berufen, wenn sie die Änderung der Umstände durch Verletzung einer Vertragsverpflichtung oder einer sonstigen internationalen Verpflichtung selbst herbeigeführt hat (Art. 62 Abs. 2 lit. b WVK). Das Gleiche gilt für den Fall, dass es sich um einen Vertrag handelt, der eine Grenze festlegt (Art. 62 Abs. 2 lit. a WVK).

Welch strengen Anforderungen der IGH an eine unvorhergesehene Verände- **63** rung der beim Vertragsschluss grundlegenden Umstände anlegt, zeigt der *Gabcikovo-Nagymaros* Staudamm-Fall (ICJ Reports 1997, 7 (65)), in dem es um einen Vertrag von 1977 zwischen der damaligen Tschechoslowakei und Ungarn über den Bau und Betrieb eines Systems von Staudämmen und Kraftwerken an der Donau ging. Nach ökologischen Protesten gegen das Staudammprojekt brach Ungarn die Bauarbeiten ab und erklärte 1992 den Rücktritt vom Vertrag. Der IGH stellte klar, dass die Regeln der WVK auf den zwischen Ungarn und der Tschechoslowakei 1977 geschlossenen Vertrag nicht unmittelbar anwendbar sind, da die WVK für beide erst später in Kraft trat, dass aber die dort niedergelegten Prinzipien über die Vertragsbeendigung in vielerlei Hinsicht gewohnheitsrechtliche Geltung besäßen. Der IGH kam zu dem Ergebnis, dass keiner der von Ungarn geltend gemachten Beendigungsgründe, wie der Wandel der politischen oder wirtschaftlichen Verhältnisse, neue Umweltstandards oder eine Vertragsverletzung seitens der Tschechoslowakei, zum Vertragsrücktritt berechtigt. Der IGH führte aus:

*„The changed circumstances advanced by Hungary are, in the Court's view, not of such a nature, either individually or collectively, that their effect would radically transform the extent of the obligations still to be performed in order to accomplish the Project. A fundamental change of circumstances must have been unforeseen; the existence of the circumstances at the time of the Treaty's conclusion must have constituted an essential basis of the consent of the parties to be bound by the Treaty. The negative and conditional wording of Article 62 of the Vienna Convention on the Law of Treaties is a clear indication moreover that the stability of treaty relations requires that the plea of fundamental change of circumstances be applied only in exceptional cases."* (aaO Nr. 104)

Die Beendigung eines Vertrags, der Rücktritt von einem Vertrag **64** oder die Suspendierung eines Vertrags ist – wie im Fall der Ungültigkeit – von einer Notifizierung gegenüber den anderen Vertragsparteien abhängig (Art. 65 Abs. 1 WVK). Die Art. 65–68 WVK sehen ein formelles Verfahren vor, das die Vertragsparteien einzuhalten haben, wenn sie ihr Recht zur Vertragsbeendigung geltend machen wollen.

Die Folgen der Beendigung und Suspendierung eines Vertrags sind in den Art. 70 und 72 WVK geregelt.

**65**    Für den Fall von bewaffneten Feindseligkeiten zwischen Staaten trifft die WVK keine Regelung zur Frage des Bestands von Verträgen. In der Praxis gelten politische Verträge in diesem Fall grundsätzlich als suspendiert oder beendet (zB Investitionsschutzabkommen). Dies gilt jedoch für diejenigen Verträge nicht, die gerade für bewaffnete Konflikte gelten sollen, wie zB Verträge über das Kriegsrecht.

**66**    **Prüfung eines völkerrechtlichen Vertrags nach der WVK**

1. Anwendbarkeit der WVK gem. Art. 1 ff., insbes. gem. Art. 1 iVm Art. 2 Abs. 1 lit. a WVK

2. Ordnungsgemäßer Vertragsabschluss gem. Art. 6 ff. WVK; ggfs. mit Vorbehalten gem. Art. 19 ff. WVK

3. Inkrafttreten des Vertrags gem. Art. 24 ff. WVK

4. Gültigkeit des Vertrags gem. Art. 42 Abs. 1, 46 ff. WVK; mit Verfahrensvorschriften nach Art. 65 ff. WVK und Rechtsfolgen gem. Art. 69, 71 WVK

5. Suspendierung des Vertrags gem. Art. 42 Abs. 2, 57 ff. WVK; mit Verfahrensvorschrift nach Art. 65 ff. WVK und Rechtsfolge gem. Art. 72 WVK

6. Beendigung des Vertrags gem. Art. 42 Abs. 2, 54 ff. WVK; mit Verfahrensvorschriften nach Art. 65 ff. WVK und Rechtsfolgen gem. Art. 70 WVK

# B. Völkergewohnheitsrecht

*Literatur: Herdegen,* Völkerrecht, § 16; *Hobe,* Einführung in das Völkerrecht, S. 209 ff.; *Kempen/Hillgruber,* Völkerrecht, § 14; *Stein/von Buttlar,* Völkerrecht, Rn. 122 ff.

**67**    **Völkergewohnheitsrecht** ist „Ausdruck einer allgemeinen, als Recht anerkannten Übung" (Art. 38 Abs. 1 lit. b IGH-Statut)

Auch wenn diese Formulierung nicht ganz korrekt ist, da erst die Übung Gewohnheitsrecht überhaupt entstehen lässt, lässt sich ihr jedoch entnehmen, was für die Entstehung von Gewohnheitsrecht essentiell ist: ein **Praxiselement** und gleichzeitig ein **Rechtsüberzeugungselement**.

Während noch bis zum Ende des Zweiten Weltkrieges das Völker- **68** gewohnheitsrecht verglichen mit den völkerrechtlichen Verträgen die dominierende Rechtsquelle des Völkerrechts war, hat im Laufe der Jahre das Vertragsrecht mehr und mehr an Bedeutung gewonnen. Dabei wurden auch zahlreiche völkergewohnheitsrechtliche Regeln kodifiziert. Dem Völkergewohnheitsrecht kommt aber weiterhin eine entscheidende Rechtsquellenfunktion zu. Dies nicht nur, weil das Völkervertragsrecht grundsätzlich ohne Wirkung für die Nicht-Vertragsparteien ist, sondern vor allem auch, weil das Völkergewohnheitsrecht immer dann zum Zuge kommt, wenn die Verträge Gegenstände nicht oder nicht umfassend regeln.

Eine umfassende Dokumentation des Völkergewohnheitsrechts **69** existiert nicht. In vielen Bereichen wie bspw. hinsichtlich der Voraussetzungen der Staatsqualität, der Anerkennung von Staaten oder des Rechts der Staatenverantwortlichkeit, ist die Existenz von gewohnheitsrechtlichen Regeln und eine gewohnheitsrechtliche Prägung unbestritten. Nicht immer jedoch herrscht Einigkeit über die Existenz von Gewohnheitsrecht oder seinen exakten Umfang.

## I. Entstehung

### 1. Staatenpraxis

In objektiver Hinsicht bedarf es für die Entstehung von Gewohn- **70** heitsrecht einer **allgemeinen Übung** (*consuetudo*). Als „Übung" kommen die unterschiedlichsten Verhaltensweisen in Betracht: neben offiziellem staatlichem Handeln im internationalen Bereich einschließlich verbaler Äußerungen können auch Maßnahmen des nationalen Gesetzgebers oder andere mit internationalem Bezug vorgenommene nationale Akte sowie Unterlassungen bzw. Duldungen als Ausdruck der Staatenpraxis gewertet werden. Konkret kommt es auf das Verhalten derjenigen Organe an, die für die Außenbeziehungen und die Begründung völkerrechtlicher Verpflichtungen zuständig sind. Eine Rolle bei der Entstehung von Völkergewohnheitsrecht spielen neben den Staaten und ihren relevanten Organen auch andere Völkerrechtssubjekte wie die internationalen Organisationen, die vor allem im Bereich der Friedenssicherung, Menschenrechte und internationalen Handelsbeziehungen entscheidend zur Rechtsgestaltung beitragen. Die Praxis internationaler Gerichte ist grds. nicht als Staatenpraxis bzw. Praxis von Völkerrechtssubjekten anzusehen.

Um als „allgemeine" Übung zu gelten, bedarf es der Beteiligung ei- **71** ner gewissen Anzahl von Staaten. Verlangt wird eine sog. **Quasi-Universalität**, also die Praxis der weit überwiegenden Mehrheit der

Staaten. Die Nicht-Beteiligung besonders betroffener und daher besonders interessierter oder wichtiger Staaten kann der Praxis bereits die „Allgemeinheit" nehmen, was nicht heißt, dass Völkergewohnheitsrecht in bestimmten Fällen nicht auch ohne die Praxis einzelner wichtiger Staaten entstehen kann. Für das Merkmal der Allgemeinheit wird nicht gefordert, dass der Praxis in sämtlichen gleich gelagerten Fällen vollkommen einheitlich gefolgt wird. Allerdings sollte das Verhalten einer bedeutenden Anzahl von Völkerrechtssubjekten im Allgemeinen nicht von der Praxis abweichen (und der Praxis widersprechendes Verhalten eines Völkerrechtssubjekts grundsätzlich als Verletzung des Gewohnheitsrechts gewertet werden).

In zeitlicher Hinsicht wird verlangt, dass sich die Praxis über einen gewissen Zeitraum erstrecken muss. Ein lediglich einmaliger Vorgang reicht grundsätzlich nicht für das Entstehen einer allgemeinen Übung aus. Allerdings ist zu beachten, dass an die Dauer der Übung keine allzu strengen Maßstäbe gesetzt werden. In neuerer Zeit wird davon ausgegangen, dass Gewohnheitsrecht auch spontan, ohne längere Übung entstehen kann. So hat der IGH im Nordsee-Festlandsockel-Fall (ICJ Reports 1969, 3 (43)) klargestellt:

> „... the passage of only a short period of time is not necessarily, or of itself, a bar to the formation of a new rule of customary international law ...".

Ist erkennbar, dass nahezu die gesamte Staatengemeinschaft eine einhellige Praxis befolgt, wird auch ein kurzer Zeitraum für die Entstehung von Gewohnheitsrecht ausreichen.

## 2. Rechtsüberzeugung

**72**   Allein das Folgeleisten einer Übung führt noch nicht zur Entstehung von Gewohnheitsrecht. Neben die allgemeine Übung muss die Rechtsüberzeugung treten, von Völkerrechts wegen zu einem bestimmten Verhalten rechtlich verpflichtet zu sein (*opinio iuris sive necessitatis*). An dieser Überzeugung fehlt es, wenn die Übung allein aus politischen Gründen, aus Gründen der Höflichkeit oder des Anstands oder der Bequemlichkeit beachtet wird. In diesem Zusammenhang hat der IGH im Nordsee-Festlandsockel-Fall (ICJ Reports 1969, 3 (44)) ausgeführt:

> *„The States concerned must ... feel that they are conforming to what amounts to a legal obligation. The frequency, or even habitual character of the acts is not in itself enough. There are many international acts, e.g., in the field of ceremonial and protocol, which are performed almost invariably, but which*

*are motivated only by considerations of courtesy, convenience or tradition, and not by any sense of legal duty. "*

Die Feststellung der Rechtsüberzeugung als subjektives Element ist **73** schwierig. Der Nachweis wird dann als erbracht angesehen werden können, wenn sich eine Staatenpraxis gefestigt hat und eine bedeutende Anzahl von Staaten ihre entsprechende Rechtsüberzeugung bekundet. Ein Nachweis, dass eine Rechtsüberzeugung aller Staaten vorliegt, muss dann nicht erbracht werden. Auch ist nicht ausgeschlossen, dass Akte internationaler Organisationen, wie beispielsweise Resolutionen der UN-Generalversammlung, auch wenn sie nichtbindend sind, als Nachweis einer entsprechenden Rechtsüberzeugung der Mitgliedstaaten dienen können. Im Ergebnis wird damit jedoch nur bereits bestehendes Gewohnheitsrecht bestätigt.

## II. Bindungswirkung

Da die Entstehung von Gewohnheitsrecht nicht eine universelle An- **74** erkennung, also eine Übung und entsprechende Rechtsüberzeugung von allen Staaten voraussetzt, stellt sich die Frage nach der Bindungswirkung trotz der Nichtbeteiligung an einer Praxis oder im Fall eines beharrlichen Protests.

Ist aus einer Praxis heraus mit entsprechender Überzeugung der Staa- **75** ten Gewohnheitsrecht entstanden, ist es für alle Staaten bindend, die den Entstehungsprozess stillschweigend hingenommen und der Praxis nicht widersprochen haben. Die Bindungswirkung ist grundsätzlich **auch für neu entstehende Staaten** zu bejahen. Auf die (nachträgliche) ausdrückliche Billigung durch den Neustaat kann und darf es im Interesse der Geltungskraft des Völkergewohnheitsrechts nicht ankommen.

Ein Staat, der sich nicht nur einmalig, sondern beharrlich und dau- **76** erhaft gegen eine Praxis wehrt, sog. **persistent objector**, kann sich durch diesen Protest der Bindung an neu entstehendes Gewohnheitsrecht entziehen. Die Entstehung des Gewohnheitsrechts kann der Staat zwar nicht verhindern; aber durch seinen rechtzeitig und ständig geäußerten Widerspruch kann er verhindern, selbst daran gebunden zu sein. Auf diese Weise können sich einzelne Staaten vom neu entstehenden Gewohnheitsrecht ausschließen. Dieser Ausschluss ist durch einen nachträglichen Protest nicht möglich. In diesem Fall kommt allenfalls eine Änderung der betreffenden Regelung in Betracht (→ Rn. 80 ff.).

Selbst rechtzeitiger und beharrlicher Widerspruch gegen neu entste- **77** hendes Gewohnheitsrecht verhindert jedoch dann nicht die Bindung, wenn es sich um Regelungen handelt, die wegen ihrer elementaren Bedeutung für die Staatengemeinschaft als zwingendes Gewohnheitsrecht (*ius cogens;* → Rn. 82 ff.) anerkannt sind. Hierzu zählt bspw. das völkergewohnheitsrechtliche Verbot der Rassendiskriminierung, dem sich die frühere Republik Südafrika trotz ihres Protests nicht entziehen konnte.

**78**    Eine Bindung an neu entstehendes Völkergewohnheitsrecht kann schließlich auch dann nicht durch beharrlichen Widerspruch verhindert werden, wenn die Entwicklung der neuen Regeln nahezu vollständig von der internationalen Gemeinschaft getragen wird und sich ein protestierender Staat mit seinem Protest gleichsam isoliert. So blieb der beharrliche Protest Chinas gegen die gewohnheitsrechtliche Beschränkung der Staatenimmunität, die früher auch das privatrechtliche Handeln eines Staates erfasste und jetzt nur noch für hoheitliche Handlungen gilt, ohne Wirkung.

**79**    Völkergewohnheitsrecht, das meistens universell, dh für sämtliche Völkerrechtssubjekte auf der ganzen Welt gilt, kann auch regional beschränkt entstehen und somit auch nur für eine begrenzte Anzahl von Völkerrechtssubjekten Bindungswirkung erzeugen. Man spricht in diesem Fall, im Gegensatz zum universellen Völkergewohnheitsrecht, vom **partikularen Völkergewohnheitsrecht**. Im einem Fall, in dem es um politisches Asyl eines Peruaners in der kolumbianischen Botschaft in Peru ging, bejahte der IGH prinzipiell, dass regionales, sogar bilaterales Gewohnheitsrecht (im Asylrechtsfall zwischen Kolumbien und Peru) und damit ein beschränkt gewohnheitsrechtlicher Rechtssatz entstehen kann (ICJ Reports 1950, 266).

## III. Änderung

**80**    Wird Völkergewohnheitsrecht über einen längeren Zeitraum nicht mehr angewendet oder geltend gemacht, verliert es an Geltung (*desuetudo*).

**81**    Völkergewohnheitsrecht kann aber nicht nur wegfallen, sondern sich auch verändern. Die unter Rn. 78 bereits angesprochene, lange Zeit auch für privatrechtliches Handeln ausländischer Staaten geltende Staatenimmunität, die später auf hoheitliche Akte beschränkt wurde, zeigt, dass sich durch einen Wandel in der Staatenpraxis und Rechtsüberzeugung neue gewohnheitsrechtliche Regeln herausbilden können. Bis zu dem Zeitpunkt, zu dem sich eine vom bestehenden Gewohnheitsrecht abweichende, neue Regel verfestigt hat, besteht allerdings eine nicht aufzulösende Kollision mit dem alten Gewohnheitsrecht. So hat der IGH im Zusammenhang mit der gewaltsamen Intervention der USA in Nicaragua bestätigend festgestellt, dass eine von der bisherigen gewohnheitsrechtlichen Regelung abweichende Praxis zwar eine Verletzung des Völkergewohnheitsrechts darstellt, dadurch aber eine

Veränderung von Gewohnheitsrecht eingeläutet werden kann, wenn dies in der Staatenwelt Anklang findet:

> *„The significance for the Court of cases of State conduct prima facie inconsistent with the principle of non-intervention lies in the nature of the ground offered as justification. Reliance by a State on a novel right or an unprecedented exception to the principle might, if shared in principle by other States, tend towards a modification of customary international law."* *(ICJ Reports 1986, 14 (109))*

## IV. Zwingendes Völkergewohnheitsrecht (ius cogens)

Während die meisten völkergewohnheitsrechtlichen Regeln von den **82** Völkerrechtssubjekten, sei es vertraglich, sei es durch eine veränderte, vom Rechtsüberzeugungswillen getragene Praxis abgeändert oder vollständig abbedungen werden können (sog. *dispositives Recht*), gibt es völkergewohnheitsrechtliche Normen, von denen grundsätzlich nicht abgewichen werden darf, weil sie von fundamentaler Bedeutung für die Staatengemeinschaft sind. In diesem Fall spricht man vom zwingenden Völkergewohnheitsrecht, dem *ius cogens*. Zwingendes Völkergewohnheitsrecht ist universelles Recht, dh es gilt für alle Völkerrechtssubjekte auf der ganzen Welt. Nicht erforderlich ist, dass dem zwingenden Charakter auch alle Völkerrechtssubjekte zustimmen. Es reicht aus, dass die gewohnheitsrechtliche Regelung von einer bedeutenden Mehrheit als fundamentaler und übergeordneter Wert anerkannt wird. Ein gegen zwingendes Völkergewohnheitsrecht gerichteter Widerspruch ist wirkungslos.

Ein dem *ius cogens* entgegenstehender Vertrag (s. Art. 53 S. 1 **83** WVK) oder völkergewohnheitsrechtliche Regel ist unwirksam. Art. 53 S. 2 WVK definiert eine zwingende Norm des Völkerrechts (iSd Konvention) wie folgt:

> *„Im Sinne dieses Übereinkommens ist eine zwingende Norm des allgemeinen Völkerrechts eine Norm, die von der internationalen Staatengemeinschaft in ihrer Gesamtheit angenommen und anerkannt wird als eine Norm, von der nicht abgewichen werden darf und die nur durch eine spätere Norm des allgemeinen Völkerrechts derselben Rechtsnatur geändert werden kann."*

Aus der Definition des Art. 53 S. 2 WVK wird deutlich, dass auch das zwingende Völkergewohnheitsrecht durchaus einer Änderung unterliegen kann. Voraussetzung ist allerdings, dass dem neuen, das alte Gewohnheitsrecht ablösenden Gewohnheitsrecht wiederum zwingender Charakter zukommt.

**84** Was genau zum aktuellen Bestand des *ius cogens* gehört, wird nicht einheitlich beurteilt. Unstreitig gehören dazu das Verbot des Angriffskrieges und elementare Menschenrechte wie das Verbot des Völkermords, der Folter, der Sklaverei oder der Rassendiskriminierung.

**85** *Ius cogens*-Normen lösen prinzipiell Verpflichtungen gegenüber allen Völkerrechtssubjekten aus. Alle Völkerrechtssubjekte haben in der Regel ein Interesse daran, dass die im zwingenden Völkergewohnheitsrecht liegenden Verpflichtungen wegen der großen Bedeutung der Regelungsinhalte auch von allen beachtet werden. Alle Völkerrechtssubjekte haben daher das Recht, die Nichterfüllung zwingenden Völkergewohnheitsrechts zu rügen. Aus dem *ius cogens* ergeben sich somit Verpflichtungen **erga omnes**, dh gegenüber allen.

## V. Völkergewohnheitsrecht und Vertragsrecht

**86** Anders als im nationalen Recht existiert im Völkerrecht keine Normenhierarchie. Eine Kollisionsregel existiert lediglich mit Blick auf das zwingende Gewohnheitsrecht. Verstößt ein völkerrechtlicher Vertrag gegen eine Norm des *ius cogens*, ist der Vertrag nach Art. 53 S. 1 WVK nichtig (vgl. auch Art. 64 WVK). Entsprechendes gilt, soweit eine Norm des Gewohnheitsrechts mit *ius cogens* unvereinbar ist

**87** Aus den vorausgegangenen Ausführungen lässt sich weiterhin festhalten, dass die Völkerrechtssubjekte dispositives Völkergewohnheitsrecht durch den Abschluss völkerrechtlicher Verträge außer Kraft setzen oder abändern können. Zwischen den Vertragsparteien gilt dann der völkerrechtliche Vertrag als *lex specialis* zu den gewohnheitsrechtlichen Regeln. An letztere sind die Nicht-Vertragsparteien weiterhin gebunden. Soweit die vertragliche Abmachung lückenhaft ist oder bestimmte Bereiche nicht erfasst, gilt auch für die Vertragsparteien ergänzend die gewohnheitsrechtliche Regelung.

**88** Völkergewohnheitsrecht kann zur Auslegung von vertraglichen Regelungen herangezogen werden und auf diese Weise Einfluss auf den Vertragsinhalt nehmen. So wird bspw. in der Praxis entgegen dem Wortlaut des Art. 27 Abs. 3 UN-Charta nicht die tatsächliche Zustimmung aller ständigen Mitglieder des Sicherheitsrats zu einem Beschluss verlangt, sondern die Stimmenthaltung als Nichtausübung des Vetorechts gewertet.

**89** Es ist auch möglich, dass völkergewohnheitsrechtliche Regeln ältere vertragliche Bestimmungen nach der *lex posterior*-Regel modifizieren oder verdrängen.

Schließlich kann ein multilateraler Vertrag über die Vertragspartei- **90** en hinaus Wirkung erhalten und damit zu universellem Völkerge- wohnheitsrecht erwachsen. Hierzu kann es kommen, wenn der Vertrag in weiten Teilen bereits völkergewohnheitsrechtlich geltende Regelun- gen enthält und sein Inhalt aufgrund seiner elementaren Bedeutung von einer großen Anzahl von Völkerrechtssubjekten beachtet wird.

## C. Allgemeine Rechtsgrundsätze

**Literatur:** *Herdegen*, Völkerrecht, § 17; *Hobe*, Einführung in das Völkerrecht, S. 215 ff.; *Kempen/Hillgruber*, Völkerrecht, § 15; *Stein/von Buttlar*, Völker- recht, Rn. 160 ff.

**Allgemeine Rechtsgrundsätze** sind aus den Rechtssätzen des in- **91** nerstaatlichen Rechts abgeleitete allgemeine Prinzipien.

Die von Art. 38 Abs. 1 lit. c IGH-Statut angeführte dritte Völker- rechtsquelle ist gegenüber dem Völkervertragsrecht und Völkerge- wohnheitsrecht in der Praxis regelmäßig subsidiär. Es handelt sich bei den allgemeinen Rechtsgrundsätzen um durch Rechtsvergleichung zu ermittelnde Prinzipien, die übereinstimmend in den verschiedenen innerstaatlichen Rechtsordnungen gelten und aufgrund ihres grundle- genden Gehalts auch für die völkerrechtlichen Rechtsbeziehungen Bedeutung haben.

Im Laufe der Zeit wurden viele der aus den nationalen Rechtsord- **92** nungen hergeleiteten Prinzipien durch völkergewohnheitsrechtliche Staatenpraxis oder durch Verträge aufgegriffen. Es gibt jedoch trotz ihrer weitreichenden gewohnheits- und vertragsrechtlichen Veranke- rung nach wie vor Sachverhalte, auf die weder das Vertragsrecht noch das Gewohnheitsrecht anwendbar ist, sondern bei denen auf die allge- meinen Rechtsgrundsätze Rekurs genommen werden muss.

Ganz überwiegend zählen zu den allgemeinen Rechtsgrundsätzen **93** u.a. der Grundsatz von Treu und Glauben, der Grundsatz der Billigkeit (*equity*), der Grundsatz der Erstattung ungerechtfertigter Bereicherung, der Grundsatz der Verjährung und Verwirkung sowie der Grundsatz *pacta sunt servanda*.

Eine Ausprägung des Prinzips von Treu und Glauben ist der aus dem anglo- amerikanischen Recht stammende *estoppel*-Grundsatz. Danach ist eine Prozess- partei, die sich zu ihrem bisherigen Verhalten oder Vorbringen in Widerspruch setzt mir ihrem neuen Argument bzw. ihrem neuen Anspruch ausgeschlossen („estopped").

Neben ihrer Funktion, vertragliche oder völkergewohnheitsrechtliche Regelungen zu ergänzen und damit Rechtslücken zu füllen, dienen die allgemeinen Rechtsgrundsätze auch als Interpretations- bzw. Auslegungshilfe insbesondere von Verträgen.

## D. Hilfsquellen zur Feststellung von Völkerrecht

**Literatur:** *Herdegen*, Völkerrecht, § 21; *Hobe*, Einführung in das Völkerrecht, S. 223 f.; *Kempen/Hillgruber*, Völkerrecht, § 16; *Stein/von Buttlar*, Völkerrecht, Rn. 169 ff.

**94**    Als „Hilfsmittel zur Feststellung von Rechtsnormen" und damit nicht als Rechts-, sondern als bloße **Rechtserkenntnisquelle**, nennt Art. 38 Abs. 1 lit. d IGH-Statut „richterliche Entscheidungen und die Lehrmeinung der fähigsten Völkerrechtler der verschiedenen Nationen". Die Bedeutung der Rechtserkenntnisquellen ist nicht zu unterschätzen. Sie dienen vor allem dazu, das Bestehen einer von den Staaten für rechtsverbindlich gehaltenen Praxis maßgeblich nachzuweisen.

## I. Gerichtsentscheidungen

**95**    Zu den richterlichen Entscheidungen nach Art. 38 Abs. 1 lit. d IGH-Statut zählen nicht nur Entscheidungen des IGH und anderer internationaler Gerichte, sondern auch völkerrechtsbezogene Entscheidungen nationaler Gerichte. Auch wenn der Wortlaut des Art. 38 Abs. 1 lit. d IGH-Statut den Gerichtsentscheidungen die Lehrmeinungen als gleichwertig gegenüberstellt, haben in der Praxis die Entscheidungen des IGH auf internationaler Ebene die größte Bedeutung. Nach Art. 59 IGH-Statut kommt zwar den Entscheidungen des IGH über den konkret entschiedenen Fall hinaus keine Bindungswirkung zu. In der Praxis genießen seine Entscheidungen jedoch große Autorität und haben häufig Wirkung über den konkreten Sachverhalt hinaus. Dies gilt vor allem dann, wenn der IGH eine Entscheidung zum Nachweis von Völkergewohnheitsrecht trifft und diese Entscheidung von den Staaten unwidersprochen aufgenommen und in der Praxis berücksichtigt wird. Die Bedeutung von Entscheidungen anderer Gerichte hängt wesentlich von deren Ansehen im Umgang mit völkerrechtlichen Anwendungs- und Auslegungsfragen ab.

## II. Lehrmeinungen

**96**    Von den in Art. 38 Abs. 1 lit. d IGH-Statut angeführten „Lehrmeinungen der fähigsten Völkerrechtler der verschiedenen Nationen" sind nicht nur einzelne Wissenschaftler erfasst, sondern heute vor allem auch Vereinigungen von Völkerrechtsspezialisten wie etwa die *International Law Commission* (ILC), *das Institut de Droit International* (IDI), die *International Law Association* (ILA) oder das *American Law Institue* (ALI). Die von ihnen erlassenen Resolutionen und erläuternden und konkretisierenden Darstellungen sowie die von den Wissenschaftlern herausgegebenen völkerrechtlichen Lehr- und Handbücher sind gerade auch für die Entscheidungen der Gerichte eine wichtige Quelle für den Nachweis von Völkergewohnheitsrecht.

# E. Weitere Rechtsquellen

**Literatur:** *Herdegen*, Völkerrecht, § 18, § 20; *Hobe*, Einführung in das Völkerrecht, S. 228 ff., 231 ff.; *Kempen/Hillgruber*, Völkerrecht, § 17

Art. 38 Abs. 1 IGH-Statut schließt über die genannten Völker- **97** rechtsquellen hinaus weitere Rechtsquellen nicht aus. Über den genauen Umfang weiterer Rechtsquellen herrscht jedoch keine Einigkeit.

## I. Einseitige Rechtsakte

Es ist allgemein anerkannt, dass völkerrechtliche Rechte und Pflich- **98** ten auch durch einseitige Rechtsakte begründet werden können. Zu den selbständigen einseitigen Rechtsakten, die nicht lediglich Vertragsbestandteil sind oder von einer Regelung des Gewohnheitsrechts erfasst werden, zählen insbesondere die Anerkennung, der Protest, der Verzicht, das Versprechen und die Zusicherung. Der IGH hat in seiner Entscheidung zum Atomtest-Streit zwischen Australien und Neuseeland einerseits und Frankreich andererseits als Voraussetzung für die Bindungswirkung einen **Rechtsbindungswillen** und eine Publizität bzw. **Notifikation** des betreffenden einseitigen Rechtsakts genannt (ICJ Reports 1974, 253 (269 f.)).

## II. Soft law

Für Akte von internationalen Organisationen oder Erklärungen von **99** Staatenkonferenzen, die sich oftmals in einer Grauzone zwischen bloßer politischer Absichtserklärung und verbindlicher Festlegung befinden, hat sich der Begriff des *soft law* eingebürgert. Hinter diesen Akten verbürgt sich kein Rechtsbindungswille der beteiligten Parteien. Eine rechtliche Verbindlichkeit kommt dem *soft law* somit nicht zu, weshalb es auch **keine Rechtsquelle** des Völkerrechts ist. Die Bedeutung des *soft law* ist jedoch nicht zu unterschätzen. So lassen sich bspw. Staaten eher auf *soft law* ein, da es keine klassische Vertragspflicht begründet. Doch hat die Verabschiedung eines *soft law*-Textes zur Folge, dass einem Staat, der das *soft law* verletzt, dieses Verhalten oftmals in gleicher Weise vorgeworfen wird wie ein Vertragsbruch. Da die sich auf das *soft law* einlassenden Parteien bekunden, dass sie eine bestimmte Rechtsüberzeugung haben und ein bestimmtes Ziel anstreben, dient das *soft law* auch der Weiterentwicklung des Völkerrechts. So kann im *soft law* eine Vorstufe zur Rechtsentwicklung des Völkerrechts gesehen werden.

**Beispiele** für *soft law* bilden die Verhaltenscodices der OECD oder der WHO für transnationale Unternehmen oder die Schlusserklärungen von Weltgipfeln wie die Rio-Deklaration über Umwelt und Entwicklung von 1992, die Wiener Menschenrechts-Deklaration von 1993, die Pekinger Deklaration über Frauenrechte von 1995 oder die Johannesburg-Deklaration über nachhaltige Entwicklung von 2002.

## Testfragen zum 3. Kapitel

1. Was versteht man unter einem völkerrechtlichen Vertrag?
2. Was ist die Wiener Vertragsrechtskonvention (WVK)?
3. Wer hat bei Staaten die Vertragsschlusskompetenz?
4. Was ist Geltungsgrund völkerrechtlicher Verträge?
5. Wonach richtet sich die Auslegung von völkerrechtlichen Verträgen?
6. Multilaterale Verträge können durch die Erklärung von Vorbehalten durch und für einzelne Staaten angepasst werden. Bei einem multilateralen Vertrag, der kein Vorbehaltsverbot vorsieht, möchte eine Partei (P) einen Vorbehalt zu einer Vertragsnorm anbringen. Partei A nimmt den Vorbehalt an. Partei B erhebt Einspruch gegen den Vorbehalt, während Partei C nicht nur dem Vorbehalt widerspricht, sondern auch nicht wünscht, dass vertragliche Beziehungen zwischen ihr und P entstehen. Was sind die jeweiligen Rechtsfolgen?
7. Was sind sog. *inter se*-Abkommen?
8. Welches sind die Entstehungsvoraussetzungen völkerrechtlichen Gewohnheitsrechts?
9. Wann kann ein Völkerrechtssubjekt grundsätzlich die Bindungswirkung des Völkergewohnheitsrechts für sich ausschließen?
10. Was versteht man unter *ius cogens*?
11. Was sind „allgemeine Rechtsgrundsätze" iSd Art. 38 Abs. 1 lit. c IGH-Statut? Nennen Sie Beispiele.

12. Art. 38 Abs. 1 lit. a–c IGH-Statut nennt drei anerkannte Rechts-
    quellen des Völkerrechts. Welche weiteren Rechtsquellen ließen
    sich anführen?
13. Kann bspw. die *Friendly Relations Declaration* der UN-Gene-
    ralversammlung als Rechtsquelle herangezogen werden?

# Kapitel 4. Hoheitsgewalt der Staaten

Die Ausübung staatlicher Herrschaft knüpft an die Gebiets- und die **1** Personalhoheit an. Während die Gebietshoheit dem Staat die Herrschaftsbefugnis über alle Personen und Sachverhalte im eigenen Staatsgebiet gibt, darf der Staat aufgrund der Personalhoheit Hoheitsbefugnisse über seine Staatsangehörigen ausüben, selbst wenn sich diese im Ausland befinden.

## A. Gebietshoheit

**Literatur:** *Herdegen*, Völkerrecht, § 23 f., 31 f.; *Hobe*, Einführung in das Völkerrecht, S. 81 ff.; *Kempen/Hillgruber*, Völkerrecht, § 18; *Stein/von Buttlar*, Völkerrecht, Rn. 535 ff.

**Gebietshoheit** bedeutet die tatsächliche Herrschaftsausübung auf **2** einem bestimmten Territorium.

Oft wird zwischen der Gebietshoheit und der **territorialen Souveränität** unterschieden. Die Befugnis, auf dem Staatsgebiet Herrschaft auszuüben, erweiternd, schließt die territoriale Souveränität das Recht des Staates ein, über sein Gebiet zu verfügen. Während die Gebietshoheit als tatsächliche Herrschaftsausübung beschränkt oder übertragen werden kann, ist die territoriale Souveränität exklusiv. So kann ein Staat Hoheitsrechte auf eine supranationale Organisation wie die EU übertragen, gibt aber damit nicht seine territoriale Souveränität auf. Vielmehr erfolgt die Einräumung entsprechender Hoheitsbefugnisse ja gerade aufgrund der territorialen Souveränität.

Ohne die Zustimmung eines Staates darf in dessen Hoheitsgebiet **3** grundsätzlich kein anderer Staat in irgendeiner Form hoheitlich tätig werden. Verboten sind neben dem Eindringen militärischer bzw. staatlicher Flugzeuge und Schiffe in fremde Hoheitsgebiete auch die Vornahme ziviler Maßnahmen im Ausland wie bspw. das Ergreifen von Vollstreckungsmaßnahmen. Die Evakuierung von deutschen Staatsbürgern aus Libyen durch Transportflugzeuge der Bundeswehr im Februar 2011 war ebenso wie die Befreiung der von Terroristen entführten Lufthansa-Maschine „Landshut" durch deutsche Sicherheitskräfte (GSG 9) im Jahr 1977 auf dem Flughafen von Mogadischu

(Somalia) nicht ohne die Zustimmung der Regierung möglich. Auch das heimliche hoheitliche Tätigwerden auf fremdem Staatsgebiet stellt eine völkerrechtswidrige Maßnahme dar. Ein sehr bekanntes Beispiel hierfür ist die Entführung des NS-Verbrechers *Adolf Eichmann* aus Argentinien durch den israelischen Geheimdienst Mossad im Jahr 1960. Der UN-Sicherheitsrat verurteilte das Vorgehen Israels als einen völkerrechtswidrigen Verstoß gegen die Gebietshoheit Argentiniens.

4    Ohne die eigene Verfügungsbefugnis (Souveränität) aufzugeben, ist es einem Staat jederzeit möglich, einem anderen Staat die Ausübung staatlicher Tätigkeiten auf dem eigenen Territorium zu erlauben. Territoriale Souveränität und Gebietshoheit fallen dann auseinander. Als Beispiel kommen die **Verwaltungszession**, die **Verpachtung** und die Begründung von **Servituten** in Betracht. Eine Verwaltungszession liegt vor, wenn ein Staat einem anderen Staat die alleinige Regierungs- und Verwaltungsgewalt (teilweise sogar auf unbestimmte Zeit) überlässt. Beispiel hierfür ist der zwischen den USA und Panama geschlossene *Hay-Varilla-Vertrag* vom 18.11.1903, mit dem Panama den USA die Gebietshoheit über den Panama-Kanal eingeräumt hatte. Bis zum Jahr 1999 war die Gebietshoheit Panamas insoweit beschränkt. Im Rahmen der Verpachtung werden ebenfalls bestimmte Hoheitsrechte einem anderen Staat zur ausschließlichen Ausübung übertragen. Ein bekannter Pachtvertrag ist die (auf 99 Jahre befristete) Übertragung von Hongkong durch China an die britische Krone im Jahr 1898 (trotz der zwischenzeitlich erfolgten Übergabe an China bleibt Hongkong allerdings aufgrund einer Vereinbarung noch bis zum Jahr 2047 Sonderverwaltungsgebiet). Werden einem anderen Staat lediglich einzelne Nutzungsrechte über einen bestimmten Teil des eigenen Staatsgebiets eingeräumt, spricht man von Servituten. Hierunter fallen vor allem Transitrechte, vorgeschobene Grenzstationen oder die Einräumung von Grenzzollämtern. So ist aufgrund eines Vertrags aus dem Jahr 1852 die Bundesrepublik Deutschland berechtigt, in Basel einen Bahnhof (Badischer Bahnhof Basel) zu betreiben.

5    Die territoriale Souveränität eines Staates bedeutet auch, dass es grundsätzlich der eigenen Entscheidung eines Staates obliegt, ob er in seinem Gebiet bzw. in seiner Rechtsordnung Hoheitsakten anderer Staaten Wirkung verleihen möchte. Ein Beispiel hierfür ist die Eheschließung im Ausland. Hier steht es den Staaten grundsätzlich frei, ob sie die im Ausland eingegangene Ehe als wirksam geschlossen anerkennen oder nicht (vgl. hierzu Art. 13 Abs. 3 Einführungsgesetz zum Bürgerlichen Gesetzbuch, EGBGB).

## I. Umfang des Staatsgebiets

Das Staatsgebiet umfasst neben dem von den Staatsgrenzen um- **6** schlossenen Teil der Erdoberfläche einschließlich der Binnengewässer und dem Küstenmeer den unter der Erdoberfläche befindlichen Raum, der theoretisch bis zum Erdmittelpunkt reicht, sowie den Raum über diesem Gebiet.

### 1. Landgebiet

Die **Territorialgrenzen** eines Staates wurden und werden überwie- **7** gend durch Vertrag festgelegt. Soweit dies nicht der Fall ist, beruhen sie auf dem Prinzip des historisch gewachsenen Besitzstands (Prinzip des *uti possidetis*), wonach sich die Grenzziehung an den Außen- oder Verwaltungsgrenzen der früheren Kolonialmächte orientiert. Nicht erforderlich ist, dass das Staatsgebiet ein räumlich zusammenhängendes Gebilde ist. Zum Staatsgebiet zählen auch Exklaven, die einer Insel gleich von fremdem Staatsgebiet umgeben sind. Beispiele hierfür sind die deutsche Exklave Büsingen in der Schweiz, die historisch gewachsen ist, sowie die russische Exklave Kaliningrad zwischen Litauen und Polen. Nach Völkergewohnheitsrecht besteht jedenfalls ein Transitrecht auf dem Landweg zu der Exklave. Regelmäßig wird der Transit durch bilaterale Absprachen geregelt.

Bei **Grenzflüssen** ist zwischen nicht-schiffbaren und schiffbaren **8** Flüssen zu unterscheiden. Für nicht-schiffbare Flüsse liegt die Landesgrenze grundsätzlich in der Mittellinie. Für schiffbare Flüsse gilt der Grundsatz, dass der sog. *Talweg*, die Mitte der Hauptschifffahrtsrinne, die Grenze bildet.

Bei **Grenzseen** findet regelmäßig eine Realteilung zwischen den **9** Uferstaaten statt. Die genauen Grenzverläufe sind häufig jedoch schwierig zu bestimmen. Umstritten ist nach wie vor bspw. auch der Grenzverlauf in einem Teil des Bodensees, dem Obersee. Zwar sind die wichtigsten Nutzungsrechte für die Schifffahrt oder die Fischerei vertraglich geregelt. Der Streit um die Grenzziehung kann jedoch dann relevant werden, wenn es um die für die Anwendung des Strafrechts entscheidende Frage geht, ob die Tat im „Inland" begangen wurde.

Zum Staatsgebiet eines Küstenstaates gehören auch die sog. **inne- 10 ren Gewässer** (maritime Eigengewässer). Das sind die diesseits der sog. Basislinie gelegenen Gewässer wie Einbuchtungen oder Flussmündungen und Deltas. Die Basislinie orientiert sich an der Niedrigwasserlinie entlang der Küste.

## 2. Küstenmeer

**11**   Schließlich erstreckt sich das Staatsgebiet auch auf das **Küstenmeer**.
Nach dem UN-Seerechtsübereinkommen (Art. 3 SRÜ) wird heute eine
Breite von 12 Seemeilen jenseits der Basislinie als Teil des Staatsgebiets
anerkannt. Völkergewohnheitsrechtlich gilt zugunsten fremder Staaten
das Recht auf friedliche Durchfahrt (*innocent passage*) durch das
Küstenmeer. Dieses Recht darf nur aufgrund besonderer Umstände wie
bspw. zum Schutz der Sicherheit des Küstenstaates untersagt werden.

### 3. Kompetenzen jenseits des Küstenmeeres

**12**   Bestimmte Meeresgebiete gehören zwar nicht zum Staatsgebiet, jedoch stehen den Küstenstaaten hier besondere Nutzungsrechte zu (Funktionshoheitsgebiet). So kann der Küstenstaat in einer sich an das Küstenmeer anschließenden Zone bestimmte Kontrollen zur Verhinderung oder
Verfolgung von Verstößen gegen Zoll-, Finanz-, Gesundheits- oder
Einwanderungsvorschriften ausüben. Diese **Anschlusszone** gilt nur bis
zu 24 Seemeilen von der Basislinie (→ Rn. 10) aus. Schließlich ist den
Küstenstaaten in einer **ausschließlichen Wirtschaftszone** (*exclusive
economic zone*) die wirtschaftliche Nutzung des küstennahen Meeres
in einer Breite bis zu 200 Seemeilen von der Basislinie aus gestattet. Innerhalb dieser Zone hat der Küstenstaat das souveräne Recht zur Erforschung
und Ausbeutung, Erhaltung und Bewirtschaftung der lebenden und nicht
lebenden natürlichen Ressourcen der Gewässer über dem Meeresboden,
des Meeresbodens und dessen Untergrunds. Auch für den **Festlandsockel**
(*continental shelf*) stehen den Küstenstaaten bestimmte Nutzungsrechte
zu. So darf der Küstenstaat über den Festlandsockel „souveräne Rechte
zum Zweck der Erforschung und der Ausbeutung seiner natürlichen
Ressourcen" ausüben (Art. 77 Abs. 1 SRÜ). Der Festlandsockel ist die
natürliche Verlängerung des Landgebiets jenseits der Küstenlinie und
umfasst den Meeresgrund und den Meeresuntergrund der an die Küste
grenzenden Unterwasserzonen bis zur äußeren Kontinentalrandlinie,
jedenfalls aber bis zu einer Entfernung von 200 Seemeilen gemessen von
der Basislinie des Küstenmeeres aus (Art. 76 Abs. 1 SRÜ). Die Rechte
des Küstenstaates über den Festlandsockel berühren weder den Rechtsstatus der darüber befindlichen Gewässer noch den Rechtsstatus des
über diesen Gewässern befindlichen Luftraums (Art. 78 Abs. 1 SRÜ).

### 4. Luftraum

**13**   Über dem Landgebiet und den Küstengewässern hat ein Staat die
Gebietshoheit im Luftraum, der sich bis zur Grenze des Weltraums

erstreckt. Allerdings ist diese Grenze nicht einfach zu bestimmen. Jedenfalls erstreckt sich die staatliche Lufthoheit bis in die Regionen, in der noch Flugzeuge fliegen können (bis ca. 80 km). Teilweise wird vertreten, dass der staatliche Luftraum bis zur untersten möglichen Satellitenumlaufbahn reicht. Weitgehend Konsens besteht darüber, dass der Weltraum jedenfalls ab 110 km über der Erdoberfläche beginnt. Nach Art. 1 des *Chicagoer Abkommens über die internationale Zivilluftfahrt* von 1944 besitzt jeder Staat über seinem Hoheitsgebiet die volle und ausschließliche Lufthoheit. Aus diesem Grund ist Zivil- und Militärflugzeugen ein Überflug über fremdes Staatsgebiet grundsätzlich nur mit ausdrücklichem Einverständnis des betreffenden Staates erlaubt.

## II. Gebietserwerb

Möglichkeiten des Erwerbs von Staatsgebiet sind die Okkupation, **14** die Annexion (→ Kap. 2 Rn. 16), die Zession (→ Kap. 2 Rn. 17), die Ersitzung, die Adjudikation (→ Kap. 2 Rn. 31) und die Anschwemmung. Regelmäßig wird hierbei zwischen zwei Gruppen unterschieden: dem **originären Erwerb**, dh dem Erwerb von Gebieten, die vorher nicht Teil eines anderen Staatsgebiets waren (Fall der Okkupation oder Anschwemmung), und dem **derivativen Erwerb**, dh dem Erwerb von Gebieten, die vorher zu einem anderen Staatsgebiet gehörten (Fall vor allem der Annexion, Zession und Ersitzung).

Der Erwerb von Staatsgebiet im Wege der **Okkupation** kommt nur **15** bei herrenlosen Gebieten (*terra nullius*) in Betracht – und ist daher heute ohne jede praktische Bedeutung. Die Okkupation setzt neben der tatsächlichen Inbesitznahme eines Gebiets den nach außen erkennbaren Willen zur effektiven und von Kontinuität geprägten Herrschaftsausübung voraus. Bloße symbolische Handlungen wie das Hissen der Nationalflagge reichen somit grundsätzlich nicht aus.

Die gewaltsame Einverleibung eines Gebiets in das eigene Staats- **16** gebiet, sog. **Annexion**, war lange Zeit ein wirksamer Erwerbstitel. Die Annexion verstößt heute jedoch gegen das Gewaltverbot gemäß Art. 2 Nr. 4 UN-Charta (→ Kap. 2 Rn. 16).

So wird auch die mit dem kurzfristig anberaumten Referendum vom März 2014 ausgesprochene Unabhängigkeit der Krim und deren anschließende Aufnahme in die Russische Föderation in der Staatengemeinschaft und Völkerrechtslehre überwiegend als Fall der völkerrechtswidrigen Annexion betrachtet. Dabei hat sich auch die UN-Generalversammlung sehr deutlich für eine Nichtanerkennung der Sezession ausgesprochen (GA/Res. 68/262 vom 27.3.2014):

*„The General Assembly,....*

*1. Affirms its commitment to the sovereignty, political independence, unity and territorial integrity of Ukraine within its internationally recognized borders;*

*2. Calls upon all States to desist and refrain from actions aimed at the partial or total disruption of the national unity and territorial integrity of Ukraine, including any attempts to modify Ukraine's borders through the threat or use of force or other unlawful means;*

*[...]*

*5. Underscores that the referendum held in the Autonomous Republic of Crimea and the city of Sevastopol on 16 March 2014, having no validity, cannot form the basis for any alteration of the status of the Autonomous Republic of Crimea or of the city of Sevastopol;*

*6. Calls upon all States, international organizations and specialized agencies not to recognize any alteration of the status of the Autonomous Republic of Crimea and the city of Sevastopol on the basis of the above-mentioned referendum and to refrain from any action or dealing that might be interpreted as recognizing any such altered status. "*

Eine völkerrechtswidrige Annexion stellt die international zwar nicht anerkannte, dennoch aber hingenommene Eingliederung von Tibet in die Volksrepublik China im Jahr 1950 dar. Die Annexion ist auch dann nicht als wirksamer Gebietserwerb anzusehen, wenn die Gewaltanwendung durch einen in zulässiger Selbstverteidigung handelnden Staat erfolgte. Denn das Recht auf Selbstverteidigung (s. Art. 51 UN-Charta) zielt allein auf die Wiederherstellung des *status quo ante*, berechtigt aber nicht zu Gegenbesetzungen.

**17** Eine heute noch relevante Gebietserwerbsart stellt die **Zession** dar. Der Erwerb erfolgt bei der Zession durch vertragliche Abtretung eines Teils eines Staatsgebiets an einen anderen Staat. Heute werden Gebietsabtretungen vor allem im Rahmen von Friedensabkommen und Grenzverträgen vereinbart. So trat das Deutsche Reich nach dem Ersten Weltkrieg aufgrund der *Verträge von Versailles* Elsass-Lothringen an Frankreich ab.

**18** Erforderlich für den Gebietserwerb durch **Ersitzung** ist die unangefochtene Herrschaftsausübung über einen längeren Zeitraum auf einem fremden Staatsgebiet. Entscheidend kommt es darauf an, dass die Ausübung der Hoheitsgewalt lange andauert und es zu keinen Protesten weder des betroffenen Staates noch von Drittstaaten kommt. Haben die Staaten über einen längeren Zeitraum den Ersitzungszustand gebilligt, hat die Ersitzung den Vorteil, dass damit juristische Auseinandersetzungen über die ursprünglich möglicherweise rechtswidrige Besetzung nicht mehr statthaft sind.

Unter **Adjudikation** versteht man den Gebietserwerb durch die Ent- **19** scheidung eines internationalen Gerichtshofs, Schiedsgerichts oder einer Staatenkonferenz. Die Kompetenz der entsprechenden Entscheidungsinstanz bedarf der Zustimmung der betroffenen Staaten.

Bei einem Gebietserwerb durch **Anschwemmung** wird ein Staats- **20** gebiet durch angeschwemmtes Naturmaterial erweitert. Neben dieser natürlichen Weise der Landgewinnung kann ein Gebiet an der Küste auch durch menschliche Hand erweitert werden. Beispiele hierfür sind die vor Dubai künstlich geschaffenen Inseln (→ Kap. 2 Rn. 6) wie u.a. The Palm Jumeirah oder die Landgewinnung an der niederländischen Küste.

### III. Internationalisierte Gebiete

Neben dem Staatsgebiet, bestehend aus Land, Meer und Luftraum, **21** gibt es Nicht-Staatsgebiete, die nicht nur einzelnen Staaten zur Nutzung zugeordnet sind (Funktionshoheitsgebiet bestehend aus der Anschlusszone, der ausschließlichen Wirtschaftszone und dem Festlandsockel, → Rn. 12), sondern der Staatengemeinschaft insgesamt offenstehen. Hierzu gehören neben der Hohen See und den Meeresböden jenseits der Funktionshoheitsgebiete die **Antarktis**, die jedoch einen Sonderstatus einnimmt. Argentinien, Australien, Chile, Frankreich, Großbritannien, Neuseeland und Norwegen erheben zwar Gebietsansprüche auf große Teile dieses Kontinents. Doch gilt für die Antarktis der Antarktis-Vertrag von 1959, mit dem die Möglichkeit zum Gebietserwerb gleichsam „eingefroren" wurde. Der Vertrag untersagt das Erheben neuer oder erweiterter Gebietsansprüche. Die Nutzung der Antarktis wird durch den Vertrag, der auch Rechtswirkungen für Nicht-Vertragsparteien entfaltet, „im Interesse der gesamten Menschheit" auf friedliche Zwecke, vorwiegend auf wissenschaftliche Forschung beschränkt. Die Antarktis ist somit internationalisiertes, aneignungsunfähiges Nichtstaatsgebiet.

Auch die **Arktis** zählt nicht zu den Staatsgebieten. Anders als die **22** Antarktis ist jedoch die Arktis, die im Wesentlichen den für das Meer geltenden Regeln unterliegt, nutzungsrechtlich in weiten Teilen den Küstenstaaten im Rahmen ihrer Funktionshoheit zur Nutzung zugeordnet. Die Arktis gilt als im Wesentlichen territorialisiertes Gebiet.

# B. Personalhoheit

**Literatur:** *Herdegen*, Völkerrecht, § 25 ff.; *Hobe*, Einführung in das Völkerrecht, S. 90 ff.; *Kempen/Hillgruber*, Völkerrecht, § 19; *Stein/von Buttlar*, Völkerrecht, Rn. 252 ff., 560 ff.

**23**  **Personalhoheit** ist die personelle Herrschaftsbefugnis eines Staates über seine Staatsangehörigen.

Die Personalhoheit ergänzt die Gebietshoheit dahingehend, dass ein Staat über seine Staatsgrenzen hinaus das Verhalten seiner eigenen Staatsangehörigen regeln darf. Befinden sich die eigenen Staatsangehörigen im Ausland, sind sie gleichzeitig auch der Gebietshoheit des anderen Staates unterworfen. Die Personalhoheit des eigenen Staates tritt dann in Konkurrenz zur Gebietshoheit des Aufenthaltsstaates. In diesem Fall kann es zu Regelungskonflikten kommen und der Einzelne kann sich zwei sich widersprechenden Regelungen gegenüber sehen, zB wenn der eine Staat ein Verhalten unter Strafe stellt, das der andere Staat erlaubt. Anknüpfungspunkt der Personalhoheit ist die Staatsangehörigkeit, die das rechtliche Band zwischen Staat und dessen Staatsangehörigen herstellt. Im Rahmen der Personalhoheit geht es vor allem auch um die Frage, inwieweit die Personalkompetenz den eigenen Staatsangehörigen im Ausland Rechte gegenüber ihrem Aufenthaltsstaat einräumt (sog. Auslandsschutz). Und umgekehrt ist von Interesse, welche (Mindest-)Rechte und (Mindest-)Pflichten ein Staat gegenüber Personen hat, die nicht seine Staatsangehörigkeit besitzen (sog. Fremdenrecht).

## I. Staatsangehörigkeit

### 1. Allgemeines

**24**  Über das Band der Staatsangehörigkeit grenzen die Staaten ihre Personalhoheit voneinander ab. Dabei steht es jedem Staat frei, die Voraussetzungen für den Erwerb und Verlust der Staatsangehörigkeit nach eigenem Ermessen zu regeln. Dies darf jedoch nicht willkürlich und unter Verletzung von völkerrechtlichen Regeln geschehen. Aus der Staatsangehörigkeit ergeben sich typischerweise bestimmte Rechte und Pflichten wie die allgemeine Wehrpflicht, der diplomatische Schutz, das unbedingte Aufenthaltsrecht, das aktive und passive Wahlrecht sowie ein grundsätzliches Auslieferungsverbot.

**25**  Völkerrechtliche Voraussetzung für die Verleihung der Staatsangehörigkeit ist, dass zwischen dem Staat und der betreffenden Person bzw. dem Rechtssubjekt ein bestimmter Anknüpfungspunkt, eine nähere tatsächliche Beziehung (**genuine link/genuine connection**) besteht. Im Fall des Deutschen *Friedrich Nottebohm*, der 1939 gegen die Zahlung einer nicht unerheblichen Geldsumme die liechtensteinische Staatsangehörigkeit erwarb, um eine Beschlagnahmung seines Auslandsvermögens von den Kriegsgegnern Deutschlands zu verhindern, führte der IGH aus, dass die Verleihung der Staatsangehörigkeit der juristische Ausdruck der Tatsache sei, dass die Einzelperson eine engere reale Verbindung mit der Bevölkerung des die Staatsangehörigkeit verleihenden Staates hat als mit der eines jeden anderen Staates (ICJ-Reports 1955, S. 4 (23)).

## 2. Erwerbsgründe

Zwei **typische Erwerbsgründe**, nach denen die Staatsangehörigkeit **26** mit der Geburt verliehen wird und bei denen allgemein eine reale Verbindung der betreffenden Person zu dem die Staatsangehörigkeit verleihenden Staat besteht, sind die Abstammung von einem Staatsangehörigen und die Geburt auf dem jeweiligen Staatsgebiet. Beim **Abstammungsprinzip** (*ius sanguinis*) folgt die Staatsangehörigkeit des Kindes derjenigen der Eltern. Beim **Geburtslandprinzip** (*ius soli*) erwirbt das Kind ohne Rücksicht auf die Staatsangehörigkeit der Eltern die Staatsangehörigkeit des Geburtslandes. Dem uneingeschränkten Geburtslandprinzip folgen Länder wie die USA oder einige südamerikanische Staaten. Das Abstammungsprinzip, das dem kontinentaleuropäischen Recht entspricht, wird heute regelmäßig nicht mehr in Reinform verwendet, sondern durch Elemente des Geburtslandprinzips ergänzt. Auch nach dem deutschen Staatsangehörigkeitsgesetz (StAG) gilt das Abstammungsprinzip nicht mehr uneingeschränkt, sondern kombiniert mit dem Geburtslandprinzip. So erwirbt ein in Deutschland geborenes Kind ausländischer Eltern die deutsche Staatsangehörigkeit, wenn ein Elternteil seit mindestens acht Jahren rechtmäßig seinen gewöhnlichen Aufenthalt in Deutschland hat und ein unbefristetes Aufenthaltsrecht besitzt (§ 4 StAG). Zugleich ist eine Optionsregelung bei Erreichen der Volljährigkeit für den Fall eingeführt, dass das in Deutschland geborene Kind auch eine ausländische Staatsangehörigkeit gemäß dem Heimatrecht der Eltern erworben hat.

Nach der Geburt kann die Staatsangehörigkeit durch die auf Antrag **27** erfolgende Einbürgerung, die in der Regel im Ermessen des Staates liegt, erworben werden. Daneben ist der nachträgliche Erwerb durch Adoption oder durch Heirat möglich. Ohne den Willen des Ehepartners ist jedoch ein automatischer Erwerb der Staatsangehörigkeit des anderen Ehepartners heute eigentlich nicht mehr möglich und unter dem Gesichtspunkt der Gleichberechtigung von Mann und Frau auch mit geltenden Rechtsgrundsätzen unvereinbar.

### 3. Mehrstaater und Staatenlose

**28**     Aufgrund der unterschiedlichen Prinzipien für den Erwerb der Staatsangehörigkeit kann es zur **mehrfachen Staatsangehörigkeit** ebenso kommen wie zur **Staatenlosigkeit**. Beides sind Phänomene, die, wenngleich sie prinzipiell als Ausdruck der Souveränität der Staaten völkerrechtskonform sind, unerwünscht sind. Während die mehrfache Staatsangehörigkeit zu miteinander kollidierenden Rechten und Pflichten führen kann, bedeutet die Staatenlosigkeit für die Betroffenen, die im Aufenthaltsstaat allen öffentlich-rechtlichen Pflichten unterliegen, dass sie keinen Heimatstaat haben und sich demzufolge auch nicht auf diplomatischen Schutz oder die Niederlassungsfreiheit berufen können und somit der Abschiebung unterliegen. Um diesen Zustand möglichst zu vermeiden, haben die Staaten mehrere internationale Abkommen u.a. über die Rechtsstellung der Staatenlosen geschlossen, um ihnen die gleiche Behandlung zukommen zu lassen wie allgemein Ausländern; so unterliegen bspw. auch die Staatenlosen der staatlichen Daseinsvorsorge. Die sich aus der Mehrstaatigkeit ergebenden Probleme hat die Staatengemeinschaft versucht, ebenfalls im Wege völkerrechtlicher Verträge zu regeln.

### 4. Verlustgründe

**29**     Der Verlust der Staatsangehörigkeit kann durch Antrag des Einzelnen auf Entlassung aus der Staatsangehörigkeit, durch Erwerb einer anderen Staatsangehörigkeit, durch das Ableisten des Wehrdienstes in einem fremden Staat, durch den Eintritt in einen fremden Staatsdienst oder durch die Heirat mit einem Ausländer erfolgen (zu den Verlustgründen nach deutschem Staatsangehörigkeitsrecht s. § 17 StAG). Die willkürliche Entziehung der Staatsangehörigkeit, also die Entziehung gegen den Willen des Betroffenen, ist völkerrechtswidrig. So hat sich die UN-Generalversammlung in der *Allgemeinen Erklärung der Menschenrechte* von 1948 gegen die willkürliche Entziehung der Staatsangehörigkeit ausgesprochen (Art. 15 Abs. 2). Das *Übereinkommen zur Verminderung der Staatenlosigkeit* von 1961 verbietet in Art. 9 den Vertragsstaaten den Entzug der Staatsangehörigkeit aus rassischen, ethnischen, religiösen oder politischen Gründen.

### 5. Staatszugehörigkeit

**30**     Juristische Personen haben, da die Staatsangehörigkeit die Zugehörigkeit einer natürlichen Person zum Staatsvolk bedeutet, keine Staatsangehörigkeit. Die enge Verbindung einer juristischen Person zu einem

Staat wird über die Staatszugehörigkeit bestimmt. Anknüpfungspunkt für die Staatszugehörigkeit ist entweder der Ort der Gründung der juristischen Person (**Gründungstheorie**) oder der tatsächliche Sitz der Hauptverwaltung (**Sitztheorie**). Die deutsche Gerichtspraxis folgte bislang grundsätzlich der Sitztheorie, jedoch hat der EuGH in mehreren Entscheidungen die Sitztheorie, wonach auf Gesellschaften das an ihrem tatsächlichen Sitz geltende Recht anzuwenden ist, als Verstoß gegen die Niederlassungsfreiheit beurteilt. Der EuGH, dem sich auch der BGH angeschlossen hat, koppelt Sitz- und Gründungstheorie, wonach Gesellschaften in den Anwendungsbereich der Niederlassungsfreiheit fallen, wenn sie einen hinreichenden Bezug zum Unionsrecht haben, der sich dadurch ausdrückt, dass die Gesellschaften nach dem Recht eines EU-Mitgliedstaates gegründet worden sind und ihren satzungsmäßigen Sitz – ihre Hauptverwaltung oder ihre Hauptniederlassung, dh den tatsächlichen Geschäftsschwerpunkt – in einem Mitgliedstaat haben (s. auch die *Überseering*-Entscheidung des EuGH, EuZW 2002, 754 (757 f.)).

In besonders gelagerten Fällen kann für die Frage, welchem Staat eine juristische Person zugehört, auch die Staatsangehörigkeit des Leitungspersonals oder die der Mehrheit der Eigner oder Aktieninhaber den Ausschlag geben (sog. Kontrolltheorie). Der IGH hat jedoch schon 1970 im *Barcelona Traction*-Fall entschieden, dass lediglich die Beherrschung einer Gesellschaft durch eigene Staatsangehörige keine hinreichende Grundlage für die Ausübung diplomatischen Schutzes durch einen Staat sein kann (ICJ Reports 1970, 4).

## II. Auslandsschutz

Die Personalhoheit des Heimatstaates über seine Staatsangehörigen **31** führt nicht nur dazu, dass der Heimatstaat seine Staatsangehörigen auch im Ausland seiner Rechtsordnung unterstellen und sie bspw. für ein im Ausland begangenes strafrechtliches Verhalten bestrafen darf – selbst wenn dieses Verhalten im fremden Staat nicht mit Strafe belegt ist. Die Personalkompetenz führt auch zu bestimmten Pflichten des Heimatstaates. So hat der Heimatstaat seinen Staatsangehörigen im Ausland den sog. Auslandsschutz zu gewähren. Darunter fällt zum einen der **konsularische Schutz**, der vor allem von den Konsulaten des Heimatstaates zur Unterstützung der im Ausland befindlichen Staatsangehörigen wahrgenommen wird. Davon zu unterscheiden ist der **diplomatische Schutz**.

**Diplomatischer Schutz** ist der staatliche Schutz zugunsten eigener natürlicher oder juristischer Personen auf deren Ersuchen gegenüber einem bereits eingetretenen oder unmittelbar bevorstehenden völkerrechtswidrigen Verhalten des Aufenthaltsstaates.

32    Beim diplomatischen Schutz geht es somit um Maßnahmen des Heimatstaates gegen die völkerrechtswidrige Behandlung der eigenen Staatsangehörigen bzw. Staatszugehörigen durch den fremden Staat. Als Völkerrechtsverstoß kommen zB eine entschädigungslose Enteignung oder eine Freiheitsentziehung ohne gerichtliche Entscheidung in Betracht. Mit dem diplomatischen Schutz macht der Heimatstaat seine **eigenen (staatlichen) Rechte** gegenüber dem Verletzerstaat auf völkerrechtsmäßige Behandlung seiner Staatsangehörigen bzw. Staatszugehörigen geltend. Umstritten ist, ob der Heimatstaat daneben in Prozessstandschaft auch einen eigenen Anspruch des Verletzten gegen den Aufenthaltsstaat geltend machen kann. Hierfür spricht, dass dem Einzelnen heute immer mehr völkerrechtliche Individualrechte anerkannt werden und er selbst durch sein eigenes Verhalten wie bspw. durch die selbständige Einlegung von Rechtsbehelfen im Aufenthaltsstaat unmittelbar Einfluss auf den diplomatischen Schutz hat.

33    Denn unabhängig von der Frage eines parallelen eigenen Individualanspruchs wegen der Verletzung in eigenen Rechten, ist Voraussetzung für die Geltendmachung einer Völkerrechtsverletzung durch den Aufenthaltsstaat, dass der Staatsangehörige bzw. Staatszugehörige den **innerstaatlichen Rechtsweg im Aufenthaltsstaat erschöpft** und alle ihm zur Verfügung stehenden Rechtsbehelfe ausgeschöpft hat (*local remedies rule*). Erst wenn der Verletzte sämtliche zumutbaren Rechtsbehelfe erfolglos in Anspruch genommen hat, kann der Heimatstaat die Verletzung geltend machen. Das Erfordernis der Rechtswegerschöpfung soll dem Aufenthaltstaat die Möglichkeit zur Abhilfe geben, bevor er hierfür auf zwischenstaatlicher Ebene zur Verantwortung gezogen wird.

34    Als Maßnahmen des diplomatischen Schutzes kommen der Protest, die Geltendmachung von Entschädigungsansprüchen, eine Klage vor einem internationalen Gericht oder Schiedsgericht sowie eine Retorsion oder eine Repressalie in Betracht. Eine **Retorsion**, dh eine unfreundliche Maßnahme mit dem Ziel, den anderen Staat zur Beendigung seines völkerrechtswidrigen Verhaltens zu bringen, stellt zB der Abbruch der diplomatischen Beziehungen dar. Die **Repressalie** ist eine (an sich völkerrechtswidrige) Gegenmaßnahme, die jedoch aufgrund der völkerrechtswidrigen Verletzungshandlung ausnahmsweise gerechtfertigt ist (zB Erfüllungsverweigerung eines bilateralen Vertrags oder Vertragskündigung).

Im Fall der mehrfachen Staatsangehörigkeit ist umstritten, ob im **35**
Verhältnis zu einem Drittstaat jeder Heimatstaat des Mehrstaaters
diplomatischen Schutz ausüben darf oder nur derjenige Staat, zu dem der
Mehrstaater die engeren Beziehungen hat wie zB Wohnsitz, familiäre
Beziehungen. Im Verhältnis der Heimatstaaten zueinander war nach
traditioneller Auffassung ein diplomatischer Schutz ausgeschlossen.
Nach neuerer Meinung ist auch hier auf die Effektivitätsregel abzustel-
len, was dazu führt, dass der Staat, der die effektive Staatsangehörig-
keit des Verletzten in Anspruch nehmen kann, den diplomatischen
Schutz gegen den anderen Heimatstaat geltend machen kann.

Ob der Verletzte, der nicht wirksam auf diplomatischen Schutz ver- **36**
zichten kann, einen Anspruch gegen seinen Heimatstaat auf diplomatischen Schutz hat, richtet sich nach dem Recht des jeweiligen Heimatstaates. Das Bundesverfassungsgericht (BVerfG), das eine verfas-
sungsrechtliche Pflicht der Bundesrepublik Deutschland zum Schutz
ihrer Staatsangehörigen festgestellt hat, hat in diesem Zusammenhang
auch einen Anspruch des Einzelnen auf Schutzgewährung anerkannt,
allerdings beschränkt auf fehlerfreie Ermessensentscheidung über die
Gewährung des diplomatischen Schutzes (vgl. BVerfGE 40, 141
(177 f.): 55, 349 (364 f.)). Im Einzelfall kann dieses Ermessen auch
„auf Null" schrumpfen.

## III. Fremdenrecht

**Fremde** im Sinne des Völkerrechts sind diejenigen Personen, die **37**
nicht die Staatsangehörigkeit des Aufenthaltsstaates besitzen.

Da die Fremden aufgrund der Gebietshoheit des Staates, in dem sie
sich aufhalten, vollständig seiner Regelungsgewalt unterworfen sind,
hat jeder Staat nach Völkerrecht gegenüber dem jeweiligen Heimatstaat die Pflicht, dessen Staatsangehörigen einen völkerrechtlichen
**Mindeststandard an Schutzrechten** zu gewähren. Auf europäischer
Ebene gehen die europarechtlich verankerten Normen zum Teil sehr
weit über den völkerrechtlichen Mindeststandard hinaus, wie bspw. das
Recht auf Freizügigkeit zeigt.

## 1. Einreise

Zur Aufnahme eines Fremden ist grundsätzlich kein Staat völker- **38**
rechtlich verpflichtet. Allerdings ist eine Einreiseerlaubnis in vielen
multi- und bilateralen Verträgen über die Freizügigkeit von Arbeit-

nehmern, über regionale Wirtschaftsbeziehungen o.ä. oder in allgemeinen Freundschaftsverträgen niedergelegt.

## 2. Rechtsstellung im Aufenthaltsstaat

**39**    Mit der Einreise unterliegt der Fremde grundsätzlich in vollem Umfang der nationalen Rechtsordnung des fremden Landes. Völkergewohnheitsrechtlich ist jeder Staat verpflichtet, dem Fremden einen Mindeststandard an Rechten zu gewähren, vorbehaltlich etwaiger weitergehender, sich aus Vertragsrecht ergebender Rechte. Eine Inländergleichbehandlung, mit der dem Fremden die gleichen Rechte zuständen wie den Inländern, hat sich nicht durchsetzen können. Der völkerrechtlich zu gewährende Mindeststandard kann über oder unter der Rechtsposition des Inländers liegen. Zu dem Minimum an Fremdenrechten gehören das Recht auf Leben, auf körperliche Unversehrtheit und Sicherheit, das Recht auf Teilnahme am Wirtschaftsleben, die Gleichheit vor dem Gesetz und vor Gericht, das Recht auf ein ordentliches Gerichtsverfahren oder der Schutz von Eigentum und Investitionen. So kann im Fall einer nicht angemessenen Enteignungsentschädigung der Ausländer selbständig die nationalen Behörden und Gerichte anrufen. Diplomatischer Schutz durch den Heimatstaat ist erst nach Erschöpfung des Rechtswegs möglich (→ Rn. 33).

**40**    Das unabdingbare Minimum für die Behandlung Fremder verliert in dem Maße an Bedeutung, in dem die universellen Menschenrechte weiter ausgeweitet werden. Eine eigenständige Bedeutung haben die fremdenrechtlichen Mindeststandards heute nur noch beim Eigentumsschutz. In den anderen Bereichen hat sich der Menschenrechtsschutz in weiten Teilen den fremdenrechtlichen Mindeststandards angeglichen.

**41**    Da Fremde nicht zum politischen Staatsverband gehören, kann ihre politische Betätigung nach Völkergewohnheitsrecht auch eingeschränkt werden. Auch das Vertragsrecht sieht, wie bspw. Art. 16 EMRK, die Möglichkeit der Beschränkung der politischen Tätigkeiten von Fremden vor. Derartige Beschränkungen werden auf europarechtlicher Ebene wieder „aufgeweicht", in dem dort den Unionsbürgern auch im fremden Land eine Beteiligung bei Kommunalwahlen und den Wahlen zum Europäischen Parlament gestattet ist.

## 3. Aufenthaltsbeendigung

**42**    Wird der Fremde nicht eingebürgert, endet sein Aufenthalt im Gaststaat mit dem Verlassen des Staatsgebiets. Dabei ist zwischen der

**Ausreise**, der **Ausweisung**, die ggfs. auch zwangsweise durchgesetzt werden kann (**Abschiebung**), und der **Auslieferung** zu unterscheiden.

Dem Fremden steht es grundsätzlich frei, aus dem Gaststaat jederzeit **43** auch wieder auszureisen. Genauso frei ist der Gaststaat aufgrund seiner Souveränität grundsätzlich auch, den Fremden zur Ausreise aufzufordern. In diesem Fall spricht man von Ausweisung. Völkerrechtlich ist die Ausweisung eines Fremden nicht verboten (s. zB die Vorschriften über die Ausweisung gem. §§ 53 ff. AufenthG). Der ausweisende Staat wäre noch nicht einmal verpflichtet, die Gründe der Ausweisung anzugeben. Das Recht zur Ausweisung wird allerdings durch das Verbot der Massenausweisung (vgl. auch Art. 4 des Protokolls zu Nr. 4 der EMRK) und durch zahlreiche Übereinkommen zum Schutz der Fremden wie bspw. durch das *Übereinkommen über die Rechtsstellung der Staatenlosen* von 1954, durch die *Genfer Flüchtlingskonvention* von 1951 (→ Kap. 7 Rn. 17) oder das *ILO-Übereinkommen zum Schutz von Wanderarbeitnehmern* von 1990 beschränkt.

Die Pflicht zur Ausweisung kann zwangsweise durchgesetzt werden **44** (Abschiebung; s. zB §§ 58 ff. AufenthG). Die Abschiebung ist regelmäßig unter Fristsetzung mit der Ausweisung anzudrohen. Eine Abschiebung darf nur erfolgen, wenn der abschiebende Staat menschenrechtliche Mindestanforderungen wahrt. So darf ein Fremder nicht in einen (Heimat-)Staat abgeschoben werden, in dem ihm aufgrund politischer oder privater Verfolgung Lebensgefahr droht.

Zum Zweck der Strafverfolgung oder Strafvollstreckung in einem **45** anderen Staat kann ein Fremder vom Gastland an einen anderen Staat überstellt werden (Auslieferung). Die Auslieferung ist das völkerrechtliche Mittel zur zwischenstaatlichen Rechtshilfe. Eine Pflicht zur Auslieferung eines Straftäters an einen anderen Staat gibt es nicht. Die Auslieferung erfolgt auf Ersuchen eines anderen Staates im Rahmen einer völkerrechtlichen Vereinbarung und basiert regelmäßig auf in Auslieferungsverträgen wurzelnden formellen und materiellen Voraussetzungen. Menschenrechtliche Anforderungen können der Auslieferung jedoch Grenzen setzen. So kann ein Auslieferungsersuchen abgelehnt werden, wenn dem zu Überstellenden im ersuchenden Staat unmenschliche oder erniedrigende Behandlungen drohen, zu denen auch die Verhängung der Todesstrafe gezählt wird.

Die Praxis zur Auslieferung eigener Staatsangehöriger an einen an- **46** deren Staat wird unterschiedlich gehandhabt. Für Deutschland gilt Art. 16 Abs. 2 S. 1 GG, wonach ein Deutscher grundsätzlich nicht an das Ausland ausgeliefert werden darf, wobei nach Satz 2 durch Gesetz eine abweichende Regelung für Auslieferungen an einen Mitgliedstaat der Europäischen Union oder an einen internationalen Gerichtshof getroffen werden kann, soweit rechtsstaatliche Grundsätze gewahrt sind. Gesetzliche Grundlage bildet das Europäische Haftbefehlgesetz (EuHbG), das in zweiter Version am 2.8.2006 in Kraft getreten ist, nachdem die erste Fassung des Artikelgesetzes vom BVerfG für verfassungswidrig erklärt wurde. Das Gesetz dient der Umsetzung des Rahmenbeschlusses des Rates über den Europäischen Haftbefehl und die Übergabeverfahren zwischen den Mitgliedstaaten und ändert in seinem Artikel 1 das Gesetz über die internationale Rechtshilfe in Strafsachen.

### 4. Asyl- und Flüchtlingsrecht

**47** Den Staaten steht es grundsätzlich frei, politisch Verfolgten auf dem eigenen Territorium Schutz zu gewähren (Asylrecht). Dies gilt grundsätzlich auch gegenüber sonstigen Flüchtlingen. Es besteht somit keine Pflicht zur Aufnahme von politisch Verfolgten oder sonstigen Flüchtlingen. Vielmehr steht die Gewährung der Einreise und des Aufenthalts im Staatsgebiet im Ermessen des ersuchten Staates. Das Asyl- und Flüchtlingsrecht statuiert bis heute keinen völkerrechtlichen Individualanspruch, sondern ist ein zwischenstaatliches Recht zur Schutzgewährung zwischen dem Heimatstaat und dem ersuchten Staat. Dies schließt nicht aus, dass die nationalen Rechtsordnungen ein subjektives Recht anerkennen wie dies bspw. im Asylrechtsartikel 16a Abs. 1 GG für politisch Verfolgte verankert ist.

**48** Ganz frei sind die Staaten bei der Ausgestaltung und Gewährung des Asyl- und Flüchtlingsrechts allerdings nicht. Vielmehr sind sie an völkerrechtliche Mindeststandards gebunden, wie sie insbesondere in der *Genfer Flüchtlingskonvention* von 1951 (→ Kap. 7 Rn. 17) enthalten sind. So darf nach Art. 33 Abs. 1 der Flüchtlingskonvention kein Vertragsstaat einen Flüchtling in einen Staat ausweisen oder zurückweisen, in dem sein Leben oder seine Freiheit wegen seiner Rasse, Religion, Staatsangehörigkeit, seiner Zugehörigkeit zu einer bestimmten sozialen Gruppe oder wegen seiner politischen Überzeugung bedroht sein würde. Dieser Grundsatz des sog. *Non-Refoulement* beinhaltet gleichzeitig eine Prüfungspflicht des Zufluchtstaates, der an der Ausweisung bzw. Zurückweisung so lange gehindert ist, bis das Gegenteil festgestellt ist. Der Grundsatz des *Non-Refoulement* hindert allerdings keine Abschiebung oder Zurückweisung in einen sog. sicheren Drittstaat, also einen Staat, von dem dem Schutzsuchenden keine Ausweisung in den Verfolgerstaat droht. Der Schutz vor Zurückweisung gilt gem. Art. 33 Abs. 2 der Konvention nicht für Personen, die als eine Gefahr für die nationale Sicherheit anzusehen sind oder eine Gefahr für die eigene Bevölkerung bedeuten, weil sie wegen eines Verbrechens oder eines besonders schweren Vergehens rechtskräftig verurteilt wurden. Der *Non-Refoulement*-Grundsatz, der lediglich einen Mindestschutz an Verfolgung gewährleistet, begründet weder ein Recht des Verfolgten auf dauerhafte Aufnahme noch ein individuelles Asylrecht. Ob jemand als verfolgt iSd Art. 1 A der *Genfer Flüchtlingskonvention* gilt, muss in einem **Anerkennungsverfahren** festgestellt werden. Bei Massenfluchtbewegungen wird in der Praxis bis zu einer Prüfung des Einzelfalls vorläufiger Schutz gewährt.

## Testfragen zum 4. Kapitel

1. Weshalb ist die Unterscheidung von territorialer Souveränität und Gebietshoheit von praktischer Relevanz?
2. Welches sind neben dem wichtigsten völkerrechtlichen Erwerbstitel der Zession die weiteren Möglichkeiten für einen Gebietserwerb?
3. Was versteht man unter einer Zession?
4. Was ist im Völkerrecht zur Bestimmung des Staatsvolkes das entscheidende Element?
5. Welches sind die Erwerbsgründe der Staatsangehörigkeit mit der Geburt?
6. Welches sind anerkannte Gründe für den Verlust der Staatsangehörigkeit?
7. Wonach kann die Staatszugehörigkeit juristischer Personen bemessen werden?
8. Welches sind die Voraussetzungen für die Ausübung diplomatischen Schutzes?

# Kapitel 5. Prinzipien internationaler Beziehungen

Damit die internationale Staatengemeinschaft existieren kann, be- **1** darf es eines Kernbestands an Regeln, die einerseits die Unabhängigkeit und Existenz der einzelnen Staaten, andererseits aber auch den Bestand der Staatengemeinschaft als Rechtsgemeinschaft sicherstellen. Diese in der UN-Charta niedergelegten Grundprinzipien sind in der *Friendly Relations Declaration* der UN-Generalversammlung von 1970 (GA Res. 2625 (XXV)) ausgeformt. Die Erklärung nennt sieben Grundprinzipien: das Gewaltverbot, das Gebot der friedlichen Streitbeilegung, das Interventionsverbot, das Gebot zur zwischenstaatlichen Zusammenarbeit, das Prinzip der Gleichberechtigung und der Selbstbestimmung der Völker, den Grundsatz der souveränen Gleichheit der Staaten und die Verpflichtung aller Staaten, die UN-Charta zu achten. Dieses Kapitel beschäftigt sich zunächst mit den Prinzipien der staatlichen Souveränität, dem Interventionsverbot, der Immunität, dem Selbstbestimmungsrecht der Völker sowie der völkerrechtlichen Verantwortlichkeit. Auf das Gewaltverbot und das Gebot der friedlichen Streitbeilegung wird in Kapitel 6 eingegangen.

## A. Souveränität und souveräne Gleichheit

**Literatur:** *Herdegen*, Völkerrecht, § 28, § 33; *Hobe*, Einführung in das Völkerrecht, S. 290 ff.; *Kempen/Hillgruber*, Völkerrecht, § 32; *Stein/von Buttlar*, Völkerrecht, Rn. 510 ff.

## I. Souveränität als völkerrechtlicher Begriff

Der Begriff der Souveränität, wie er heute verstanden wird, ist das Er- **2** gebnis einer langen historischen Entwicklung. In der frühen Neuzeit wurde unter Souveränität das Nicht-Unterworfensein des Fürsten unter eine höhere Instanz wie den Kaiser oder den Papst verstanden. Lange Zeit bedeutete staatliche Souveränität die grundsätzliche Unabhängigkeit von fremden Mächten, sog. äußere Souveränität, sowie die exklusive Herrschaftsgewalt über das eigene Staatsgebiet (Gebietshoheit) und die eigenen Staatsangehörigen (Personalhoheit), sog. innere Souveränität. Mit so verstandener unbeschränkter Souveränität war das Eingehen rechtlicher Bindungen durch vertragliche Verpflichtungen nicht vereinbar.

**3**     Die Einsicht, dass das freiwillige Eingehen von vertraglichen oder anderen Verpflichtungen jedoch gerade auch Ausdruck der Souveränität ist und staatliche Souveränität die Unterwerfung unter Völkervertrags- und -gewohnheitsrecht nicht ausschließt, hat sich erst Anfang des 20. Jahrhunderts in der Staatenwelt ihren Weg gebahnt. Danach berührt das Völkerrecht, dem jeder Staat unterworfen ist, die staatliche Souveränität nicht. Oder anders ausgedrückt: ein Staat wird als souverän angesehen, wenn er keiner anderen Bindung als der an das Völkerrecht unterliegt. Der souveräne Staat ist ordnungsrechtlich allein dem Völkerrecht unterworfen (sog. **Völkerrechtsunmittelbarkeit**). Grenze der Souveränität des Staates sind alleine die völkerrechtlichen Bindungen. Diese schützen wiederum die Souveränität des Staates, da sie auch der Hoheitsgewalt der anderen Staaten Grenzen setzen und sie zugunsten größtmöglicher Souveränität eines jeden Staates wechselseitig einschränken.

**4**     Mit zunehmender Globalisierung ist das Netz der völkerrechtlichen Verpflichtungen immer dichter geworden ist. Die Bindung der Staaten an eine sich dynamisch entwickelnde Völkerrechtsordnung mit weitreichenden Befugnissen zwischenstaatlicher Einrichtungen wie bspw. dem UN-Sicherheitsrat macht deutlich, dass der Souveränitätsbegriff ein sehr elastischer ist. Dies wird vor allem auch mit Blick auf den europäischen Integrationsprozess deutlich, der davon geprägt ist, dass die Mitgliedstaaten in immer größerem Umfang Hoheitsrechte auf die Europäische Union übertragen und elementare Kompetenzen aufgegeben haben. Gleichwohl haben die Mitgliedstaaten der Europäischen Union ihre staatliche Souveränität nicht aufgegeben. Die Staatenwelt erkennt sie weiterhin als souveräne Staaten an. Entscheidend für die Beantwortung der Frage, ob ein Staat noch souverän ist, kommt es somit darauf an, wie viele und welche Kompetenzbereiche noch der eigenen Regelungsgewalt überlassen sind und dass die Übertragung von Kompetenzen nicht fremdbestimmt erfolgt. Der Verlust der eigenen Souveränität tritt erst dann ein, wenn über wesentliche Kompetenzbereiche grundsätzlich keine eigene Sachherrschaft mehr besteht.

So musste Monaco sechs Jahre lang mit dem Europarat verhandeln, bevor es 2004 als 46. Mitgliedstaat aufgenommen wurde. Die Prüfung der Voraussetzungen für eine Mitgliedschaft war außergewöhnlich schwierig. Als erste Voraussetzung musste die staatliche Souveränität nachgewiesen werden. Diese war problematisch, weil nach einer französisch-monegassischen Konvention von 1930 die höheren Stellen im Staatsdienst und in der monegassischen Regierung, einschließlich des Ministerpräsidenten, durch französische Beamte zu besetzen waren. Erst nachdem die Befugnisse des Parlaments dergestalt ausgeweitet wurden, dass eine Überwachung der Regierung möglich wurde, die Deputierten das Recht auf Gesetzesinitiativen und zur Mitentscheidung über den Haushalt erhielten und die

Monegassen künftig bei der Besetzung von hohen Staatsämtern nicht mehr diskriminiert werden, wurde die Aufnahme in den Europarat vollzogen.

Vor dem Hintergrund der Elastizität des Souveränitätsbegriffs ließe **5** sich Souveränität folgendermaßen definieren:

> Ein Staat ist **souverän**, wenn die Ausübung seiner Staatsgewalt (Gebiets- und Personalhoheit) nicht fremdbestimmt ist und innerhalb der Völkergemeinschaft Achtungsanspruch besitzt.

## II. Souveräne Gleichheit der Staaten

Das Gebot der souveränen Gleichheit der Staaten stellt formal alle **6** Staaten gleich im Sinne gleicher Rechte und Pflichten. Die *Friendly Relations Declaration* (→ Rn. 1) führt zu diesem Grundsatz näher aus, dass alle Staaten die gleichen Rechte und Pflichten haben, unbeschadet wirtschaftlicher, sozialer, politischer oder sonstiger Unterschiede, und dass sich hieraus insbesondere folgende Einzelelemente ergeben: die Gleichheit im Recht, die volle Souveränität (*rights inherent in full sovereignty*), die Unverletzlichkeit der territorialen Integrität und politischen Unabhängigkeit, die Freiheit des politischen, sozialen, wirtschaftlichen und kulturellen Systems und die Pflicht zur Erfüllung der internationalen Verpflichtungen einschließlich des friedlichen Zusammenlebens der Staaten.

Seine prägnante Verankerung findet der völkergewohnheitsrechtlich **7** anerkannte Grundsatz der souveränen Gleichheit der Staaten in **Art. 2 Abs. 1 UN-Charta**:

> *„Die Organisation beruht auf dem Grundsatz der souveränen Gleichheit aller ihrer Mitglieder."*

Die formale Gleichheit findet insbesondere bei Regelungen über das Abstimmungsverhalten ihren konkreten Niederschlag. So bestimmt etwa Art. 18 Abs. 1 UN-Charta:

> *„Jedes Mitglied der Generalversammlung hat eine Stimme."*

Das Prinzip der souveränen Staatengleichheit darf freilich nicht dar- **8** über hinwegtäuschen, dass die Staaten faktisch eben doch nicht gleich sind, sondern tatsächlich ungleich sind aufgrund ihres politischen oder wirtschaftlichen Einflusses oder ihrer militärischen Macht. Und so finden sich in den Verträgen häufig Abweichungen vom Gleichheitsgrundsatz. Allerdings ist zu beachten, dass diese Regelungen auf Konsens beruhen und damit wiederum Ausdruck der staatlichen Souveränität sind – wenngleich die kleineren, weniger gewichtigen Staaten oftmals politisch keine andere Möglichkeit hatten, als den Differenzierungen zuzustimmen. So durchbricht Art. 23 Abs. 1 S. 2 UN-Charta das Prinzip der formalen Gleichheit, indem es den fünf ständigen Mitgliedern des UN-Sicherheitsrats ein Vetorecht einräumt; und anstelle einer Stimmengleichheit bestimmt Art. 18 Abs. 2 UN-Charta, dass Beschlüsse der Generalversammlung durchweg mit der Mehrheit der Stimmen gefasst werden. In wirtschaftlich ausgerichteten Organisationen wird das Prinzip der Stimmengleichheit häufig durch das Prinzip der **Stimmenwägung** verdrängt. Danach wird den Staaten je nach ihrer Bedeutung (die sich auch an der jeweiligen Einlage orientieren kann wie dies bspw. beim IWF der Fall ist) eine bestimmte Anzahl von Stimmen zugeteilt.

# B. Interventionsverbot

**Literatur:** *Herdegen*, Völkerrecht, § 35; *Hobe*, Einführung in das Völkerrecht, S. 290 ff.; *Kempen/Hillgruber*, Völkerrecht, § 32; *Stein/von Buttlar*, Völkerrecht, Rn. 631 ff.

**9** Das Prinzip der souveränen Gleichheit der Staaten ist Grundlage für das zwischenstaatliche Interventionsverbot, das neben seiner Verankerung in der UN-Charta zugleich völkergewohnheitsrechtlich anerkannt ist.

> Der **Grundsatz der Nichteinmischung** verbietet den Staaten jede Einflussnahme in die inneren und äußeren Angelegenheiten eines anderen Staates.

**10** Nach dem klassischen Verständnis, das sich bis zum Ende des Zweiten Weltkrieges behauptete, beschränkte sich das Interventionsverbot auf die Anwendung von Gewalt oder zumindest die Androhung militärischer Gewalt (**klassischer Interventionsbegriff**). Nur in diesem Fall galt eine Einmischung in die inneren Angelegenheiten eines Staates als völkerrechtswidrig und stellte zugleich einen Verstoß gegen das Gewaltverbot dar. Mit der Gründung der Vereinten Nationen erweiterte sich der Interventionsbegriff dahingehend, dass seitdem auch nicht militärische Maßnahmen als Eingriff in die inneren Angelegenheiten angesehen werden (**sog. erweiterter Interventionsbegriff**). Auch die *Friendly Relations Declaration* (→ Rn. 1) hält fest, dass vom sog. erweiterten Interventionsbegriff auch nicht-militärische Einmischungen in die inneren Angelegenheiten umfasst sind:

> *„No State or group of States has the right to intervene, directly or indirectly, for any reason whatever, in the internal or external af-*

*fairs of any other State. Consequently, armed intervention and all
other forms of interference or attempted threats against the per-
sonality of the State or against its political, economic and cultural elements, are in violation of international law."*

Obwohl die grundsätzliche Geltung des Nichteinmischungsgrund- **11**
satzes heute unbestritten ist, bereitet die inhaltliche Konkretisierung
nach wie vor Schwierigkeiten. Dies gilt zum einen für die Bestimmung
des Bereichs der inneren Angelegenheiten wie auch für die Abgrenzung der verbotenen Formen der Einflussnahme von der Ausübung
legitimen Drucks auf einen anderen Staat.

Als **Bereich der inneren Angelegenheiten** (*domaine réservé*) wird **12**
der Bereich definiert, der noch nicht Gegenstand völkerrechtlicher
Regelungen ist. Dazu zählt nach heute allgemeiner Auffassung (nur
noch) die Ausgestaltung der Verfassungs- und Wirtschaftsordnung.
Alle anderen Bereiche sind aufgrund vertraglicher Verpflichtungen der
Staaten zwischenzeitlich einer vollständigen autonomen Ausgestaltung
entzogen. Dies gilt beispielsweise für die früher noch zur *domaine
réservé* zählenden Bereiche des Ausländer- und Asylrechts, die heute
jedenfalls in der Europäischen Union weitgehend vereinheitlicht sind.
Auch der Bereich des Menschenrechtsschutzes ist zwischenzeitlich den
inneren Angelegenheiten entzogen. Dies gilt für die Mitgliedstaaten
der OSZE, weil sie sich untereinander zur Beachtung der elementaren
Menschenrechte verpflichtet haben. Aber auch für alle anderen Staaten
gilt nach mittlerweile vorherrschender Auffassung, dass die fundamen-
talen Menschenrechte zu den sog. *erga omnes*-Verpflichtungen gegenüber der gesamten Staatengemeinschaft gehören; dies schließt die
Berufung auf die *domaine réservé* grundsätzlich ebenfalls aus.

Die Problematik der Bestimmung des Anwendungsbereichs des In- **13**
terventionsverbots liegt darin begründet, dass es sich bei den inneren
Angelegenheiten nicht um einen statischen, sondern mit fortschreiten-
der Entwicklung der völkerrechtlichen Beziehungen und völkerrechtlichen Verpflichtungen immer enger werdenden Bereich handelt. So
befand der Ständige Internationale Gerichtshof (StIGH) schon im Jahr
1923 (PCIJ Series B, Nr. 4 (1923), 24) in einem Gutachten über den
Bereich der inneren Angelegenheiten:

*„The question whether a certain matter is or is not solely within
the jurisdiction of a State is an essentially relative question; it
depends upon the development of international relations."*

Als **unzulässige Interventionsmittel** gelten unstreitig der rechts- **14**
widrige Einsatz oder die Androhung militärischer Gewalt. Abgesehen
von dieser unproblematisch einzuordnenden Eingriffsform ist jedoch

umstritten, welche anderen Maßnahmen ebenfalls als unzulässige Formen der Einmischung gelten. Im *Nicaragua*-Fall (ICJ Reports 1986, 14 (108)) hat der IGH deutlich gemacht hat, dass hierfür **Zwang** (*methods of coercion*) oder die Androhung von Zwang notwendig ist:

> „*Intervention ist wrongful when it uses methods of coercion in regard to such choices which must remain free ones.*"

Dieser Zwang geht über die noch als legitim tolerierten politisch-diplomatischen und wirtschaftlichen Druckmittel hinaus. Da es bislang an allgemein gültigen, generell akzeptierten Abgrenzungskriterien fehlt, bleibt im streitigen Einzelfall nur der Rückgriff auf Fallgruppen aus der Staatenpraxis.

**15**    Eine ebenfalls vom IGH in seinem *Nicaragua*-Fall erwähnte Fallgruppe ist die **Unterstützung von Aufständischen**, wenn sie nicht rein humanitäre Zwecke verfolgt. So verstoßen vor allem die finanzielle oder logistische Unterstützung von Guerilla-Kämpfern oder Terroristen sowie ihre Belieferung mit Waffen gegen das Interventionsverbot.

**16**    Auch die sog. **subversive Intervention** ist als unzulässige Eingriffsform anerkannt. Unter subversiver Intervention ist die im Verborgenen betriebene, regelmäßig auf den Umsturz der staatlichen Ordnung in einem fremden Staat gerichtete Eingriffsform zu verstehen. So sind als völkerrechtswidrige Eingriffsformen etwa Rundfunk- oder Fernsehaufrufe zu qualifizieren, die vom eigenen Staatsgebiet aus gesendet und mit denen die Bevölkerung im fremden Staat zur Veränderung der Herrschaftsverhältnisse ermuntert wird. Die Einmischung muss hierbei jedoch über das hinausgehen, was als lediglich zulässige sachliche Kritik an den politischen Verhältnissen einzuordnen ist. Entscheidend wird es darauf ankommen, ob die Einmischung planmäßig erfolgt und zumindest in Kauf nimmt, dass es zu einem gewaltsamen Umsturz kommt.

**17**    Als weitere Fallgruppe gilt die **vorzeitige Anerkennung von Staaten** (→ Kap. 2 Rn. 26). War der angeblich neue Staat noch Bestandteil eines anderen Staates, stellt die verfrühte Anerkennung gegenüber dem noch bestehenden Gesamtstaat eine verbotene Intervention dar. Die Frage, ob sich in dem angeblich neuen Staat bereits eine effektive Staatsgewalt herausgebildet hat, ist in der Praxis naturgemäß umstritten. So herrscht nach wie vor Dissens darüber, ob die Anerkennung der Republik Kosovo völkerrechtswidrig war – gerade vor dem Hintergrund, dass die Verwaltung noch immer unter der Interimsverwaltungsmission der Vereinten Nationen steht (UNMIK), bestehen Zweifel an einer effektiven Staatsgewalt. Kritisiert wird auch die im Jahr 2008 erfolgte Anerkennung der von Georgien abtrünnigen Provinzen Abchasien und Südossetien u.a. durch Russland. Ein Verstoß gegen das Gebot der Nichteinmischung stellt auch die Anerkennung und Eingliederung der Krim im März 2014 durch Russland dar.

Ob auch **wirtschaftliche Zwangsmittel** wie das Einfrieren von **18** Konten, die Sperrung von Krediten oder die Verhängung von Embargos eine weitere Fallgruppe darstellen, ist äußerst umstritten. Hier wird es auf die Gestaltung des Einzelfalls ankommen und darauf, ob die wirtschaftliche Druckausübung so extrem ist, dass sie den Staat in der Ausübung seiner Souveränität behindert. Denn der Einsatz wirtschaftspolitischer Maßnahmen zwecks Ausübung von Druck stellt, wenn er nicht die Ausübung der Souveränität gezielt einschränkt, ein durchaus legitimes Mittel der Außenpolitik der Staaten dar. Bezeichnenderweise beurteilen Entwicklungsländer wirtschaftliche Zwangsmittel regelmäßig als völkerrechtswidrige Intervention.

Das in **Art. 2 Nr. 7 UN-Charta** statuierte Nichteinmischungsgebot **19** richtet sich, anders als das zwischenstaatliche Interventionsverbot, unmittelbar an die Vereinten Nationen und gilt im **Verhältnis der Vereinten Nationen zu den Mitgliedstaaten**. Nach dem dort geregelten Grundsatz dürfen sich die Vereinten Nationen nicht in Angelegenheiten einmischen, „die ihrem Wesen nach zur inneren Zuständigkeit eines Staates gehören". Hier ist wiederum zu berücksichtigen, dass diese *domaine réservé* zunehmend eingeengt ist. Gerade im Bereich der Menschenrechtsverletzungen gingen die UN-Organe schon früh dazu über, Kompetenzen für sich in Anspruch zu nehmen und damit gleichzeitig zu signalisieren, dass dieser Bereich nicht unter den interventionsfreien Bereich der inneren Staatsangelegenheiten nach Art. 2 Nr. 7 UN-Charta fällt.

**20**

Nach modernem Verständnis ließe sich eine **Intervention** definieren als jede Zwangmaßnahme wirtschaftlicher, politischer oder sonstiger Art.

Zur amerikanischen Militäroperation gegen *Osama Bin Ladin*: Wenn der **21** amerikanische Einsatz in der pakistanischen Garnisonsstadt Abbottabad Anfang Mai 2011, bei dem *Osama Bin Ladin* getötet wurde, tatsächlich ohne Wissen Pakistans durchgeführt wurde, stellt er eine völkerrechtswidrige Intervention dar. In diesem Fall hat Amerika mit militärischer Gewalt, also in unstreitig unzulässiger Weise, die Souveränitätsrechte Pakistans verletzt. Die pakistanische Regierung hat behauptet, erst durch den Absturz einer der amerikanischen Hubschrauber auf dem Gelände des Zufluchtsorts von *Osama Bin Ladin* von der militärischen Operation erfahren zu haben.

# C. Staatenimmunität

**Literatur:** *Herdegen*, Völkerrecht, § 37; *Hobe*, Einführung in das Völkerrecht, S. 296 ff.; *Kempen/Hillgruber*, Völkerrecht, § 32; *Stein/von Buttlar*, Völkerrecht, Rn. 714 ff.

**22**    Im Zusammenhang mit der Souveränität der Staaten steht die zum Völkergewohnheitsrecht gehörende völkerrechtliche Staatenimmunität. Die Staatenimmunität schützt einen Staat vor Gerichtsprozessen in einem anderen Staat. Nach dem Grundsatz, dass Gleiche über Gleiche keine Hoheitsgewalt haben (*par in parem non habet imperium*) und ein Gleicher nicht über einen anderen Gleichen zu Gericht sitzen darf (*par in parem non habet iudicum*), darf kein Staat ohne seine Zustimmung der Gerichtsbarkeit eines anderen Staates unterworfen werden. Die Staatenpraxis hat sich zwischenzeitlich von der bis in das 20. Jahrhundert hinein herrschenden unbegrenzten bzw. absoluten Staatenimmunität gelöst und sich zur eingeschränkten bzw. relativen Immunität gewandelt. Unterschieden wird dabei, ob es sich um hoheitliche Handlungen eines Staates oder um nicht-hoheitliche Akte handelt (funktionale Beschränkung der Immunität). Im ersteren Fall wird heute vom Ausschluss einer Klagemöglichkeit ausgegangen. Bei nicht-hoheitlichen, geschäftlichen Akten hingegen ist eine Klage gegen einen fremden Staat nicht mehr ausgeschlossen. Von der Staatenimmunität zu unterscheiden ist die Unterwerfung unter die internationale Gerichtsbarkeit. Soweit die streitenden Parteien eine internationale Gerichtsbarkeit (vertraglich) anerkannt haben, ist die Zuständigkeit des internationalen Gerichts für den betreffenden Rechtsstreit gegeben.

## I. Immunität im Erkenntnisverfahren

**23**    Die Staatenimmunität im Erkenntnisverfahren, dem eigentlichen Gerichtsverfahren, hängt davon ab, ob es sich um einen staatlichen Hoheitsakt oder um einen sonstigen, nicht-hoheitlichen Akt handelt. Nur bei hoheitlichen Akten greift die Staatenimmunität, dh ein Staat kann in diesem Fall nicht in einem anderen Staat verklagt werden, es sei denn, er hat sich freiwillig der fremden Gerichtsbarkeit unterworfen. Die Abgrenzung zwischen staatlichen Akten, die hoheitlicher Natur sind, und solchen, die als geschäftliche Akte gelten, ist nicht immer einfach zu treffen. Entscheidend kommt es auf die **objektive Natur des staatlichen Handelns** an: Hätte die Handlung auch von einer Privatperson vorgenommen werden können, liegt geschäftliches Handeln vor. Bedient sich der Staat hingegen einseitig-hoheitlicher Regelungsgewalt, liegt hoheitliches Handeln vor. Die objektive Bestimmung der Natur des Handelns des ausländischen Staates obliegt dabei grundsätzlich den Gerichten des jeweiligen Staates und erfolgt nach dessen nationalem Recht. Sofern die Gerichte ohne ausreichende Begründung geschäftliches Handeln annehmen und den ausländischen Staat zu Unrecht verurteilen, liegt eine Verletzung der Staatenimmunität vor. Den Auftrag zur Reparatur an der Heizungsanlage einer Botschaft hat das BVerfG als geschäftliches Handeln eingestuft (BVerfGE 16, 27 (61 ff.)). Umstritten ist die Bewertung von Arbeitsverhältnissen mit hoheitlichem Einschlag wie bspw. die Arbeitsverhältnisse in einer diplomatischen oder konsularischen Vertretung. Während der EGMR im Fall einer Klage gegen die Entlassung aus einem Arbeitsverhältnis mit der amerikanischen Botschaft in Großbritannien auf die Immunität der USA abstellte (Fall *Fogarty gegen das Vereinigte Königreich* aus 2001), sind solche Arbeitsverhältnisse nach Auffassung anderer Gerichte wie bspw. des Brüsseler Arbeitsgerichts nicht-hoheitlicher und damit privatrechtlicher Natur.

Verstößt ein Staat gegen zwingende Normen des Völkerrechts und **24** begeht etwa eine schwerwiegende Menschenrechtsverletzung, ist fraglich, ob auch in diesem Fall für hoheitliches staatliches Handeln der Immunitätsschutz greift. Die herrschende Völkerrechtslehre bejaht noch die Staatenimmunität, wenngleich sich eine Entwicklung abzeichnet, Durchbrechungen des absoluten Immunitätsschutzes in Ausnahmefällen anzuerkennen.

Im Fall *Al-Adsani gegen Vereinigtes Königreich* (EGMR EuGRZ 2002, 403) machte der Kläger zunächst vor englischen Gerichten geltend, von kuwaitischen Sicherheitskräften gefoltert worden zu sein. Seine Klage gegen Kuwait blieb im Vereinigten Königreich unter Hinweis auf die Staatenimmunität Kuwaits erfolglos. Das Urteil wurde vom EGMR im Rahmen des vom Kläger angestrengten Individualbeschwerdeverfahrens gegen das Vereinigte Königreich bestätigt.

Eine Ausnahme von der Staatenimmunität nahmen griechische Gerichte bei schweren Verstößen gegen das Kriegsvölkerrecht durch das Deutsche Reich im Zweiten Weltkrieg an. Die Bundesrepublik Deutschland wurde zu Schadensersatzansprüchen in zweistelliger Millionenhöhe wegen Massakern im griechischen Dorf Distomo, begangen durch eine SS-Einheit im Jahr 1944, verurteilt. Der *Distomo*-Fall ist wegen Verletzung der Staatenimmunität in der Völkerrechtslehre und durch den Bundesgerichtshof erheblich kritisiert worden. Im Jahr 2002 wurde die *Distomo*-Entscheidung durch das oberste Sondergericht Griechenlands revidiert und auch der EGMR wies eine Immunitätsausnahme zurück (EGMR NJW 2004, 273)

Im Februar.2012 erklärte der IGH, dass eine Durchbrechung der Staatenimmunität bei schweren Menschenrechtsverletzungen oder Verstößen gegen das humanitäre Völkerrecht nach wie vor nicht gewohnheitsrechtlich etabliert sei und erklärte Verurteilungen Deutschlands wegen Kriegsverbrechen an italienischen Zwangsarbeitern für völkerrechtswidrig (ICJ Reports 2012, 99 – Deutschland/Italien).

**25**    Durch eine Änderung des *US-Foreign Sovereign Immunities Act* hat der amerikanische Kongress die Möglichkeit geschaffen, dass sich ausländische Staaten bei „terroristischen Akten" nicht auf Staatenimmunität berufen können sollen. Damit können Terrorakte auch im hoheitlichen Bereich vor amerikanischen Gerichten zur Anklage gebracht werden.

## II. Immunität im Vollstreckungsverfahren

**26**    Für den Fall, dass ein fremder Staat von einer anderen nationalen Gerichtsbarkeit verurteilt wurde und das Urteil zwangsweise durchgesetzt werden soll, stellt sich die Frage, inwieweit sich der verurteilte Staat auf Immunität berufen und eine Vollstreckung abwenden kann. Als Grundsatz gilt, dass die Zulässigkeit der Vollstreckung von der **Zweckbestimmung des Vollstreckungsgegenstandes** abhängt. Eine Vollstreckung darf nur in solche Güter und Gegenstände erfolgen, die eine nicht-hoheitliche, kommerzielle Zweckbestimmung aufweisen (s. auch Art. 19 lit. c der noch nicht in Kraft getretenen UN-Konvention über Staatenimmunität). Bankkonten, die zur Bezahlung von Botschaftsverpflichtungen und damit hoheitlichen Zwecken dienen, sind somit von der Vollstreckung ebenso ausgeschlossen wie Vermögensgegenstände, die für die Funktionsfähigkeit einer Botschaft notwendig sind.

Im oben angesprochenen *Distomo*-Fall (Rn. 24) versuchte Griechenland, aus dem auf Schadensersatz lautenden Urteil gegen die Bundesrepublik Deutschland in Liegenschaften der Bundesrepublik Deutschland, die vom Deutschen Archäologischen Institut in Athen sowie vom dortigen Goethe-Institut genutzt wurden, zu vollstrecken. Da jedoch das staatliche Angebot und die Repräsentanz von Kultur und Wissenschaft im Ausland dem Bereich der auswärtigen Gewalt zuzuordnen ist, stellte der Vollstreckungsversuch Griechenlands eine Verletzung der Vollstreckungsimmunität dar.

Aus dem gleichen Grund ordnete im Dezember 2012 der ISGH die Freigabe des Segelschulschiffs der argentinischen Marine an, das auf Antrag privater Gläubiger im Hafen von Tema (Ghana) festgesetzt worden war (Anordnung v. 15.12.2012, Case No. 20).

Im oben erwähnten Urteil Deutschland/Italien (→ Rn. 24) untersagte der IGH eine Zwangsvollstreckung in die *Villa Vigoni* am Comer See, da sie als ein – auf Grundlage eines bilateralen Notenwechsels – staatlich betriebenes Kulturzentrum eindeutig Regierungszwecken nicht-kommerziellen Charakters diente (ICJ Reports 2012, 99).

### III. Immunität von Staatsoberhäuptern

Um ihr Amt ungehindert ausüben zu können, genießen Staatsober- **27** häupter im Ausland **während ihrer Amtszeit absolute Immunität**. Dieser Schutz, der Ausfluss der Staatenimmunität ist, gilt gleichermaßen für amtliche wie privatrechtliche Handlungen. Der Schutz umfasst auch die Familie des Staatsoberhaupts.

Mit der Frage der Immunität des damaligen amtierenden Staatsoberhaupts der DDR (Vorsitzender des Staatsrates), Erich Honecker, hatte sich der BGH im Jahr 1984 zu befassen, nachdem gegen den Staatsratsvorsitzenden anlässlich seines Besuchs in der Bundesrepublik Deutschland Strafanzeige wegen der Tötungen an der innerdeutschen Grenze erstattet worden war. Der BGH (BGHSt 33, 97 (98)) bejahte die Immunität des Staatsratsvorsitzenden und lehnte eine Verfahrenseröffnung ab.

Mit der Wiedervereinigung stellte sich die Frage, ob die Immunität mit dem Untergang der DDR endete. Im sog. Mauerschützenprozess entschied des BVerfG (BVerfGE 95, 96 (129)), dass eine Immunität die Existenz des Staates, dem der Immunitätsträger angehört, nicht überdauert. Mit dem Verlust der Völkerrechtssubjektivität durch die Wiedervereinigung endete die Immunität der DDR mit der Folge, dass eine strafrechtliche Verfolgung der Organe des untergegangenen Staates wegen hoheitlichen Handelns möglich ist.

Ist das Staatsoberhaupt nicht mehr im Amt, endet die Immunität für **28** privatrechtliches Handeln, und das ehemalige Staatsoberhaupt kann (nachträglich) gerichtlich belangt werden. Allenfalls für solche Handlungen, die es in Ausübung der offiziellen Funktion als Staatsoberhaupt vorgenommen hat, kann es noch Immunität (sog. funktionelle Immunität) beanspruchen, wobei die Einzelheiten umstritten sind

Für den Fall, dass während der Amtszeit Verbrechen gegen die **29** Menschlichkeit oder Kriegsverbrechen begangen wurden, soll nach einer im Vordringen befindlichen Auffassung nach Niederlegung des Amtes der Immunitätsschutz auch für Amtshandlungen entfallen. Prägend für diese Tendenz ist die Entscheidung des British House of Lords (ILM 38 (1999), 581) über ein spanisches Auslieferungsersuchen betreffend den ehemaligen chilenischen Militärdiktator *Augusto Pinochet*. Das House of Lords gab dem Auslieferungsersuchen Spaniens statt und erkannte damit die Immunität *Pinochets* ab. Seine Entscheidung gründete das englische Oberhaus u.a. darauf, dass die staatlich angeordnete Folter keine von der Staatenimmunität erfasste hoheitliche Maßnahme darstelle.

Ob im Fall **schwerster Verbrechen** auch noch amtierenden Amts- **30** inhabern der Immunitätsschutz abgesprochen werden kann, ist streitig. Die Praxis geht zur Zeit noch davon aus, dass amtierende Staatsoberhäupter wegen Völkerrechtsverbrechen nicht vor fremden nationalen

Gerichten angeklagt werden können. Anders wäre dies freilich dann zu beurteilen, wenn der vom Staatsoberhaupt repräsentierte Staat dessen Immunität aufheben würde.

**31**     Der Immunitätsschutz, den amtierende Staatsoberhäupter gegenüber ausländischer Strafverfolgung genießen, schließt die Verfolgung schwerster Verbrechen durch internationale Gerichte nicht aus. Die Immunität vor fremder Staatsgewalt berührt die Möglichkeit internationaler Gerichte nicht, auch amtierenden Staatschefs wegen besonders schwerwiegender Verbrechen den Prozess zu machen.

Knapp drei Monate nach dem Ausbruch der Unruhen in Libyen hatte der Chefankläger des Internationalen Strafgerichtshofs (IStGH) Mitte Mai 2011 einen internationalen Haftbefehl gegen den libyschen Machthaber *Gaddafi* beantragt. Ihm wurden Verbrechen gegen die Menschlichkeit, darunter Morde, Folter und die Verfolgung unschuldiger Menschen vorgeworfen. Der UN-Sicherheitsrat hatte dem IStGH das Mandat für Ermittlungen im Libyen-Konflikt am 26.2.2011 erteilt.

## IV. Act of State-Doktrin

**32**     Die *Act of State*-Doktrin wird insbesondere in den USA praktiziert und ist von der Immunität, die ein nationales Gerichtsverfahren gegen einen fremden Staat verbietet, zu unterscheiden. Nach der *Act of State*-Doktrin können ausländische Hoheitsakte grundsätzlich nicht auf ihre Rechtmäßigkeit hin überprüft werden, sondern sind als wirksam hinzunehmen. Diese vorwiegend im anglo-amerikanischen Raum anzutreffende Doktrin ist – anders als die Staatenimmunität – nicht völkergewohnheitsrechtlicher Natur. Die grundsätzliche Anerkennung und Wirksamkeit fremder Hoheitsakte auf dem eigenen Territorium wird daher auch von vielen Staaten abgelehnt.

## D. Diplomaten- und Konsularrecht

Literatur: *Herdegen*, Völkerrecht, § 38; *Hobe*, Einführung in das Völkerrecht, S. 355 ff.; *Kempen/Hillgruber*, Völkerrecht, § 33; *Stein/von Buttlar*, Völkerrecht, Rn. 730 ff.

**33**     Während die Staatenimmunität den Staat selbst schützt, dient die Immunität der Diplomaten und Konsuln den friedlichen Beziehungen zwischen den Staaten. Sie sichert die Funktions- und Arbeitsfähigkeit der diplomatischen und konsularischen Missionen. Im Vergleich zur diplomatischen Immunität und zu den sonstigen Privilegien sind die Immunitäts- und sonstigen Vorrechte von Konsuln weniger weitreichend.

## I. Diplomatische Beziehungen

Die ständige Vertretung eines Staates im Ausland wird von den dip- **34** lomatischen Missionen wahrgenommen. Das Recht der diplomatischen Beziehungen war bis zum *Wiener Übereinkommen über die diplomatischen Beziehungen* vom 18.4.1963 (WÜD) völkergewohnheitsrechtlich geregelt. Der letzte Absatz der Präambel stellt klar, dass das Gewohnheitsrecht auch weiterhin für alle Fragen gilt, die nicht ausdrücklich im WÜD geregelt sind.

Nach Art. 3 Abs. 1 WÜD gehört es zu den Aufgaben einer diploma- **35** tischen Mission, den Entsendestaat im Empfangsstaat zu vertreten, die Interessen des Entsendestaates und seiner Angehörigen dort innerhalb der völkerrechtlich zulässigen Grenzen zu schützen, mit der Regierung des Empfangsstaates zu verhandeln, sich mit allen rechtmäßigen Mitteln über Verhältnisse im Empfangsstaat zu unterrichten und darüber dem Entsendestaat zu berichten sowie die freundschaftlichen Beziehungen zwischen Entsendestaat und Empfangsstaat zu fördern und ihre wirtschaftlichen, kulturellen und wissenschaftlichen Beziehungen auszubauen. Wenngleich im Zeitalter moderner Technik und schneller Transportmöglichkeiten die Regierungen der Staaten heute schnell und unmittelbar miteinander Kontakt aufnehmen und sich informieren können, nehmen die diplomatischen Missionen nach wie vor wichtige Aufgaben wahr und dies in einem Aufgabenbereich, der aufgrund der Intensivierung der zwischenstaatlichen Beziehungen in den vergangenen Jahren immer umfangreicher geworden ist. So sind es oftmals die informellen Kontakte auf Diplomatenebene, die dafür sorgen, dass politische Spannungen schnell wieder abgebaut werden können oder dass die in internationalen Konferenzen erzielten Ergebnisse tatsächlich nutzbar gemacht werden.

Nicht allen Mitgliedern einer diplomatischen Mission kommt dip- **36** lomatischer Status zu. Diesen genießen zunächst die **Missionschefs**, die in drei Klassen eingeteilt sind (Art. 14 WÜD): in die Klasse der Botschafter (bzw. Nuntien als Vertreter des Heiligen Stuhls), in die Klasse der Gesandten, Minister und Internuntien sowie in die Klasse der Geschäftsträger. Diplomatischen Status besitzen auch noch weitere Mitglieder des Personals der Mission (Art. 1 WÜD) wie u.a. die Militär-, Kultur- oder Handelsattachés. Die Mitglieder des diplomatischen Personals der Mission und der Missionschef werden als **Diplomaten** bezeichnet. Nicht zum diplomatischen Personal zählt das Verwaltungs- und Hauspersonal der Mission.

Da kein Staat hoheitliche Tätigkeiten eines anderen Staates auf sei- **37** nem Staatsgebiet dulden muss, bedarf es der Zustimmung des Empfangsstaates zur Errichtung einer diplomatischen Mission (Art. 2

WÜD). Auch wenn grundsätzlich das Personal der Mission vom Entsendestaat frei bestimmt werden darf, gelten aufgrund der herausgehobenen Stellung der Diplomaten bestimmte Einschränkungen. So darf der Missionschef nur dann vom Entsendestaat ernannt werden, wenn der Empfangsstaat seine Zustimmung (sog. *agrément*) erteilt hat, die er allerdings auch ohne Angabe von Gründen verweigern darf (Art. 4 WÜD). Für die übrigen Mitglieder der Mission gelten die Einschränkungen der Art. 7–9 und 11 WÜD.

**38**    Anders als die Aufnahme diplomatischer Beziehungen, die nur im Einvernehmen der beteiligten Staaten möglich ist (Art. 2 WÜD), kann die Beendigung jederzeit durch einseitige Willenserklärung des Entsendestaates erfolgen (was regelmäßig auch den Abbruch der diplomatischen Beziehungen durch den Empfangsstaat zur Folge hat). Weniger einschneidend als der vollständige Abbruch der diplomatischen Beziehungen ist der Rückruf des Botschafters in die Heimat zwecks Konsultationen oder eine Reduzierung des Botschaftspersonals. Die Tätigkeit eines Diplomaten kann der Entsendestaat nach freiem Ermessen durch Abberufung für beendet erklären (Art. 43 WÜD). Die dienstliche Tätigkeit eines Diplomaten kann darüber hinaus aber auch noch dadurch beendet werden, dass der Empfangsstaat den Diplomaten zur *persona non grata* erklärt (Art. 9, 43 WÜD). Dies kann ohne Begründung geschehen und verpflichtet den Entsendestaat, seinen Diplomaten abzuberufen.

Ein Beispiel für die Bandbreite diplomatischer Reaktionsformen sind die Ereignisse um die britische Botschaft in Teheran Ende November 2011. Nachdem regierungstreue iranische Demonstranten das Gebäude gestürmt und Büros vernichtet hatten, zog die britische Regierung ihr gesamtes Botschaftspersonal aus Teheran ab und forderte die Mitarbeiter der iranischen Botschaft in London auf, binnen 48 Stunden das Land zu verlassen. Beide Länder brachen die diplomatischen Beziehungen ab. Deutschland reagierte auf die Ereignisse in Teheran durch Einbestellung des iranischen Botschafters und vorübergehende Zurückbeordung des eigenen Botschafters zu Konsultationen. Aus Sicherheitsgründen schloss auch Norwegen seine Botschaft in Teheran. Erst im August 2015 wurde die britische Botschaft in Irans Hauptstadt wieder eröffnet.

**39**    Damit die Diplomaten ihre Aufgaben ungestört und unbeeinflusst wahrnehmen können, haben sich **Vorrechte und Immunitäten** herausgebildet. Nicht nur die Räumlichkeiten der Mission selber, die – anders als vielfach angenommen – nicht etwa eine Exklave des Entsendestaates sind, sondern vielmehr zum Staatsgebiet des Empfangsstaates gehören, sind unverletzlich (Art. 22 WÜD), dürfen nur mit Zustimmung des Missionschefs betreten werden und sind vom Empfangsstaat in geeigneter Weise zu schützen. Auch die Person des Diplomaten selbst ist unverletzlich (Art. 29 WÜD). Der Empfangsstaat darf den Diplomaten weder festnehmen noch inhaftieren und hat alle geeigneten Maßnahmen zu ergreifen, um Angriffe auf seine Person, seine Freiheit oder seine Würde zu verhindern. Über diese und weitere im WÜD verankerten Vorrechte hinaus (wie zB die Befreiung von Steuern und Abgaben im Empfangsstaat) genießen Diplomaten Immunität gegenüber der Gerichtsbarkeit des Empfangsstaates. Der Diplomat ist vollständig von der Strafgerichtsbarkeit befreit, was bereits die Einleitung eines Strafverfahrens ausschließt. Die Immunität von der Zivil- und Verwaltungsgerichtsbarkeit gilt hingegen nur eingeschränkt (Art. 31 Abs. 1 WÜD). Auch die Familienmitglieder des Diplomaten, die in dessen Haushalt leben und nicht Staatsangehörige des Empfangsstaates sind, genießen dieselben Immunitäten und Vorrechte wie der Diplomat (Art. 37 WÜD). Die Immunität für amtliche Handlungen des Diplomaten bleibt auch noch nach Beendigung der dienstlichen Tätigkeit im Empfangsstaat bestehen, während die Immunität für nicht-dienstliche Tätigkeiten normalerweise mit der Ausreise oder mit Ablauf einer vom Empfangsstaat gewährten angemessenen Frist endet (Art. 39 Abs. 2 WÜD).

**40** Die sogar über die Beendigung der dienstlichen Stellung hinaus bestehende Immunität für Handlungen, die, wie es Art. 39 Abs. 2 S. 2 WÜD formuliert, „in Ausübung der dienstlichen Tätigkeit als Mitglied der Mission" vorgenommen wurden, gilt nur im Empfangsstaat, dh anderen Staaten ist die Einleitung eines gerichtlichen Verfahrens durchaus möglich. So hat das BVerfG entschieden (BVerfGE 96, 68), dass die Bundesrepublik Deutschland nicht verpflichtet war, die fortwirkende Immunität eines ehemaligen libyschen Botschafters in der DDR vor Strafverfolgung zu beachten; die Bundesrepublik Deutschland hätte schon vor der Wiedervereinigung die Strafverfolgung betreiben können, da sie als Drittstaat an den fortwirkenden Immunitätsschutz nicht gebunden war, woran sich mit dem Untergang der DDR nichts geändert hat.

Soll im Empfangsstaat selbst ein Verfahren gegen einen Diplomaten eingeleitet werden können, bedarf es nach Art. 32 WÜD eines ausdrücklichen Verzichts des Entsendestaates auf die Immunität. Auch bei schwerwiegenden Straftaten wie etwa der Förderung terroristischer Anschläge oder bei massiven Menschenrechtsverletzungen wird – jedenfalls noch zur Zeit – keine Ausnahme von der diplomatischen Immunität gemacht (wenngleich es dem Charakter des *ius cogens* entspräche, gewisse Einschränkungen zuzulassen, wenn unter dem Schutz diplomatischer Vorrechte und Immunitäten zwingendes Völkerrecht verletzt wird). Unberührt von der diplomatischen Immunität, die mit Ausnahme für die Durchreise von Diplomaten (Art. 40 WÜD) allein im Empfangsstaat wirkt, bleibt die grundsätzliche Möglichkeit der Strafverfolgung von Diplomaten durch internationale Gerichte. So können die internationalen Straftribunale auch gegen Diplomaten internationale Haftbefehle wegen Kriegsverbrechen erlassen.

**41**    Im Fall eines offensichtlichen Missbrauchs von diplomatischen Vorrechten soll sich der Empfangsstaat – als gewisse Durchbrechung des Immunitätsschutzes – jedoch **präventiver Maßnahmen** bedienen können, um Gefahren für die öffentliche Sicherheit abzuwehren. Soweit es die Notwehr und der unmittelbare Schutz der Staatsbürger gebieten, sollen dem Empfangsstaat Maßnahmen primär präventiven Charakters gegenüber dem Diplomaten wie bspw. eine vorübergehende Festnahme zwecks Verhinderung der Begehung einer Straftat möglich sein. Dies ist jedoch ebenso heftig umstritten wie die Zulässigkeit des Betretens des Botschaftsgebäudes ohne Einwilligung des Botschafters zwecks Rettungsmaßnahmen wie bspw. im Brandfall zur Rettung des Personals (wenngleich hier regelmäßig von vermuteter Einwilligung zur Rettung menschlichen Lebens ausgegangen werden dürfte).

## II. Spezialmissionen

**42**    Eine Spezialmission ist eine einen Staat vertretende zeitweilige Mission, die vom Entsendestaat mit Zustimmung des Empfangsstaates in diesen entsandt wird, um mit ihm über besondere Fragen zu verhandeln oder dort eine bestimmte Aufgabe zu erfüllen. Solche zeitlich befristeten Entsendungen von Staatsvertretern zur Erfüllung spezieller Aufgaben werden auch als *ad hoc*-Missionen bezeichnet – die Entsandten entsprechend als *ad hoc*-Botschafter oder Sonderbotschafter. Im Jahr 1985 ist die im Jahr 1969 von der Generalversammlung beschlossene *Konvention über Sondermissionen* (AVR 16 (1973–1975), S. 60 ff.) in Kraft getreten. Die Konvention enthält in den Art. 25 ff. auch Regelungen über Immunitäten und Vorrechte von Spezialmissionen, die im Wesentlichen denen im WÜD gleichen. Für diejenigen Staaten, die der Konvention bislang noch nicht beigetreten sind, richtet sich die Rechtsstellung von Spezialmissionen nach völkerrechtlichem Gewohnheitsrecht.

**43**    Im berühmten *Tabatabai*-Fall musste der BGH darüber befinden, ob die Rechte eines Sonderbotschafters auch nachträglich erlangt werden können. Nach Art. 3 der Konvention über Sondermissionen werden die Aufgaben einer Spezialmission im gegenseitigen Einvernehmen zwischen Entsendestaat und Empfangsstaat festgelegt. Im Fall des Iraners *Tabatabai* war aber im Voraus keine Einigung zwischen dem Iran und der Bundesrepublik Deutschland über eine Sondermission erfolgt. Nachdem der Iraner bei der Einreise nach Deutschland wegen Drogenbesitzes verhaftet worden war, berief er sich im strafrechtlichen Ermittlungsverfahren auf seine Immunität als Sonderbotschafter. Nach Anklage-

erhebung erklärte der Iran *Tabatabai* zum Sonderbotschafter; das deutsche
Auswärtige Amt widersprach dem nicht. Während das Landgericht Düsseldorf
die nachträgliche Absprache nicht für ausreichend hielt, entschied der BGH,
dass eine völkergewohnheitsrechtliche Regelung bestehe, wonach der Entsendestaat nach Einzelabsprache mit dem Empfangsstaat einem mit besonderen
politischen Aufgaben ausgestatteten *ad hoc*-Botschafter über diese Aufgabe und
über seinen Status Immunität verleihen und ihn auf diese Weise den Mitgliedern
der ständigen Mission gleichstellen könne. Da die Verleihung des Diplomaten-
status nach Ansicht des Gericht jedenfalls nicht allein das Ziel verfolgte, den
Angeklagten dem Strafverfahren zu entziehen, nahm der BGH die strafrechtliche
Immunität des Iraners an (BGHSt 32, 275 (287)).

### III. Konsularische Beziehungen

Während die diplomatischen Missionen schwerpunktmäßig auf die **44**
Repräsentation des Entsendestaates und damit eher politisch ausgerichtet sind, nehmen Konsulate neben dem Schutz der Interessen des Entsendestaates und seiner Staatsangehörigen notarielle, standesamtliche
und bestimmte Verwaltungsfunktionen wahr wie das Ausstellen von
Pässen, Reiseausweisen und Sichtvermerken sowie die Betreuung der
Angehörigen des Entsendestaates u.a. bei der Vertretung vor Gerichten
und Behörden. Vertragliche Rechtsgrundlage der konsularischen Beziehungen ist das *Wiener Übereinkommen über konsularische Beziehungen* vom 24.4.1963 (WÜK), das für alle nicht ausdrücklich geregelten Fragen auf das Völkergewohnheitsrecht, in dem auch das
Konsularwesen seinen Ursprung hat, verweist. Von Inhalt und Aufbau
her entspricht das WÜK im Wesentlichen dem WÜD.

Gegenstand des WÜK ist auch die **konsularische Immunität**. Die **45**
konsularische Immunität ist allerdings weniger weitreichend als die
diplomatische Immunität. So kann der Konsularbeamte keine absolute
Immunität geltend machen. Vielmehr ist die Immunität der Mitglieder
der konsularischen Mission auf die in Wahrnehmung konsularischer
Aufgaben vorgenommenen Handlungen beschränkt (Art. 43 Abs. 1
WÜK), wenngleich die Konsularbeamten als Zeugen geladen werden
können (Art. 44 WÜK).

Im Fall der deutschen Brüder *LaGrand*, gegen die die amerikanischen Be- **46**
hörden Todesurteile vollstreckten, war die Vorschrift des Art. 36 Abs. 1 lit. b
WÜK Gegenstand des Verfahrens vor dem IGH (ICJ Reports 2001, 466 ff.).
Nach der Verhaftung der beiden deutschen Brüder *LaGrand* wegen versuchten
Bankraubs und Mordes unterließen es die zuständigen US-amerikanischen Behörden, die Brüder unverzüglich über ihre Rechte nach Art. 36 Abs. 1 lit. b WÜK auf
konsularischen Beistand zu unterrichten und das deutsche Konsulat von der Verhaftung und Verurteilung zu benachrichtigen. Der IGH verurteilte die USA wegen
der unterbliebenen offiziellen Benachrichtigung der konsularischen Vertretung
Deutschlands nach Art. 36 Abs. 1 lit. b WÜK und entschied, dass die Vorschrift

nicht nur eine Verpflichtung gegenüber dem Heimatstaat der festgehaltenen Person beinhalte, sondern auch ein einklagbares Recht des Festgenommenen selbst (Art. 36 Abs. 1 lit. b WÜK spricht insoweit von „seine Rechte").

## E. Selbstbestimmungsrecht der Völker

**Literatur:** *Herdegen*, Völkerrecht, § 36; *Hobe*, Einführung in das Völkerrecht, S. 114 ff.; *Kempen/Hillgruber*, Völkerrecht, §§ 48 ff.; *Stein/von Buttlar*, Völkerrecht, Rn. 664 ff.

**47**    Das Selbstbestimmungsrecht der Völker ist als Ziel der Vereinten Nationen in Art. 1 Nr. 2 UN-Charta erwähnt und gilt neben dem Grundsatz der Gleichberechtigung als Grundlage für freundschaftliche und friedliche Beziehungen zwischen den Staaten. In den 1960er Jahren gewann das Selbstbestimmungsrecht im Zusammenhang mit dem **Dekolonialisierungsprozess** an Bedeutung und fand Aufnahme in die Erklärung der UN-Generalversammlung zur Gewährleistung der Unabhängigkeit für koloniale Länder und Völker von 1960 (GA Res. 1541 (XV)). Auf den Dekolonialisierungsprozess ist das Selbstbestimmungsrecht der Völker aber nicht beschränkt. Im Jahr 1966 wurde der Grundsatz der Selbstbestimmung der Völker in den gleichlautenden Artikeln 1 der beiden Menschenrechtspakte (*Internationaler Pakt über bürgerliche und politische Rechte* (IPBPR) und *Internationaler Pakt über wirtschaftliche, soziale und kulturelle Rechte* (IPWSKR)) sogar den Menschenrechten vorangestellt. Artikel 1 beider Pakte bestimmt:

> *„Alle Völker haben das Recht auf Selbstbestimmung. Kraft dieses Rechts entscheiden sie frei über ihren politischen Status und gestalten in Freiheit ihre wirtschaftliche, soziale und kulturelle Entwicklung."*

**48**    Durch diese und weitere Aufnahmen in zahlreiche internationale Dokumente gewann das Selbstbestimmungsrecht über die Kolonialisierungsvorgänge hinaus an Bedeutung und gilt heute als bindendes Prinzip auch für die in souveränen Staaten lebenden Völker (**„alle Völker"**). Seine Geltung ist heute nicht nur als völkervertragsrechtliche, sondern auch als völkergewohnheitsrechtliche Regel unbestritten. Ob das Selbstbestimmungsrecht der Völker auch zum zwingenden Gewohnheitsrecht gehört, ist umstritten. Trotz der grundsätzlichen Anerkennung des Selbstbestimmungsrechts bereitet die Bestimmung des Rechtsinhabers im Einzelfall ebenso Schwierigkeiten wie sein Gewährleistungsinhalt.

## I. Träger des Selbstbestimmungsrechts

Zwar sind die „Völker" und nicht etwa die Staaten Träger des **49** Selbstbestimmungsrechts, doch fehlt es an einer eindeutigen Definition, wer dieser Rechtsträger „Volk" ist. Nach der Entwicklung des Selbstbestimmungsrechts und der Staatenpraxis sind jedenfalls die (früheren) Kolonialvölker Rechtsträger. Aber auch die Staatsvölker, also die jeweilige Gesamtheit der Staatsangehörigen eines Staates, zählen zu den Trägern des Selbstbestimmungsrechts. Darüber hinaus bereitet der Volksbegriff jedoch Schwierigkeiten. Wenngleich die Staatenpraxis zeigt, dass auch Volksgruppen innerhalb eines Vielvölkerstaates als Träger des Selbstbestimmungsrechts in Betracht kommen, besteht bei einer überdehnten Begriffsauslegung die Befürchtung, dass hierdurch die Integrität von Staatsverbänden und letztlich die bestehende Staatenordnung gefährdet wäre.

Die herrschende Völkerrechtslehre identifiziert ein „Volk" sowohl **50** nach subjektiven wie auch nach objektiven Merkmalen:

> Ein **Volk** im Sinne des Selbstbestimmungsrechts ist eine Gruppe von Menschen, die auf einem zusammenhängenden Gebiet ansässig sind, eigene ethnische, religiöse, sprachliche, kulturelle und sonstige Gemeinsamkeiten aufweisen und durch ein entsprechendes Zusammengehörigkeitsgefühl verbunden sind.

Auch eine Minderheit, die auf einem bestimmten Territorium lebt und die genannten Merkmale aufweist, kann damit im Prinzip Volksqualität haben und sich auf das Selbstbestimmungsrecht der Völker berufen. Hier überschneidet sich das Selbstbestimmungsrecht der Völker als Gruppenrecht mit den Individualrechten des Minderheitenschutzes; die Grenzen sind fließend. Ob sich im Einzelfall eine in der Gesamtbevölkerung eines Staates zahlenmäßig unterlegene Personengruppe auf den Minderheitenschutz oder auf das Selbstbestimmungsrecht der Völker berufen kann, wird oftmals nur schwierig abzugrenzen sein. Zielrichtung des Minderheitenschutzes sind individuelle Rechte des einzelnen Angehörigen einer Minderheit primär im kulturellen Bereich. So bestimmt Art. 27 des IPBPR:

> *„In Staaten mit ethnischen, religiösen oder sprachlichen Minderheiten darf Angehörigen solcher Minderheiten nicht das Recht vorenthalten werden, gemeinsam mit anderen Angehörigen ihrer Gruppe ihr eigenes kulturelles Leben zu pflegen, ihre eigene Religion zu bekennen und auszuüben oder sich ihrer eigenen Sprache zu bedienen."*

## II. Gewährleistungsinhalt

**51**     Die Völkerrechtslehre differenziert beim Selbstbestimmungsrecht zwischen dem **inneren** und dem **äußeren Selbstbestimmungsrecht**. Beim inneren Selbstbestimmungsrecht geht es um die Verwirklichung der Selbstbestimmung im Innern. Ziel des inneren Selbstbestimmungsrechts ist der Ausschluss von Fremdbestimmung bezogen auf die freie Entscheidung des Staatsvolkes über seinen politischen Status. Die Staatsvölker sind somit berechtigt, die innere Organisation ihres Staates frei zu wählen und seine wirtschaftliche, soziale und kulturelle Entwicklung frei zu gestalten. Das innere Selbstbestimmungsrecht verlangt dabei keine demokratische Verfassung eines Staates. Es beinhaltet auch die Freiheit, sich gegen ein (westliches) Demokratiemodell zu entscheiden – sofern dieser Entscheidung nicht andere menschenrechtliche Verbürgungen entgegenstehen.

**52**     Im Gegensatz zum inneren Selbstbestimmungsrecht zielt das äußere Selbstbestimmungsrecht auf eine Veränderung des territorialen Status eines Volkes, entweder durch Gründung eines eigenen unabhängigen Staates oder durch Neugliederung der Staatsgewalt unter Schaffung eines eigenen politischen Status (zB Autonomiestatus) oder einer (lokalen bzw. personalen) Selbstverwaltungseinheit. Im Rahmen des Dekolonialisierungsprozesses wurde das äußere Selbstbestimmungsrecht in Form der Errichtung eines unabhängigen Staates umgesetzt und vermittelte das Recht zur Loslösung aus dem bisherigen Kolonialstaat. Das aus dem äußeren Selbstbestimmungsrecht abgeleitete Recht der Kolonialvölker auf Gründung unabhängiger Staaten konnte sich jedoch nicht immer vollständig verwirklichen, da es erheblich durch die Pflicht eingeschränkt war, die bestehenden Staatsgrenzen zu respektieren (*uti possidetis*-Prinzip).

**53**     In dem Maße, in dem das Selbstbestimmungsrecht auf „alle Völker" angewendet wurde, stellte sich die Frage, ob das Selbstbestimmungsrecht auch außerhalb des kolonialen Zusammenhangs den Völkern ein Recht auf Sezession (→ Kap. 2 Rn. 14) gibt. Trotz des grundsätzlich vom Selbstbestimmungsrecht erfassten Rechts auf Staatenbildung wird ein Recht auf Sezession allgemein abgelehnt und nur in Ausnahmefällen zugelassen. Die *Friendly Relations Declaration* der UN-Generalversammlung von 1970 weist auf das Spannungsverhältnis zwischen der Einheit eines bestehenden Staatsverbandes und dem Streben von Minderheiten nach Loslösung und eigener Staatlichkeit hin. Jedoch stellt die Erklärung fest, dass die territoriale Integrität der souveränen (Gesamt-)Staaten nicht unter Berufung auf das Selbstbestimmungsrecht verletzt werden dürfe – wobei die Erklärung die territoriale Integrität gewissermaßen unter den Vorbehalt einer Staatsgewalt mit repräsentativem Charakter und einer nichtdiskriminierenden Ausgestaltung der politischen Ordnung stellt. Überwiegend wird der territorialen Integrität und damit dem Souveränitätsprinzip und der internationalen Stabilität Vorrang vor dem Selbstbestimmungsrecht eines Minderheitenvolkes eingeräumt. Allerdings ist im Einzelfall unter engen Voraussetzungen ein Sezessionsrecht anzuerkennen. So geht die herrschende Auffassung davon aus, dass im Falle von schwersten Menschen- und Minderheitenrechtsverletzungen ein Volk zur Sezession berechtigt sein kann (sog. *remedial secession*). Dies soll allerdings nur als *ultima ratio* zulässig sein, wenn keine anderen Lösungsmöglichkeiten (wie zB Autonomien) bestehen und der Verbleib im (Gesamt-)Staat nicht mehr zumutbar ist. Auf die Unzumutbarkeit, weiterhin Teil Serbiens zu bleiben, hat sich auch das Parlament in Pristina berufen, als es am 17.2.2008 die Unabhängigkeit des Kosovo und damit die Sezession von Serbien erklärt hat. Der Status der Republik Kosovo und die Berufung auf das Selbstbestimmungs- und Sezessionsrecht sind jedoch nach wie vor heftig umstritten. Zwar haben zwischenzeitlich mehr als 100 Staaten das Kosovo als eigenen Staat anerkannt, jedoch haben sie davon abgesehen, ein Sezessionsrecht als Grundlage der Unabhängigkeit zuzubilligen. Der IGH hat in seinem Kosovo-Gutachten vom Juli 2010 die Frage leider unbeantwortet gelassen, ob dem Kosovo aufgrund der Vorkommnisse im Bürgerkrieg ein Recht auf Sezession aus dem serbischen Staatsverbund zustand (ICJ Reports 2010, 403). Auch weitere Beispiele aus der Staatenpraxis lassen nicht den Schluss auf die Billigung eines generellen Sezessionsrechts zu.

**54** Anders als die gegen den Willen eines (Gesamt-)Staates vorgenommene Sezession sind die im Einvernehmen erfolgten „Loslösungen" im Wesentlichen unproblematisch wie etwa die Wiedervereinigung Deutschlands im Jahr 1990 oder die Teilung der Tschechoslowakei in Tschechien und die Slowakei im Jahr 1993.

**55** Ein Beispiel für die Verwirklichung des Strebens nach Selbstbestimmung ist der Südsudan – wenngleich nur 2 Jahre nach der Unabhängigkeit ein neuer, um die Vorherrschaft im Südsudan wütender bürgerkriegsähnlicher Konflikt ausbrach und u.a. Fragen der Grenzziehung immer wieder auch zu bewaffneten Auseinandersetzungen in der Grenzregion zum Sudan führen. Die Bevölkerung des Südens hatte sich im Januar 2011 in einem Referendum mit großer Mehrheit für die Loslösung vom Norden entschieden. Das Unabhängigkeitsreferendum war Teil eines Friedensabkommens von 2005, das einen mehr als 20 Jahre dauernden Sezessions-Bürgerkrieg beendete. Während der Nordsudan mehrheitlich muslimisch geprägt ist, gehören die meisten Südsudanesen Christen oder gehören anderen lokalen Glaubensrichtungen an. Die Unabhängigkeit des Südsudans, nunmehr jüngster Staat der Welt, wurde am 9.7.2011 ausgerufen. Im Fall des Südsudan zeigt sich ebenso wie in anderen Fällen aus der jüngeren Staatenpraxis

(zB die Unabhängigkeit Eritreas oder die Unabhängigkeit Bosnien-Herzego-
winas), dass an die Ausübung des Selbstbestimmungsrechts strenge Anforderungen gestellt werden und zur Feststellung des authentischen Volkswillens
daher regelmäßig die Durchführung eines Referendums gefordert wird.

Zur Unabhängigkeitserklärung der Krim im März 2014 von der Ukraine
→ Kap. 2 Rn. 16. Nach den hier aufgezeigten Maßstäben bestand kein Recht auf
Sezession.

# F. Völkerrechtliche Verantwortlichkeit

**Literatur:** *Herdegen*, Völkerrecht, §§ 58 ff.; *Hobe*, Einführung in das Völkerrecht, S. 312 ff.; *Kempen/Hillgruber*, Völkerrecht, § 34; *Stein/von Buttlar*,
Völkerrecht, Rn. 1101 ff.

**56**   Die **völkerrechtliche Verantwortlichkeit** bestimmt das Einstehen-
müssen eines Staates für ihm zurechenbare Völkerrechtsverletzungen.

Dass eine Rechtsverletzung eine rechtliche Verantwortlichkeit aus-
löst, ist ein allgemeiner völkergewohnheitsrechtlicher Grundsatz. Die
Verletzung von Völkerrecht, also die Verletzung einer völkerrechtlichen Handlungs- oder Unterlassungspflicht (Primärnorm), zieht Regeln
der völkerrechtlichen Verantwortlichkeit nach sich, die sog. Sekundär-
normen. Diese Normen regeln, unter welchen Voraussetzungen Staaten
für Völkerrechtsverletzungen verantwortlich sind, welche möglichen
Rechtfertigungsgründe in Betracht kommen und welche Rechtsfolgen
bestehen.

**57**   So unbestritten der Grundsatz der Staatenverantwortlichkeit auch ist,
so hitzig wird jedoch seit langem um die Einzelheiten gerungen. Die
bereits im Jahr 1953 mit der Ausarbeitung eines Kodifikationsentwurfs
von der UN-Generalversammlung beauftragte ILC legte nach schwieri-
gen Verhandlungen erst im Jahr 2001 einen (endgültigen) Entwurf zur
Staatenverantwortlichkeit für völkerrechtswidriges Handeln vor (*Draft
Articles on Responsibility of States for Internationally Wrongful Acts*; im
Folgenden: ILC-Entwurf). Der Entwurf wurde jedoch nicht wie ursprünglich geplant als Völkerrechtsvertrag ausgestaltet, sondern aufgrund der extrem umstrittenen Materie lediglich als Anlage in eine (un-
verbindliche) Resolution der UN-Generalversammlung aufgenommen
(GA Res. 56/83 vom 12.12.2001). Die Regelungen stellen zwar nicht
vollständig, aber zumindest in weiten Teilen eine Kodifizierung von
Völkergewohnheitsrecht dar; insoweit sind sie bindendes Völkerrecht.

**58**   Der ILC-Entwurf ist in vier Teile gegliedert: Der erste
Teil behandelt Begriff und Voraussetzungen der völkerrechtswidrigen

Handlung eines Staates (*Internationally wrongful act of a State*); der zweite Teil hat die Rechtsfolgen völkerrechtswidrigen Verhaltens zum Inhalt (*Content for the international responsibility*); der dritte Teil regelt die Durchsetzung der Staatenverantwortlichkeit (*Implementation of the international responsibility*) und der vierte Teil enthält schließlich allgemeine Bestimmungen.

Daneben hat die ILC einen Artikelkatalog zur Verantwortlichkeit Internationaler Organisationen erarbeitet (*Articles on the Responsibility of International Organisations*), der im Dezember 2011 von der UN-Generalversammlung entgegengenommen wurde (G Res. 66/100 v. 9.12.2011).

Die **völkerrechtliche Staatenverantwortlichkeit** ist in zwei Schritten zu prüfen: **59**

**1. Tatbestand**, der die Verletzung einer völkerrechtlichen Pflicht und ein zurechenbares Verhalten voraussetzt

**2. Rechtfertigungsgründe**, die die völkerrechtliche Verantwortlichkeit ausschließen

## I. Unrechtstatbestand

Nach Art. 2 ILC-Entwurf setzt der völkerrechtliche Unrechtstatbe- **60** stand neben dem einem Staat zurechenbaren Verhalten die Verletzung einer völkerrechtlichen Verpflichtung voraus.

### 1. Verletzung einer völkerrechtlichen Pflicht

Art. 1 ILC-Entwurf knüpft die Staatenverantwortlichkeit an ein völ- **61** kerrechtswidriges Verhalten eines Staates. Dieses kann in einem **Tun oder Unterlassen** bestehen. Die Verantwortlichkeit für ein Unterlassen setzt jedoch eine im konkreten Fall bestehende Handlungspflicht voraus. Während es bei einer völkerrechtlichen Verantwortlichkeit durch aktives Tun nicht auf ein Verschulden des Staates bzw. des handelnden Organs ankommt, wird im Fall der Verletzung einer völkerrechtlichen Pflicht durch Unterlassen von der Literatur als Korrektiv eine Sorgfaltsprüfung dergestalt gefordert, dass der die Verletzung begehende Staat bei Anwendung der objektiv gebotenen Sorgfalt (*due diligence*) in der Lage gewesen wäre, den Völkerrechtsverstoß zu erkennen und zu vermeiden. So richtet sich die gebotene Sorgfalt im Fall des Betriebs von Kernkraftwerken nach dem aktuellen Stand von Wissenschaft und Technik. Im Fall der Missachtung dieser Standards könnten sich etwaige von einem atomaren Unglücksfall betroffene

Nachbarstaaten auf eine Verantwortlichkeit für pflichtwidriges Verhalten in Form des Unterlassens berufen.

Unmittelbar nach dem Reaktorunglück in Japan im März 2011 hat die deutsche Bundesregierung beschlossen, die sieben ältesten deutschen Reaktoren gleichsam als Maßnahme der Gefahrenvorsorge vom Netz zu nehmen und am 6. Juni 2011 Eckpunkte für eine beschleunigte Energiewende beschlossen, wonach schrittweise bis spätestens Ende 2022 vollständig auf die Stromerzeugung in deutschen Kernkraftwerken verzichtet werden soll. Vor dem Hintergrund der Ereignisse in Japan hat die Bundesregierung die Risiken der Kernenergie für Deutschland neu bewertet und damit beachtet, dass gefährliche Technologien einer permanenten Kontrolle zu unterziehen sind, um potentielle Gefahren möglichst zu vermeiden. Die Bundesregierung hat gleichsam objektiv gebotene Sorgfalt angewendet.

**62**    Die Verletzung der völkerrechtlichen Verpflichtung kann ihre Grundlage in jeder Völkerrechtsquelle nach Art. 38 Abs. 1 IGH-Statut haben, dh die Staatenverantwortlichkeit kann durch die Verletzung von völkerrechtlichen Verträgen ebenso ausgelöst werden wie durch Verletzungen des Völkergewohnheitsrechts oder durch die Verletzung allgemeiner Rechtsgrundsätze. Der **Eintritt eines Schadens** ist **nicht Voraussetzung** für die Staatenverantwortlichkeit. Vielmehr gilt als „Schaden" schon die Rechtsverletzung als solche.

**63**    Noch nicht geklärt ist die Frage der Staatenverantwortlichkeit für rechtmäßiges, aber mit besonderen Schadensrisiken behaftetes Verhalten (**Gefährdungshaftung**). Zwar sehen einige multilaterale Abkommen eine völkerrechtliche Gefährdungshaftung vor (wie zB das *Übereinkommen über die völkerrechtliche Haftung für Schäden durch Weltraumgegenstände* von 1972 (BGBl. 1975 II, 1219)), doch besteht noch kein gesonderter Grundsatz der Haftung für besonders gefährliche Tätigkeiten (*ultra-hazardous activities*). Teilweise wird erwogen, die Gefährdungshaftung tatbestandlich als Haftung für pflichtwidriges Verhalten zu verankern, wenn der Staat beim Betrieb oder der Überwachung besonders gefährlicher Tätigkeiten vom aktuellen Stand von Wissenschaft und Technik abweiche. In diesem Fall jedoch lässt sich bereits eine Haftung für pflichtwidriges Verhalten wegen der Abweichung von international geltenden Sorgfaltsstandards und damit eine Haftung nach den allgemeinen Regeln der Staatenverantwortlichkeit begründen (→ Rn. 61).

## 2. Zurechenbarkeit

**64**    Bei der Ermittlung der Staatenverantwortlichkeit ist häufig ein Hauptproblem die Frage der Zurechenbarkeit. Nach Art. 4 ILC-Entwurf wird dem Staat jegliches Handeln staatlicher Organe zugerechnet. Dabei ist es grundsätzlich auch unerheblich, ob das handelnde Organ seinen innerstaatlichen Kompetenzbereich überschritten und *ultra vires* gehandelt hat (s. Art. 7 ILC-Entwurf). Das Handeln von Gliedstaaten und deren Organen wird ebenfalls dem Gesamtstaat zugerechnet. Somit kann sich ein Bundesstaat wie die Bundesrepublik Deutschland nicht seiner völkerrechtlichen Verantwortlichkeit unter Berufung auf föderale Kompetenzverteilungen entziehen.

Das Verhalten von **Privatpersonen** löst grundsätzlich keine Staaten- **65** verantwortlichkeit aus. Zurechenbar ist das Handeln Privater einem Staat allerdings dann, wenn ihm diesbezüglich eigenes Fehlverhalten entgegengehalten werden kann, sei es, dass er seiner völkerrechtlichen Schutzpflicht wie bspw. gegenüber diplomatischen Missionen nicht nachgekommen ist oder dass er das private Handeln gelenkt bzw. kontrolliert hat.

Ein bedeutendes Beispiel der Verantwortlichkeit für privates Handeln wegen Verletzung von Schutzpflichten ist der *Teheraner Geiselnahme*-Fall. So entschied der IGH, dass die Besetzung der US-Botschaft in Teheran durch Demonstranten, die Geiseln nahmen und die Botschaftsarchive verwüsteten, dem Iran zuzurechnen sei, da er seiner Pflicht als Empfangsstaat zum Schutz der Botschaft des Entsendestaates USA nicht nachgekommen sei (ICJ Reports 1980, 3 ff.). Der IGH machte im *Teheraner Geiselnahme*-Fall im Übrigen noch einen weiteren Zurechnungsgesichtspunkt aus: Da der oberste Revolutionsführer *Ayatollah Khomeini* das Vorgehen der Demonstranten nachträglich billigte, ging der IGH auch von der Verantwortlichkeit aufgrund des staatlichen Sich-zu-eigen-Machens des privaten Verhaltens aus.

Eigenes Fehlverhalten wurde auch Afghanistan vorgehalten: So wurde der Anschlag auf das World Trade Center am 11.9.2001 Afghanistan zugerechnet, das nach mehreren Sicherheitsratsresolutionen die Verpflichtung hatte, die Tätigkeiten von *Al Qaida* auf seinem Staatsgebiet zu verhindern. In diesem Zusammenhang wird auch die Zurechnungsmöglichkeit wegen Duldung bzw. Gewährung von Rückzugsmöglichkeiten für terroristische Organisationen auf dem eigenen Staatsgebiet erwogen.

Art. 8 ILC-Entwurf, der die Zurechnung nicht nur dann vorsieht, **66** wenn eine Person faktisch im Auftrag eines Staates handelt, sondern auch dann, wenn dies unter staatlicher Leitung oder Kontrolle geschieht, äußert sich nicht näher dazu, welcher Grad an staatlicher Kontrolle erforderlich ist. Während der IStGH für das ehemalige Jugoslawien im *Tadic*-Fall die bloße Gesamtkontrolle (*overall control*) des Staates über das Handeln von Personen bzw. Personengruppen hat ausreichen lassen (ILM 38, (1999), 1518 (1541)), hat der IGH im Genozid-Fall in Sachen Bosnien-Herzegowina gegen Serbien wegen des Massakers von Srebrenica die **effektive staatliche Kontrolle** (*effective control*) über die spezifischen Verletzungshandlungen verlangt (ICJ Reports 2007, 43 (121 ff.):

> *"It must ... be shown that this "effective control" was exercised, or that the State's instructions were given, in respect of each operation in which the alleged violations occurred, not generally in respect of the overall actions taken by the persons or groups of persons having committed the violations".*

Damit sieht der IGH für die Zurechnung nach Art. 8 ILC-Entwurf wieder den Grad von Kontrolle für notwendig an, den er bereits im *Nicaragua*-Fall als Voraussetzung für die Staatenverantwortlichkeit zugrunde gelegt hatte (ICJ Reports 1986, 14 (65)). Im *Nicaragua*-Fall verlangte der IGH eine effektive Kontrolle der USA über die konkreten Handlungen der *Contras* im Kampf gegen die Regierung Nicaraguas und verneinte letztlich eine Zurechenbarkeit der Völkerrechtsverletzungen, welche die von den USA unterstützten *Contras* begangen hatten. Die bloße allgemeine Abhängigkeit und Unterstützung der *Contras* wurde von den Richtern nicht als ausreichend für eine eigene Staatenverantwortlichkeit der USA gewertet.

**67**    Eine Zurechnung privaten Handelns erfolgt nach Art. 5 ILC-Entwurf darüber hinaus dann, wenn eine Person formalrechtlich zur Ausübung hoheitlicher Befugnisse ermächtigt wurde, wie dies bspw. im Fall der Beleihung geschieht, und die Verletzung von Völkerrecht in Ausübung der Befugnisse erfolgte.

## II. Rechtfertigungsgründe

**68**    Das fünfte Kapitel des ILC-Entwurfs enthält in den Art. 20 ff. verschiedene Rechtfertigungsgründe, die den Pflichtenverstoß rechtfertigen und die Verantwortlichkeit eines Staates ausschließen. Überschrieben ist das Kapitel fünf mit *Circumstances precluding wrongfulness*.

### 1. Einwilligung

**69**    Der als erster in Art. 20 ILC-Entwurf genannte Rechtfertigungsgrund der Einwilligung (*consent*) ist streng genommen kein Rechtfertigungsgrund, da er bereits auf Ebene des Tatbestandes einen die Staatenverantwortlichkeit begründenden völkerrechtswidrigen Akt ausschließt. In Betracht kommt daneben auch eine nachträgliche Genehmigung, die rückwirkend aus einem zunächst völkerrechtswidrigen Zustand einen rechtmäßigen Zustand macht. Ausgeschlossen ist eine Einwilligung oder Genehmigung des verletzten Staates jedoch dann, wenn sich die Völkerrechtsverletzung auf zwingende Regeln des Völkerrechts bzw. auf *erga omnes*-Verpflichtungen, die gegenüber der gesamten Staatengemeinschaft bestehen, bezog.

## 2. Selbstverteidigung

Art. 21 ILC-Entwurf, der den Rechtfertigungsgrund der Selbstver- **70** teidigung nennt, verweist auf Art. 51 UN-Charta. Sofern ein bewaffneter Angriff stattfindet, ist die Verletzung des Gewaltverbots in Reaktion auf den bewaffneten Angriff gerechtfertigt. Nicht umfasst von der Rechtfertigung sind im Zuge der Selbstverteidigung begangene sonstige Völkerrechtsverletzungen wie zB Verletzungen des humanitären Völkerrechts, die auch das Selbstverteidigungsrecht nach Art. 51 UN-Charta nicht rechtfertigt.

## 3. Höhere Gewalt

Auch höhere Gewalt, also ein unvorhersehbares oder unüberwind- **71** bares äußeres Ereignis wie es insbesondere mit Naturkatastrophen einhergeht, kann die Verantwortlichkeit im Einzelfall ausschließen (Art. 23 ILC-Entwurf). Eine Berufung auf höhere Gewalt scheidet jedoch aus, wenn der Staat die Situation selbst herbeigeführt oder das Risiko für ihren Eintritt erhöht hat.

## 4. Notlage und Notstand

Während die höhere Gewalt die Pflichterfüllung vereitelt, ist im Fall **72** der Notlage und des Notstands die Einhaltung der völkerrechtlichen Verpflichtung zwar möglich, jedoch kann im Wege der Güterabwägung die Nichterfüllung gerechtfertigt sein.

Die in Art. 24 ILC-Entwurf geregelte Notlage bezieht sich aus- **73** schließlich auf die Bedrohung des eigenen Lebens oder des Lebens anderer und rechtfertigt die dem Staat zurechenbare völkerrechtswidrige Handlung einer Person zur Rettung von Menschenleben. Ein Beispiel hierfür wäre das unbefugte Eindringen eines Piloten mit seiner Passagiermaschine in den Luftraum eines anderen Staates zu Notlandungszwecken, um sein Leben und das der übrigen Besatzungsmitglieder und Passagiere zu retten.

Die Berufung auf den sog. Staatsnotstand, der nicht auf ein Dilem- **74** ma der handelnden Person, sondern auf ein Dilemma des Staates abstellt, ist nach Art. 25 ILC-Entwurf an enge Voraussetzungen geknüpft. Nur wenn keine andere Reaktionsmöglichkeit zum Schutz wesentlicher Interessen des Staates vor schweren und unmittelbar drohenden Gefahren besteht und nicht wesentliche Interessen anderer Staaten oder der Staatengemeinschaft verletzt werden, kann die Nichterfüllung einer völkerrechtlichen Verpflichtung als *ultima ratio* gerechtfertigt sein. Ausgeschlossen ist die Rechtfertigung dann, wenn der sich auf den

Notstand berufende Staat die Notstandssituation selbst herbeigeführt oder jedenfalls wesentlich dazu beigetragen hat. Bedeutung hat dies im Fall einer selbstverschuldeten Staateninsolvenz, wie sie Griechenland seit 2010 verschärfend droht, und der Frage der Rechtmäßigkeit eines notfalls erzwungenen „Schuldenschnitts". Allerdings wird man auch im Fall der Selbstverschuldung oder Mitverantwortung in extremen Einzelfällen die Berufung auf den Notstand zulassen müssen, wenn ansonsten die Erfüllung der völkerrechtlichen Verpflichtung zu erheblichem Leid bei der Bevölkerung führen würde oder elementare Staatsfunktionen nicht mehr aufrechterhalten werden könnten.

**75**    Art. 26 ILC-Entwurf stellt klar, dass Verstöße gegen *ius cogens* nicht durch die Regeln des Notstands gerechtfertigt sein können.Art. Das bedeutet, dass das *ius cogens* wie etwa das Gewaltverbot notstandsfest ist und hiervon nur unter den besonderen in der UN-Charta niedergelegten Voraussetzungen rechtmäßigerweise abgewichen werden kann.

## 5. Gegenmaßnahmen

**76**    Die Staatenverantwortlichkeit kann schließlich dann entfallen, wenn die an sich völkerrechtswidrige Handlung eine Gegenmaßnahme (**Repressalie**) auf eine vorangegangene Völkerrechtsverletzung darstellt (Art. 22, 49 ff. ILC-Entwurf). Die Gegenmaßnahme soll den rechtswidrig handelnden Staat zur Beseitigung bzw. Wiedergutmachung der vorangegangenen Völkerrechtsverletzung bewegen. Allerdings darf die Gegenmaßnahme erst ergriffen werden, wenn der rechtsbrechende Staat zuvor zu freiwilligem rechtmäßigem Verhalten aufgefordert wurde und die Gegenmaßnahme angekündigt wurde. Gegen fundamentale Menschenrechte oder gegen zwingendes Völkerrecht darf die Gegenmaßnahme nicht verstoßen. Schließlich muss die Gegenmaßnahme dem Verhältnismäßigkeitsgrundsatz entsprechen und darf nur solange angewendet werden, bis der völkerrechtswidrige Zustand beendet ist.

**77**    Ein im Vergleich zur Gegenmaßnahme milderes Mittel stellt die **Retorsion** dar. Sie ist eine zwar völkerrechtskonforme, gleichwohl aber unfreundliche Maßnahme. Beispiele sind etwa die Aussetzung oder Beendigung freiwilliger Entwicklungshilfe, Importbeschränkungen oder die Nichtverlängerung von wirtschaftlich bedeutsamen Verträgen.

**78**    Noch ungeklärt und auch von Art. 54 ILC-Entwurf unbeantwortet ist, ob im Fall der Verletzung von *erga omnes*-Normen, dh solchen Verpflichtungen, die gegenüber der gesamten Staatengemeinschaft bestehen, auch solche Staaten zu Gegenmaßnahmen greifen können, die nicht unmittelbar von der Rechtsverletzung betroffen sind. Der

ILC-Entwurf räumt Drittstaaten in Art. 48 lediglich das Recht ein, die Beendigung der Rechtsverletzung bzw. die Beachtung der Rechtspflicht zu fordern.

### 6. Self-contained regime

Sind spezielle Reaktions- und Gegenmaßnahmen auf Völkerrechts-  **79** verletzungen in abgeschlossenen Regelungskomplexen, sog. *selfcontained regime*, aufgenommen, stellt sich die Frage, ob in diesen Fällen ein Rückgriff auf die allgemeinen Grundsätze der Staatenverantwortlichkeit möglich ist. Der IGH hat im *Teheraner Geiselnahme-Fall* (→ Rn. 65) die vertraglichen Rechte über diplomatische Beziehungen als solch ein in sich geschlossenes System bezeichnet, weil es selbst die Reaktionsmittel auf Rechtsbrüche enthält. Dies schließt aus, auf Rechtsbrüche mit anderen als den dort enthaltenen Maßnahmen zu antworten. Im zu entscheidenden Fall urteilte der IGH, dass der Iran auf die von ihm behauptete Einmischung und Spionage der US-Botschaft nicht mit anderen als im Diplomatenrecht vorgesehenen Mitteln reagieren durfte. Ob der Ausschluss des Rückgriffs auf die allgemeinen Regeln auch für andere geschlossene Bereiche wie etwa den Menschenrechtsschutz oder das Recht der Europäischen Union gilt, ist eine schwierige und bislang noch offen diskutierte Frage.

### III. Rechtsfolgen

Nach den in Art. 28 ff. ILC-Entwurf geregelten Rechtsfolgen der  **80** Staatenverantwortlichkeit hat der Verletzerstaat die Pflicht, weitere Verletzungshandlungen einzustellen und, soweit möglich, die Folgen des rechtswidrigen Zustands rückgängig zu machen, also **Wiedergutmachung** zu leisten. Wiedergutmachung kann in **drei Formen** geleistet werden: Zunächst hat der Verletzerstaat durch Naturalrestitution den vor der Rechtsverletzung bestehenden Zustand herzustellen (Art. 35 ILC-Entwurf). Falls Naturalersatz nicht möglich ist, muss Schadensersatz geleistet werden, der auch den entgangenen Gewinn abzudecken hat (Art. 36 ILC-Entwurf). Schließlich kommt nach Art. 37 ILC-Entwurf für alle immateriellen Schäden auch die Genugtuung in Betracht, die bspw. durch eine förmliche Entschuldigung, die ausdrückliche Übernahme oder schiedsgerichtliche Feststellung der Verantwortlichkeit für den Völkerrechtsverstoß oder durch Bestrafung der handelnden Verursacher erfüllt werden kann. Bei der Bestimmung des Wiedergutmachungsanspruchs ist etwaiges Mitverschulden des verletzten Staates anspruchsmindernd zu berücksichtigen (Art. 39 ILC-Entwurf).

**81** Der Wiedergutmachungsanspruch ist ein **zwischenstaatlicher Anspruch** und kann daher nur von Staaten geltend gemacht werden. Eine ggfs. verletzte natürliche oder juristische Person hat zunächst die innerstaatlichen Rechtsmittel auszuschöpfen, bevor staatlicherseits der zwischenstaatliche Anspruch geltend gemacht werden kann.

**82** Für besonders schwerwiegende *ius cogens*-Verletzungen sehen die Art. 40 und 41 ILC-Entwurf besondere Rechtsfolgen vor: So werden zum einen alle Staaten aufgefordert, derartige Völkerrechtsverletzungen mit rechtmäßigen Mitteln zu beenden. Zum anderen haben sie die Pflicht, den durch die *ius cogens*-Verletzung geschaffenen Zustand weder als rechtmäßig anzuerkennen noch unterstützend an seiner Aufrechterhaltung mitzuwirken.

## Testfragen zum 5. Kapitel

1. Auf welcher Grundlage beruht das Interventionsverbot und was schützt es?
2. Wie lässt sich eine Intervention definieren? Nennen Sie Beispiele für eine Intervention.
3. Woraus resultiert die Staatenimmunität und was bedeutet sie?
4. Was bedeutet die Ausgestaltung des Wiener Übereinkommens über diplomatische Beziehungen als *self contained regime*?
5. Was bedeutet die Immunität von Diplomaten und Konsuln?
6. Reicht die diplomatische Immunität über das Ende der Dienstzeit hinaus?
7. Unter welchen Voraussetzungen haftet ein Staat für eine Völkerrechtsverletzung?
8. Was versteht man unter einer Repressalie und unter welchen Voraussetzungen ist sie zulässig?
9. Welche weiteren Rechtfertigungen schließen die völkerrechtliche Verantwortlichkeit aus?
10. Welches sind die Rechtsfolgen der völkerrechtlichen Staatenverantwortlichkeit?
11. Welche Formen der Wiedergutmachung völkerrechtlichen Unrechts sind anerkannt?

# Kapitel 6. Gewaltverbot und friedliche Streitbeilegung

Zentrale Funktion des Völkerrechts ist es, das friedliche Zusammen- **1** leben der Staaten zu sichern und die Gewaltanwendung zwischen Staaten einzuschränken. Angelpunkt der Konfliktverhütung ist dabei das Gewaltverbot, das den Staaten die Androhung oder Anwendung von Gewalt in ihren internationalen Beziehungen verbietet. Seit jeher ist es auch Bestreben des Völkerrechts, aufgetretene zwischenstaatliche Streitigkeiten friedlich so beizulegen, dass der Weltfriede, die internationale Sicherheit und Gerechtigkeit nicht gefährdet ist.

## A. Friedenssicherung durch die Vereinten Nationen

**Literatur:** *Herdegen*, Völkerrecht, § 41; *Hobe*, Einführung in das Völkerrecht, S. 129 ff.; *Kempen/Hillgruber*, Völkerrecht, § 35 f.; *Stein/von Buttlar*, Völkerrecht, Rn. 852 ff.

### I. System kollektiver Sicherheit

Die Vereinten Nationen sind ein System kollektiver Sicherheit, des- **2** sen Hauptaufgabe die Wahrung des Weltfriedens und der internationalen Sicherheit ist (Art. 1 Nr. 1 UN-Charta). Ein System wechselseitiger kollektiver Sicherheit ist dadurch gekennzeichnet, dass es primär darauf ausgerichtet ist, Streitigkeiten innerhalb des Systems, im konkreten Fall zwischen den UN-Mitgliedstaaten, auf friedliche Weise beizulegen. Zu diesem Zweck hat das System das allgemeine Verbot des Angriffskrieges auf ein allgemeines Gewaltverbot (Art. 2 Nr. 4 UN-Charta) ausgedehnt und dieses nicht nur mit der Pflicht zur friedlichen Streitbeilegung abgesichert, sondern vor allem den Sicherheitsrat mit einem Gewaltmonopol ausgestattet. Der Sicherheitsrat trägt die Hauptverantwortung für die Wahrung des Weltfriedens und der internationalen Sicherheit (Art. 24 Abs. 1 UN-Charta). Bei der Erfüllung der sich aus dieser Verantwortung ergebenden Pflichten handelt der Sicherheitsrat verbindlich für alle Mitgliedstaaten und trifft im Namen aller die Entscheidung darüber, ob und welche kollektiven friedenssichernden (Zwangs-)Maßnahmen einschließlich militärischer Mittel eingesetzt werden.

## II. Befugnisse des Sicherheitsrats nach Kapitel VI UN-Charta

3     Nach den Art. 33 ff. UN-Charta obliegt dem Sicherheitsrat die Aufgabe, mit den dort genannten Streitschlichtungsmechanismen auf eine friedliche Beilegung von Streitigkeiten hinzuwirken. So kann der Sicherheitsrat nach Art. 34 UN-Charta von sich aus jede Streitigkeit auf ihre potentielle Gefährdung des Weltfriedens oder der internationalen Sicherheit hin untersuchen. Darüber hinaus hat aber auch jedes Mitglied der Vereinten Nationen – und unter bestimmten Voraussetzungen auch ein Nichtmitgliedstaat – das Recht, die Aufmerksamkeit des Sicherheitsrats auf eine entsprechende Streitigkeit zu lenken (Art. 35 UN-Charta). Sowohl im Fall des Selbsteintrittsrechts wie auch im Fall der Befassung und Vorlage der Streitigkeit durch die Parteien kann der Sicherheitsrat Empfehlungen zur Lösung des Konflikts abgeben (Art. 36, 37 UN-Charta) sowie auf Antrag aller Parteien einen Vermittlungsvorschlag unterbreiten (Art. 38 UN-Charta). Diese Empfehlungen des Sicherheitsrats sind, anders als seine Beschlüsse (s. Art. 25 UN-Charta), rechtlich unverbindlich.

## III. Befugnisse des Sicherheitsrats nach Kapitel VII UN-Charta

4     Kapitel VII UN-Charta enthält eine Reihe von Befugnissen des Sicherheitsrats bei Bedrohungen oder Bruch des Friedens oder bei Angriffshandlungen. Die auf Grundlage der Art. 40 ff. UN-Charta getroffenen Maßnahmen sind im Unterschied zu denen nach Kapitel VI UN-Charta sämtlich rechtlich verbindlich. Sowohl bei der Feststellung der Tatbestandsvoraussetzungen für das Ergreifen von Maßnahmen nach den Art. 40 ff. UN-Charta als auch bei der Entscheidung über die einzelnen zu ergreifenden Maßnahmen selbst steht dem Sicherheitsrat ein weiter Gestaltungsspielraum zu.

### 1. Tatbestand des Art. 39 UN-Charta

5     Art. 39 UN-Charta nennt drei Tatbestandselemente, die Voraussetzung für Zwangsmaßnahmen nach den Art. 40 ff. UN-Charta sind: entweder muss die **Bedrohung des Friedens**, der **Bruch des Friedens** oder eine **Angriffshandlung** vorliegen. Erst wenn der Sicherheitsrat eine dieser drei Situationen festgestellt hat, ist der Anwendungsbereich für Zwangsmaßnahmen nach Kapitel VII UN-Charta eröffnet.

6     Eine **Angriffshandlung** liegt vor, wenn durch einen Akt militärischer Aggression, der eindeutig einem Staat zugeordnet werden kann, das Gewaltverbot verletzt ist.

Auslegungshilfe für den Begriff der Angriffshandlung bietet die Resolution 3314 (XXIX) der Generalversammlung von 1977 zur Aggressionsdefinition. Als mögliche Aggressionsformen werden dort direkte militärische Einwirkungen eines Staates auf ein anderes Staatsgebiet wie die Invasion, die Beschießung oder Bombardierung ebenso genannt wie Formen der indirekten Aggression zB durch die Entsendung von Widerstandsgruppen in einen anderen Staat. Der Sicherheitsrat ist in der Feststellung einer Angriffshandlung bislang sehr zurückhaltend gewesen und hat beispielsweise selbst beim irakischen Überfall auf Kuwait nicht von einer Angriffshandlung gesprochen, sondern lediglich festgestellt, „dass mit der irakischen Invasion Kuwaits ein Bruch des Weltfriedens und der internationalen Sicherheit vorliegt" (Res. 660 (1990)).

Ein **Bruch des Friedens** liegt bei einem mit Waffengewalt ausgetragenen Konflikt zwischen zwei oder mehreren Staaten vor.     7

Für die Feststellung eines Bruchs des Friedens ist somit weder die Feststellung einer Aggressionshandlung noch die Bestimmung des Aggressors notwendig.

Eine **Bedrohung des Friedens** ist eine Gefährdungslage im Vorfeld eines Friedensbruchs.     8

Sowohl die Friedensbedrohung als auch der Bruch des Friedens beziehen sich auf den Weltfrieden im Sinne von Art. 1 Nr. 1 UN-Charta. Ebenso wie beim Bruch des Friedens wurde auch eine Bedrohung des Friedens ursprünglich nur im Fall zwischenstaatlicher Konflikte angenommen. Von diesem eng gefassten Begriffsverständnis hat sich die jüngere Praxis des Sicherheitsrats jedoch gelöst und das Tatbestandsmerkmal der Friedensbedrohung des Art. 39 UN-Charta ausgeweitet. So **verzichtete** der Sicherheitsrat zunächst **auf das Erfordernis ei-   9 nes grenzüberschreitenden Bezugs** für die Feststellung der Friedensbedrohung. Von zentraler Bedeutung für die Erstreckung der Friedensbedrohung auf interne Konflikte ist die mit der Resolution 688 (1991) getroffene Entscheidung des Sicherheitsrats zum Nordirak. Wenngleich sich der Sicherheitsrat hier noch auf die grenzüberschreitenden Flüchtlingsströme in die Türkei und in den Iran bezog, die durch die Unterdrückung und Verfolgung der Kurden im Nordirak ausgelöst wurden, verurteilte er doch die Unterdrückung der irakischen Zivilbevölkerung durch die eigene Regierung als Bedrohung des Weltfriedens und der internationalen Sicherheit in der Region.

**10**  Dass auch **systematische Menschenrechtsverletzungen** in einem Staat eine Friedensbedrohung nach Art. 39 UN-Charta darstellen können, hat der Sicherheitsrat in seiner berühmten Resolution 794 (1992) in Bezug auf Somalia festgestellt und ausgeführt,

> *„dass das Ausmaß der durch den Konflikt in Somalia verursachten menschlichen Tragödie, die noch weiter verschärft wird durch die Hindernisse, die der Verteilung der humanitären Hilfsgüter in den Weg gelegt werden, eine Bedrohung des Weltfriedens und der internationalen Sicherheit darstellt."*

Auch in Bezug auf Ruanda und Haiti qualifizierte der Sicherheitsrat die sich dort ereignenden humanitären Katastrophen als Bedrohung des Weltfriedens. Ebenso hat der Sicherheitsrat die gravierenden Menschenrechtsverletzungen im ehemaligen Jugoslawien als Friedensbedrohung eingestuft ohne eine direkte internationale Auswirkung zu verlangen. In seiner in Reaktion auf den sich verschärfenden Bürgerkrieg in Libyen im März 2011 verabschiedeten Resolution 1973 (2011) hat der Sicherheitsrat ebenfalls „unter Verurteilung der groben und systematischen Verletzung von Menschenrechten" die Situation in der Libysch-Arabischen Dschamahirija als Bedrohung des Weltfriedens und der internationalen Sicherheit eingeordnet.

**11**  **Terroranschläge** sind vom Sicherheitsrat in der Vergangenheit ebenfalls als eine Bedrohung des Weltfriedens und der internationalen Sicherheit qualifiziert worden (siehe etwa die Resolution 1070 (1996) zum Sudan, sowie die Resolutionen 1368 (2001), 1373 (2001) und 1540 (2004) nach den Terroranschlägen vom 11.9.2001). Ob terroristische Akte dabei staatlich unterstützt sein müssen, um eine Friedensbedrohung darzustellen, hat der Sicherheitsrat offen gelassen.

**12**  Eine weitere Ausweitung des Tatbestands der Friedensbedrohung zeigt sich auch in der Tendenz des Sicherheitsrats, schon im Vorfeld einer konkreten Gefahr für den Frieden eine Friedensbedrohung anzunehmen. So hat der Sicherheitsrat bereits den bloßen Besitz von Massenvernichtungswaffen, der weder gewohnheits- noch vertragsrechtlich verboten ist, als Friedensbedrohung qualifiziert und damit einen Gefahrenverdacht für ausreichend angesehen. Dies zeigen etwa die Resolutionen 1696 (2006), 1737 (2006) oder 1929 (2010) zum Iran, mit denen der Iran wiederholt aufgefordert wurde, die Anreicherung und Wiederaufbereitung von Uran einzustellen. Mit seiner Resolution 2118 (2013) bekräftigte der Sicherheitsrat nach dem Einsatz von Giftgas gegen die Zivilbevölkerung im syrischen Bürgerkrieg, dass die Verbreitung chemischer Waffen eine Bedrohung des Weltfriedens und der internationalen Sicherheits ist; dabei wies der Sicherheitsrat darauf hin, dass Syrien im Jahr 1968 das Giftgasprotokoll von 1925 ratifiziert hatte.

Gleichzeitig stellte der Sicherheitsrat fest, dass der Einsatz chemischer Waffen, unabhängig davon, wo er stattfindet, stets eine Bedrohung des Weltfriedens und der internationalen Sicherheit darstellt.

## 2. Vorläufige Maßnahmen nach Art. 40 UN-Charta

Um einer Verschärfung der Lage vorzubeugen, kann der Sicher- **13** heitsrat auf Grundlage der Feststellung nach Art. 39 UN-Charta **rechtsverbindliche** vorläufige Maßnahmen anordnen. Hierzu zählen beispielsweise die Aufforderung zur Einstellung von Kampfhandlungen, zum Rückzug von Truppen oder zur Zulassung der Stationierung von UN-Beobachtern. Leisten die Parteien den vorläufigen Maßnahmen keine Folge, sieht Art. 40 UN-Charta vor, dass „der Sicherheitsrat diesem Versagen gebührend Rechnung" trägt. Häufig kündigt der Sicherheitsrat daher gleichzeitig mit einer vorläufigen Maßnahme auch schon weitere Zwangsmaßnahmen für den Fall der Nichtbefolgung an.

## 3. Nicht-militärische Zwangsmaßnahmen nach Art. 41 UN-Charta

Die in Art. 41 UN-Charta beispielhaft aufgezählten friedlichen **14** Maßnahmen sind nicht abschließend. Der Beschluss des Sicherheitsrats zur Ergreifung nicht-militärischer Maßnahmen ergeht als verbindliche Sicherheitsratsresolution (Art. 25 UN-Charta). Die Durchführung der Maßnahmen obliegt nach Art. 48 UN-Charta den UN-Mitgliedstaaten. Jedoch ist es auch möglich, dass sich Maßnahmen nach Art. 41 UN-Charta ausschließlich gegen den verantwortlichen Staat selbst richten, wie im Fall der Verpflichtung des Iraks zur Zerstörung seiner Waffenarsenale (Res. 687 (1991)). Möglich ist es auch, dass Maßnahmen nach Art. 41 UN-Charta mit Zustimmung des betroffenen Staates beschlossen werden. Dies geschieht beispielsweise, wenn im Interesse des betroffenen Staates andere Staaten davon abgehalten werden sollen, in die inneren Angelegenheiten einzugreifen und etwa Aufständische mit Waffen oder sonstigen Gütern zu beliefern.

Eine der wichtigsten nicht-militärischen Maßnahmen stellt das teil- **15** weise oder totale **Wirtschaftsembargo** dar, mit dem die Wirtschaftsbeziehungen zwischen den Mitgliedstaaten und dem Verletzerstaat unterbrochen werden. So effektiv dieses Mittel der Friedenserhaltung auch ist, so problematisch sind die daraus resultierenden Folgen für die Bevölkerung. Als Beispiel sei das gegen den Irak von 1990 an verhängte totale Wirtschaftsembargo erwähnt, das zu katastrophalen Belastungen für die Bevölkerung führte. Daher geht der Sicherheitsrat heute in der Praxis zu weniger weitreichenden, lediglich sektoriellen

Embargos über, die sich nur auf bestimmte Bereiche bzw. Güter (Waffen, Erdöl) beziehen.

**16** Art. 41 UN-Charta stellt auch die Rechtsgrundlage für atypische Maßnahmen dar wie für die Errichtung der **Internationalen Tribunale für Ruanda und Jugoslawien** oder für die internationale Verwaltung bestimmter Gebiete wie des Kosovo. Im Fall der *ad hoc*-Straftribunale für Ruanda und Jugoslawien verabschiedete der Sicherheitsrat mit den entsprechenden Resolutionen auch das jeweilige Statut des Gerichts. Die Möglichkeit, die Einsetzung solcher Tribunale auf Art. 41 UN-Charta zu stützen, folgt aus dem dem Sicherheitsrat nach dieser Vorschrift eingeräumten (Auswahl-)Ermessen zu „beschließen, welche Maßnahmen – mit Ausschluss von Waffengewalt – zu ergreifen sind".

Auch der Erlass von Regelungen, die sich in Bezug auf eine konkrete Bedrohung des Weltfriedens und der internationalen Sicherheit an alle Staaten richten, gehört zum Handlungspotential des Sicherheitsrats. So verpflichtet die Resolution 2178 (2014) alle Staaten, präventive und repressive Maßnahmen gegen den internationalen Terrorismus zu ergreifen und zB gegen die Rekrutierung und Unterstützung von Personen, die in einen Staat einreisen, um terroristische Handlungen zu begehen, vorzugehen.

### 4. Militärische Zwangsmaßnahmen nach Art. 42 UN-Charta

**17** Kommt der Sicherheitsrat zu der Auffassung, dass die in Art. 41 UN-Charta vorgesehenen Zwangsmaßnahmen unzulänglich sein würden oder sich als unzulänglich erwiesen haben, kann er als *ultima ratio* nach Art. 42 UN-Charta militärische Maßnahmen zur Wahrung oder Wiederherstellung des Weltfriedens und der internationalen Sicherheit ergreifen. Für den Einsatz militärischer Mittel nach Art. 42 UN-Charta sollten die UN-Mitgliedstaaten dem Sicherheitsrat nach Maßgabe eines oder mehrerer Sonderabkommen nationale Streitkräfte zur Verfügung stellen, die unter dem Kommando der Vereinten Nationen stehen sollten (Art. 43 UN-Charta). Derartige Sonderabkommen sind jedoch bis heute noch nicht abgeschlossen worden. Daher verfolgt der Sicherheitsrat eine andere Praxis: anstelle von Sonderabkommen ermächtigt der Sicherheitsrat in seinen Resolutionen auf der Grundlage des Art. 42 UN-Charta die zum militärischen Einsatz bereiten Mitgliedstaaten zur Durchsetzung der von ihm festgelegten Zwangsmaßnahmen. Die Einsätze unterstehen nationalen oder multinationalen Kommandos, können jedoch, wie etwa die *United Nations Operation in Somalia II,* auch unter einheitlichem UN-Kommando stehen. In jedem Fall begründet die Ermächtigung durch den Sicherheitsrat eine Zurechnung der Militäreinsätze alleine zu den Vereinten Nationen. Für die durchgeführten militärischen Aktionen tragen damit grundsätzlich die Vereinten Nationen die (auch pekuniäre) Verantwortung.

Regelmäßig bedient sich der Sicherheitsrat bei der Ermächtigung **18** einzelner Staaten bzw. Staatengruppen zur Ausübung militärischer Gewalt in seinen Resolutionen einer Standardformel, wonach die Mitgliedstaaten autorisiert sind, „**to use all necessary means**". Auch wenn diese Formulierung nicht wörtlich auf die Berechtigung zum Militäreinsatz weist, entspricht es doch der Praxis des Sicherheitsrats, dass die Wendung „alle notwendigen Maßnahmen" auch militärische Gewalt einschließt. Mit der Formel „to use all necessary means" hat der Sicherheitsrat im März 2011 auch in Bezug auf den Libyen-Bürgerkrieg die UN-Mitgliedstaaten ermächtigt, die Befolgung des verhängten Flugverbots durchzusetzen (Res. 1973 (2011)). Seit 1990 hat der Sicherheitsrat mehrfach – in Ermangelung eigener Streitkräfte – freiwillig von UN-Mitgliedstaaten gebildete Koalitionen mit militärischen Interventionen auf der Grundlage des Art. 42 UN-Charta beauftragt. Zu nennen sind etwa die Militäraktionen zur Befreiung des vom Irak besetzten Kuwait (Res. 678 (1990)), zahlreiche Einsätze in Bosnien-Herzegowina (Res. 770 und 787 (jeweils 1992), 816 und 836 (jeweils 1993), 1031 (1995)) oder die Einsätze im Kongo (Res. 1291 (2000)), in Afghanistan (Res. 1368 (2001)) oder eben in Libyen (Res. 1973 (2011)).

Sind die UN-Mitgliedstaaten nicht vom Sicherheitsrat zur Durch- **19** führung militärischer Aktionen berechtigt, dürfen sie – wenn ihnen kein anderer Rechtstitel wie bspw. das Selbstverteidigungsrecht zusteht – keine militärischen Zwangsmaßnahmen anwenden. Allerdings kann im Einzelfall fraglich sein, ob eine Resolution des Sicherheitsrats tatsächlich eine Ermächtigung zum militärischen Einschreiten enthält. Bis heute wird in diesem Zusammenhang die Resolution 1441 vom 8.11.2002 diskutiert, mit der der Irak letztmalig aufgefordert wurde, die bisherigen Resolutionen des Sicherheitsrats bedingungslos zu akzeptieren und der Verpflichtung zum Abbau seiner Massenvernichtungswaffen nachzukommen. In der Formulierung, dass der Sicherheitsrat „Irak wiederholt vor ernsthaften Konsequenzen gewarnt hat" (s. Nr. 13 der Resolution), kann – nach allerdings umstrittener Auffassung – keine Ermächtigung zum Einsatz von Waffengewalt gesehen werden, zumal die bisherige Praxis des Sicherheitsrats immer eindeutig zu „all necessary means" ermächtigte. Die militärische Intervention der sog. Koalition der Willigen unter Führung der USA gegen den Irak ließ sich daher nicht auf eine Ermächtigung des Sicherheitsrats stützen.

## 5. UN-Friedenstruppen

**20**     Seit 1949 werden vom Sicherheitsrat zahlreiche als „Blauhelme"
bezeichnete multinationale Streitkräftetruppen (UN-Friedenstruppen)
zur Beobachtung und Überwachung in Konfliktregionen geschickt.
Ziel solcher friedenserhaltender Maßnahmen (*peace keeping operations*), die erst nach Beendigung der Kampfhandlungen zwischen den
streitenden Parteien beginnen können, sind zB die Überprüfung der
Einhaltung von Waffenstillstandsabkommen oder die Sicherung einer
Pufferzone zwischen den Konfliktparteien. Eine eindeutige Rechtsgrundlage für den nicht eigens geregelten friedenserhaltenden Einsatz
durch Blauhelm-Soldaten lässt sich nicht ausmachen. Als reine frie-
denserhaltende Maßnahmen ließen sich die Aufträge auf Kapitel VI
UN-Charta stützen. Die Praxis jedoch hat gezeigt, dass die Grenze
zwischen friedenserhaltenden und friedensschaffenden Maßnahmen
(*peace enforcement operations*), die auch den Einsatz von Zwangsmaßnahmen beinhalten und daher ihre Grundlage in Kapitel VII UN-
Charta finden, oftmals fließend ist. Dies kommt insbesondere beim
sog. **robusten peace keeping** zum Ausdruck, bei dem friedenserhal-
tende Maßnahmen mit Zwangsmaßnahmen wie dem Einsatz von
Waffengewalt zum Schutz der Zivilbevölkerung oder von Hilfsgüter-
lieferungen gekoppelt sind. Die heutige Entsendung von UN-
Friedenstruppen, die mittlerweile gewohnheitsrechtlich gesichert ist,
wird daher regelmäßig auf die Befugnisse des Sicherheitsrats aus
Kapitel VI und Kapitel VII UN-Charta gestützt.

## B. Allgemeines Gewaltverbot

**Literatur:** *Herdegen*, Völkerrecht, § 34; *Hobe*, Einführung in das Völkerrecht,
S. 249 ff.; *Kempen/Hillgruber*, Völkerrecht, § 38; *Stein/von Buttlar*, Völkerrecht, Rn. 768 ff.

**21**     Bis zum Anfang des 20. Jahrhunderts wurde den Staaten als Mittel
der Politik ein freies Kriegsführungsrecht zugestanden, das nur weni-
gen Beschränkungen unterlag. Mit dem nach dem französischen und
dem amerikanischen Außenminister benannten *Briand-Kellogg-Pakt*
(→ Kap. 1 Rn. 9) von 1928 wurde zwar der Krieg als Mittel für die
Lösung internationaler Streitfälle verurteilt, doch der entscheidende
Durchbruch gelang der Staatengemeinschaft erst mit Gründung der
Vereinten Nationen. Unter dem Eindruck und in Erinnerung an die
Opfer des Zweiten Weltkrieges setzten sich die Staaten der Vereinten
Nationen das Ziel, „künftige Geschlechter vor der Geißel des Krieges

zu bewahren" (s. Präambel der UN-Charta) und statuierten in Art. 2
Nr. 4 UN-Charta nicht nur ein Kriegsverbot, sondern ein allgemeines
Gewaltverbot. Das allgemeine Gewaltverbot hat heute längst auch
(zwingende) völkergewohnheitsrechtliche Geltung erlangt.

## I. Gewaltverbot nach Art. 2 Nr. 4 UN-Charta

Das Gewaltverbot des Art. 2 Nr. 4 UN-Charta untersagt die Andro- **22**
hung oder Anwendung **militärischer Gewalt.** Hierunter fällt nicht nur
der geplante kriegerische Angriff, sondern jede Form militärischer
Gewaltanwendung. Das Überschreiten einer gewissen Mindestintensi-
tätsschwelle, wie sie von einigen Lehrmeinungen gefordert wird, setzt
die Verletzung des Gewaltverbots nicht voraus. Daher fallen auch sog.
*low-intensity conflicts* unter das Gewaltverbot.

Da nicht-militärische Gewalt nicht unter das Gewaltverbot des **23**
Art. 2 Nr. 4 UN-Charta fällt, ist die Ausübung wirtschaftlichen oder
politischen Drucks kein Fall unzulässiger Gewaltanwendung. Wirtschaftlicher oder politischer Druck kann allerdings gegen das Interventionsverbot verstoßen (→ Kap. 5 Rn. 16, 18).

Die Formulierung des Art. 2 Nr. 4 UN-Charta, wonach Gewalt ver- **24**
boten ist, die „gegen die territoriale Unversehrtheit oder die politische
Unabhängigkeit eines Staates gerichtet" ist, bedeutet keine Einschränkung des Verbotstatbestands dahingehend, dass wohlgemeinte, unei-
gennützige Aktionen, die beispielsweise im Interesse des betreffenden
Staates oder seiner Zivilbevölkerung stehen, nicht den Tatbestand des
Gewaltverbots erfüllten. Nach herrschender Auffassung hat der Passus
des Art. 2 Nr. 4 UN-Charta lediglich klarstellende Funktion und ver-
deutlicht, was jedenfalls einen besonders schwerwiegenden Verstoß
gegen das Gewaltverbot darstellt. Eine Einschränkung des Tatbestands
liegt in der beschriebenen Zielrichtung der Gewaltanwendung nicht.

Das Gewaltverbot des Art. 2 Nr. 4 UN-Charta richtet sich nur gegen **25**
**zwischenstaatliche** Gewalt („in ihren internationalen Beziehungen").
Gewaltsame Aktionen innerhalb eines Staates wie ein Bürgerkrieg
stellen keine Verletzung des Gewaltverbots dar (was nicht bedeutet,
dass nicht der Sicherheitsrat aufgrund der durch einen Bürgerkrieg
ausgelösten Situation bei Feststellung einer Bedrohung des Weltfriedens und der internationalen Sicherheit zum Ergreifen von Maßnahmen nach Kapitel VII UN-Charta ermächtigt ist). Geht die Gewalt
gegen einen Staat von privaten Gruppierungen wie terroristischen
Vereinigungen aus, kommt es entscheidend darauf an, ob diese Gewalt
dem Heimatstaat zugerechnet werden kann, wie dies bei den Anschlä-
gen vom 11.9.2001 im Hinblick auf Afghanistan angenommen wurde.

**26**    Art. 2 Nr. 4 UN-Charta verbietet nicht nur die Anwendung, sondern auch die **Androhung** von zwischenstaatlicher Gewalt. Wann eine rechtswidrige Androhung von Gewalt und nicht etwa nur eine Bedrohung vorliegt, ist nach dem IGH unter Gesamtbetrachtung aller Umstände zu entscheiden. Eine rechtfertigungsbedürftige Androhung von Gewalt müsste mehr als nur eine verbale oder symbolische Bedrohungslage sein und dürfte zB bei einem Truppenaufmarsch an der Grenze, verbunden mit expliziter oder impliziter Gewaltandrohung, anzunehmen sein.

## II. Ausnahmen vom Gewaltverbot

**27**    Neben den vom Sicherheitsrat im Fall eines Friedensbruchs oder einer Friedensbedrohung verhängten **Zwangsmaßnahmen nach Kapitel VII UN-Charta** lässt die UN-Charta als weitere Ausnahme vom Gewaltverbot **Maßnahmen zur individuellen und kollektiven Selbstverteidigung** zu. Daneben werden in der internationalen Praxis regelmäßig auch noch **weitere Rechtfertigungsgründe** angeführt, die allerdings durchaus kritisch zu betrachten sind, da jeder weitere Fall vorgeblich gerechtfertigter Gewalt das allgemeine Gewaltverbot schwächt.

### 1. Selbstverteidigungsrecht nach Art. 51 UN-Charta

### a) Bewaffneter Angriff

**28**    Voraussetzung der individuellen und kollektiven Selbstverteidigung ist das Vorliegen eines bewaffneten Angriffs. Der IGH geht davon aus, dass ein bewaffneter Angriff bei **Anwendung militärischer Gewalt** gegeben ist, die eine **gewisse Intensitätsschwelle** erreicht. Diese Schwelle ist nach Ansicht des IGH höher als beim allgemeinen Gewaltverbot nach Art. 2 Nr. 4 UN-Charta. So hat der IGH im *Nicaragua*-Fall (ICJ Reports 1986, 14 (111); → Kap. 5 Rn. 14) bloße kleinere Grenzvorfälle im Sinne vereinzelter Schießereien zwischen den Grenzsoldaten nicht als bewaffneten Angriff iSd Art. 51 UN-Charta eingestuft. Nicht jeder Verstoß gegen das Gewaltverbot löst somit das Selbstverteidigungsrecht aus. Nach Ansicht des IGH berechtigen „einfache" Verstöße gegen das Gewaltverbot nicht zur Reaktion mit Selbstverteidigung.

Im *Nicaragua*-Fall hat der IGH in der Waffenlieferung Nicaraguas an Aufständische in El Salvador noch keinen bewaffneten Angriff gesehen, der die USA zur kollektiven Selbstverteidigung berechtigt hätte.

**29**    Die strikte Trennung zwischen einer bloßen Verletzung des Gewaltverbots und einem das Selbstverteidigungsrecht auslösenden bewaffneten Angriff ist nicht unproblematisch und durchaus auch umstritten. Denn im Fall der Gewaltanwendung unterhalb einer gewissen Intensitätsschwelle ist der betroffene Staat aufgrund seiner Unterworfenheit unter das Gewaltverbot daran gehindert, mit entsprechender Gewalt zu „antworten". Der das Gewaltverbot verletzende Staat ist somit auf der sicheren Seite. Dass dieses Ergebnis nicht vollständig zufriedenstellen kann, zeigen beispielsweise Bagatellangriffe, die in einer militärischen Nadelstichtaktik eingesetzt werden. Isoliert betrachtet mögen sie zwar nicht erheblich sein, in der Gesamtheit betrachtet können sie jedoch verheerende Auswirkungen haben. Daher wird man fallweise sorgfältig anhand der kumulierten Wirkung der Gewaltakte prüfen müssen, ob die Schwelle zum bewaffneten Angriff erreicht ist.

Gleiches gilt für andere als militärische Formen physischer Zwangseinwirkung, die ebenfalls in Ausmaß und Wirkung erhebliche Schäden verursachen können. So wird es zB bei der Beurteilung eines computergestützten Angriffs („*cyber attack*") u.a. auf die Schwere und Unmittelbarkeit der Wirkungen, den militärischen Charakter und die Verwicklung eines Staates in den Anschlag zur Begründung eines bewaffneten Angriffs ankommen.

Der Wortlaut des Art. 51 UN-Charta verlangt nicht, dass der bewaffnete Angriff von einem Staat ausgeht. Allerdings ist zu berücksichtigen, dass im Fall eines von einer nicht-staatlichen, etwa terroristischen Gruppierung ausgehenden bewaffneten Angriffs ein Selbstverteidigungsrecht gegen den die nicht-staatliche Gruppierung „beherbergenden" Staat nur dann zulässig ist, wenn dem Staat die Gewaltakte auch zugerechnet werden können. Die Zurechnungskriterien sind umstritten. Der IGH legt im *Nicaragua*-Fall insoweit strenge Kriterien an und verlangt mit der Forderung, dass bewaffnete Gruppen „durch oder im Auftrag eines Staates" entsendet sein müssen oder dass der Staat die „effektive Kontrolle" über bestimmte militärische Operationen nicht-staatlicher Gruppierungen ausüben müsse, gleichsam eine eigene Tatherrschaft des Hintergrundstaates. Insbesondere seit den Terroranschlägen des *Al Qaida*-Netzwerks in den vergangenen Jahren wird erwogen, die Zurechnungskriterien auszuweiten. Nach verbreiteter Ansicht soll es ausreichen, wenn die Terrororganisation von einem Staat unterstützt wird bzw. der Staat die Organisation auf seinem Territorium (wenn auch nur widerstrebend) duldet und ihr damit eine Zufluchtsstätte schafft, von der aus sie Terroranschläge planen und durchführen kann. Allerdings dürfen sich Selbstverteidigungshandlungen in solchen Fällen nicht gegen den Staat, sondern allein gegen die sich im Staatsgebiet aufhaltenden Terroristen wenden.

In seinen auf die Anschläge vom 11.9.2001 folgenden Resolutionen (1368 und 1373 (jeweils 2001)) hat sich der Sicherheitsrat nicht ausdrücklich zur Frage

**30**

der staatlichen Zurechnung geäußert, sondern das von den USA in Anspruch genommene Selbstverteidigungsrecht mit der Feststellung gestützt, dass den Terroranschlägen die Qualität eines „bewaffneten Angriffs" zuzumessen sei. Entscheidend kam es hier wie auch bei der Ausrufung des Bündnisfalls durch den NATO-Rat darauf an, dass die Terroranschläge vom Ausland aus gelenkt wurden. Es kam somit nicht (mehr) darauf an, ob das Taliban-Regime bzw. Afghanistan selbst in die Angriffshandlungen unmittelbar involviert war.

### b) Grenzen des Selbstverteidigungsrechts

31     Das Selbstverteidigungsrecht setzt einen **gegenwärtigen** bewaffneten **Angriff** voraus, dh einen Angriff, der schon aber auch noch besteht. Die Anwendung von Gewalt ist somit dann unzulässig, wenn sie Antwort auf einen früheren, aber nicht mehr andauernden Angriff ist. Das Erfordernis der unmittelbaren zeitlichen Reaktion auf einen Angriff darf aber nicht überspannt werden. Vielmehr muss es einem angegriffenen Staat möglich sein zu versuchen, den Streit zunächst mit friedlichen Mitteln beizulegen. Zudem muss ihm auch eine angemessene Zeit zur Vorbereitung militärischer Gegenmaßnahmen und damit zur Organisation der Selbstverteidigung zugestanden werden. So wird auch die Militäroperation *Enduring Freedom* gegen das Taliban-Regime in Afghanistan unter dem Gesichtspunkt der Unmittelbarkeit der Reaktion nicht kritisiert, sondern in dem ca. 4-wöchigen Zeitraum zwischen Angriff und Abwehrhandlung noch ein ausreichender zeitlicher Bezug gesehen.

32     Eine zeitliche Vorverlagerung des Selbstverteidigungsrechts soll im Fall eines **unmittelbar drohenden Angriffs** nach heute überwiegender Meinung zulässig sein. Denn es kann von einem Staat nicht verlangt werden, sehenden Auges den bevorstehenden Angriff abzuwarten, um dann gegebenenfalls keine effektive Selbstverteidigung mehr ausüben zu können.

33     Höchst strittig ist die Zulässigkeit von zeitlich weiter vorverlagerten Maßnahmen, den sog. *preemtive strikes*. Vorbeugende Abwehrmaßnahmen, ohne dass eine gesicherte Wahrscheinlichkeit für einen Angriff besteht, werden insbesondere mit Blick auf solche Staaten gefordert, die Massenvernichtungswaffen besitzen oder bei denen der Besitz entsprechender Waffen dringend vermutet wird. In diesem Fall würde, so die Befürworter von präemptiven Einsätzen, ein Abwarten eines Angriffs den Schutzzweck der Selbstverteidigung ins Leere laufen lassen, da eine effektive Verteidigung im Angriffsfall gar nicht mehr möglich sei bzw. jede Abwehr zu spät käme. Wenngleich eine Ausweitung des Selbstverteidigungsrechts zur Rechtfertigung auch vorbeugender Maßnahmen die Gefahr des Missbrauchs in sich birgt, ließe sich jedoch durchaus verantworten, dass im Fall eines gesicherten Nachweises über die Existenz von Massenvernichtungswaffen und bei

Vorliegen einer greifbaren Angriffsabsicht vorbeugende Abwehrmaßnahmen zulässig sein sollen. Am Vorliegen dieser Evidenzkriterien
dürfte die Zulässigkeit der Selbstverteidigungsmaßnahmen jedoch
regelmäßig scheitern.

So hätten die USA im Irak-Krieg 2003 die Existenz von Massenvernichtungswaffen ebenso eindeutig nachweisen müssen wie den Willen des damaligen
irakischen Regimes, diese Waffen auch einzusetzen.

Im Übrigen ist zu beachten, dass der Sicherheitsrat bei Militärmaß-
nahmen im Vorfeld eines unmittelbar bevorstehenden Angriffs eine
Friedensbedrohung nach Art. 39 UN-Charta feststellen und Maßnahmen nach Kapitel VII UN-Charta einschließlich militärischer Maßnahmen anordnen kann.

Die Selbstverteidigungshandlung muss, um nicht verbotene Gewalt **34**
zu sein, dem **Grundsatz der Verhältnismäßigkeit** entsprechen. Die
Art und Weise der Reaktion muss in einem angemessenen Verhältnis
zur Schwere des Angriffs stehen. Dies bedeutet auch, dass Vergel-
tungsschläge, die nicht auf Abwehr bzw. Beseitigung der Bedrohung
zielen, unzulässig sind. Zudem dürfen nur solche Maßnahmen ergriffen
werden, die zur Zurückweisung des Angriffs auch tatsächlich notwendig sind. Insbesondere ist die Zivilbevölkerung so weit als möglich zu
schützen. Ob in einer extremen Selbstverteidigungssituation, in der es
um die Existenz des angegriffenen Staates geht, mit Massenvernichtungswaffen, insbesondere mit Atomwaffen reagiert werden darf, ist
strittig. Jedenfalls wird man einen gezielt gegen die Zivilbevölkerung
gerichteten Atomwaffeneinsatz als verboten anzusehen haben. Ein
generelles Verbot des Einsatzes von Atomwaffen kennt das Völkerrecht jedoch nicht.

Grundsätzlich nicht vom Recht auf Selbstverteidigung erfasst sind
Maßnahmen, die darauf abzielen, die Regierung im Angreiferstaat
abzulösen, um so den Angriffswillen und die Angriffsfähigkeit dauerhaft zu verhindern. Eine solche auf Veränderung der politischen Verhältnisse im Angreiferstaat zielende Maßnahme (*regime change*, wie es
die USA und ihre Verbündeten im Afghanistan-Krieg 2001 und im
Irak-Krieg 2003 verfolgt haben) liegt grundsätzlich außerhalb der
(defensiven) Selbstverteidigung.

Nach Art. 51 S. 1 Hs. 2 UN-Charta endet die Befugnis zur Selbst- **35**
verteidigung, wenn der Sicherheitsrat „die zur Wahrung des Weltfriedens und der internationalen Sicherheit erforderlichen Maßnahmen
getroffen hat". Zu diesem Zweck sind Selbstverteidigungsmaßnahmen
dem Sicherheitsrat sofort anzuzeigen (Art. 51 S. 2 UN-Charta). Das
**Selbstverteidigungsrecht endet** in dem Zeitpunkt, in dem der Sicherheitsrat selbst Maßnahmen zur Befriedung ergreift oder zu der Ein-

schätzung gelangt, dass kein Recht auf Selbstverteidigung besteht. Umgekehrt bleibt das Recht zur individuellen oder kollektiven Selbstverteidigung dann umfänglich bestehen, wenn im Sicherheitsrat keine Mehrheit für eine zur Befriedung erforderliche Resolution zustande kommt. Dies bedeutet aber auch, dass die ständigen, mit Vetorecht ausgestatteten Mitglieder des Sicherheitsrats letztlich aufgrund ihres Vetos verhindern können, dass der Sicherheitsrat dem von ihnen selbst ausgeübten Selbstverteidigungsrecht mit einer Resolution nach Kapitel VII UN-Charta als „erforderlicher Maßnahme" entgegentreten könnte. Scheitert eine Resolution des Sicherheitsrats, berührt dies das ausgeübte Selbstverteidigungsrecht nicht.

## 2. Schutz eigener Staatsangehöriger im Ausland

**36**    Zahlreiche Beispiele der Vergangenheit zeigen, dass Staaten hin und wieder gewaltsame Maßnahmen zur Rettung eigener Staatsangehöriger im Ausland ergreifen. Als Beispiele seien die Befreiung israelischer Staatsangehöriger aus der Gewalt palästinensischer Terroristen auf dem ugandischen Flughafen Entebbe im Jahr 1976 oder die Rettung deutscher Staatsangehöriger durch die Bundeswehr aus Albanien 1997 sowie aus jüngerer Zeit die Evakuierung von Ausländern aus Libyen im März 2011 genannt. Solche Rettungsaktionen stellen ohne Zustimmung des betroffenen Staates eine völkerrechtswidrige Intervention dar. Gleichwohl ist die Rettung eigener, sich offenkundig in Notlage befindlicher Staatsangehöriger als Staatenpraxis weitgehend anerkannt, sofern der Einsatz allein zur Rettung der Staatsangehörigen dient und nicht noch andere Zwecke wie etwa Vergeltung verfolgt werden. Als Argument zur Rechtfertigung der gewaltsamen Rettung eigener Staatsangehöriger wird neben einer Ausweitung des allgemeinen Selbstverteidigungsrechts auch auf einen ungeschriebenen völkergewohnheitsrechtlichen Rechtfertigungsgrund zurückgegriffen.

## 3. Eingreifen im Fall des *failed state*

**37**    Ist die Regierungsgewalt in einem Staat völlig zusammengebrochen (*failed state*; → Kap. 2 Rn. 9), ist der Staat also gar nicht willens oder nicht mehr in der Lage, seine eigene Bevölkerung ausreichend vor Gefahren für Leib oder Leben etwa aufgrund von Bürgerkriegen zu schützen, soll nach verbreiteter Ansicht ein Eingreifen dritter Staaten zulässig sein. Diese – umstrittene – Ausnahme vom Gewaltverbot wird im Wesentlichen mit dem ansonsten der Zivilbevölkerung unmittelbar drohenden unzumutbaren Leid und damit letztlich mit humanitären Motiven begründet.

## 4. Humanitäre Intervention

Als **humanitäre Intervention** wird das militärische Eingreifen in **38** einem fremden Staatsgebiet zum Schutz der Menschenrechte fremder Staatsangehöriger ohne Autorisierung des UN-Sicherheitsrats bezeichnet.

Die Zulässigkeit der humanitären Intervention, die grenzüberschreitende bewaffnete, unter Art. 2 Nr. 4 UN-Charta fallende Gewalt darstellt, ist sowohl in der Völkerrechtslehre als auch in der Staatenpraxis strittig. Für die Rechtfertigung der humanitären Intervention spricht, dass das Völkerrecht immer mehr den Schutz der Menschenrechte in das Zentrum der Völkerrechtsordnung stellt und das Gewalt- bzw. Interventionsverbot nicht ein Freibrief für Menschenrechtsverletzungen sein darf. Andererseits sorgt das Gewalt- und Interventionsverbot für Stabilität und Rechtssicherheit und verhindert in seiner engen Auslegung die Gefahr eines Missbrauchs. Denn es ist zu befürchten, dass sich humanitären Zielen, mit denen eine Intervention gerechtfertigt wird, leicht auch eigennützige Handlungsabsichten der intervenierenden Staaten beimischen.

Auch wenn noch kein vollständiger Wandel in der Rechtsüberzeugung **39** und Staatenpraxis eingetreten ist, hat doch das militärische Eingreifen der NATO im Kosovo 1999, das allein den Schutz der albanischen Bevölkerung vor der katastrophalen, mit massiven Menschenrechtsverletzungen verbundenen Vertreibungspolitik zum Ziel hatte, die Diskussion um die völkerrechtliche Rechtfertigung humanitärer Interventionen erneut belebt. Unstreitig stellten die ohne Legitimation des Sicherheitsrats durchgeführten Luftoperationen der NATO mit massiven Angriffen auf Ziele in Serbien einen Verstoß gegen das Gewaltverbot dar. Umgekehrt fühlten sich die NATO-Staaten verpflichtet, den gravierenden Menschenrechtsverletzungen Einhalt gebieten und sich schützend vor Teile der Bevölkerung stellen zu müssen.

Als Rechtfertigung für den Einsatz im Kosovo führen einige Stimmen in der Völkerrechtslehre an, dass bei humanitären Interventionen der Anwendungsbereich des Art. 2 Nr. 4 UN-Charta teleologisch reduziert und das Gewaltverbot gar nicht berührt bzw. das Gewaltverbot in einer Güterabwägung mit dem Schutz der elementaren Menschenrechte nachrangig sei. Eine andere Ansicht stellt auf den Gedanken der kollektiven Selbstverteidigung ab und rechtfertigt den Einsatz damit, dass ebenso wie im Fall eines angegriffenen Staates auch im Fall einer verfolgten Minderheit eine kollektive Nothilfe zulässig sein müsse. Wiederum eine andere Ansicht stellt darauf ab, dass der Kosovo-Einsatz der NATO aufgrund der Handlungsunfähigkeit des Sicherheitsrats gerechtfertigt gewesen sei. Die Veto-Blockademöglichkeit der ständigen Sicherheitsratsmitglieder machte es notwendig, dass eine andere internationale Organisation die Verantwortung für die Beendigung der humanitären Katastrophe übernahm.

**40**    Selbst wenn man die humanitäre Intervention nur bei schwerwiegendsten Menschenrechtsverletzungen mit Genozid-Charakter für zulässig erachtet, müssen vor dem Hintergrund der Gefahr einer missbräuchlichen Berufung auf humanitäre Ziele jedenfalls strenge und eindeutig festgelegte Zulässigkeitsvoraussetzungen gelten. Die Befürworter einer humanitären Intervention halten im Wesentlichen folgende Voraussetzungen fest:

- nachweisbare schwere, systematische Menschenrechtsverletzungen bzw. unmittelbar bevorstehende entsprechende Verletzungen
- Befassung des UN-Sicherheitsrats, aufgrund der Veto-Blockade jedoch ohne Befriedungsbeschluss
- keine ausdrückliche Verurteilung der humanitären Intervention durch den UN-Sicherheitsrat bzw. kein Aufruf zur Beendigung der Aktion
- kollektive Intervention einer Staatengruppe (nicht eine Hegemonialmacht alleine)
- vorherige Androhung der Intervention und strikte Beschränkung auf humanitäre Ziele
- Intervention als *ultima ratio* und Verhältnismäßigkeit der eingesetzten Mittel.

**41**    Als weitere Begründung für die Zulässigkeit einer militärischen humanitären Intervention wird das **Prinzip der Schutzverantwortung** (sog. *Responsibility to Protect*) angeführt, das zwischenzeitlich von der UN-Generalversammlung im Rahmen einer Resolution angenommen wurde. Es geht davon aus, dass jeder Staat die Verpflichtung hat, seine eigene Bevölkerung vor systematischen Menschenrechtsverletzungen zu schützen. Gelingt einem Staat dies nicht (mehr), soll die internationale Gemeinschaft berechtigt sein, militärisch zu intervenieren, da der Staat selbst in diesem Fall nicht mehr souverän genug sei, die eigene Bevölkerung zu schützen. Allerdings bleibt es nach wie vor dem Sicherheitsrat vorbehalten, derartige Schutzmaßnahmen über Kapitel VII UN-Charta zu genehmigen. Die Rechtfertigung zur Ausnahme vom Gewaltverbot stellt somit nicht der Titel der *Responsibility to Protect* dar, sondern weiterhin alleine die Entscheidung des Sicherheitsrats, die durch den Grundsatz der Schutzverantwortung lediglich noch eine weitere politische Stärkung erhält.

**Prüfungsschema bei einem Verstoß gegen das Gewaltverbot**          **42**

A. Umfassendes Gewaltverbot gem. Art. 2 Nr. 4 UN-Charta

B. Rechtfertigung des Verstoßes

    I. Militärische Zwangsmaßnahme nach Art. 42 UN-Charta

        1. Vorliegen der materiellen Eingriffsvoraussetzungen gem. Art. 39 UN-Charta

           – Friedensbedrohung

           – Friedensbruch

           – Angriffshandlung

        2. Beschluss des Sicherheitsrats gem. Art. 24 ff. UN-Charta zum Streitkräfteeinsatz

        3. Verhältnismäßigkeit, dh Geeignetheit, Erforderlichkeit und Angemessenheit der militärischen Zwangsmaßnahme

    II. Selbstverteidigungsrecht nach Art. 51 UN-Charta

        1. Bewaffneter, gegenwärtiger oder unmittelbar bevorstehender Angriff

        2. Erforderlichkeit der Gegenmaßnahme gem. Art. 51 S. 2 UN-Charta, dh Verhältnismäßigkeit

        3. Vorrang der Maßnahmen des Sicherheitsrats gem. Art. 51 Abs. 1 S. 1 Hs. 2 UN-Charta

    III. Schutz eigener Angehöriger im Ausland

    IV. Fall des *failed state*

    V. Humanitäre Intervention

# C. Friedliche Streitbeilegung

**Literatur:** *Herdegen*, Völkerrecht, § 62 f.; *Hobe*, Einführung in das Völkerrecht, S. 349 ff.; *Kempen/Hillgruber*, Völkerrecht, § 39; *Stein/von Buttlar*, Völkerrecht, Rn. 908 ff.

Grundprinzip der zwischenstaatlichen Beziehungen und geradezu **43** notwendige Bedingung für das Gelingen des allgemeinen Gewaltverbots ist das Prinzip der friedlichen Streitbeilegung. Für die Mitgliedstaaten der Vereinten Nationen ergibt sich die Pflicht, Streitigkeiten mit internationalem Charakter friedlich beizulegen aus Art. 2 Nr. 3 UN-Charta. Das Gebot der friedlichen Streitbeilegung ist in verschiedenen Resolutionen der Generalversammlung wie in der *Friendly Relations Declaration* (GA Res. 2625 (XXV) vom 24.10.1970) oder in der *Manila*-Erklärung über die friedliche Beilegung internationaler Streitigkeiten (*Manila-Declaration on the Peaceful Settlement of Disputes*, GA Res. 37/10 vom 15.11.1982) näher ausgeformt und spezifiziert.

## I. Mittel der Streitbeilegung

**44**    In der Staatenpraxis haben sich zur Lösung zwischenstaatlicher Streitigkeiten verschiedene Mechanismen herausgebildet. Art. 33 Abs. 1 UN-Charta zählt – nicht abschließend – die traditionellen Mittel der Streitbeilegung auf, die den Streitparteien gleichrangig zur Verfügung stehen: Verhandlung, Untersuchung, Vermittlung, Vergleich, Schiedsspruch, gerichtliche Entscheidung, Inanspruchnahme regionaler Einrichtungen und Abmachungen.

**45**    Die einzelnen Streitbeilegungsmittel lassen sich in zwei Kategorien aufteilen, die sich in der Bindungswirkung für die Streitparteien unterscheiden. Unterschieden werden die **diplomatischen bzw. politischen Streitbeilegungsmittel** von den **richterlichen Mitteln**.

### 1. Diplomatische Streitbeilegung

**46**    Zur Gruppe der diplomatischen bzw. politischen Streitbeilegungsmittel, die keine rechtliche Verbindlichkeit für die Parteien auslösen, gehören zum einen die **Verhandlungen** zwischen den Konfliktparteien, ohne dass Dritte hieran beteiligt sind. Ziel dieses klassischen, in der Praxis am häufigsten verwendeten Mittels ist das Finden einer auf Konsens beruhenden Lösung. Von den Verhandlungen unterscheiden sich die ebenfalls auf eine Kompromisslösung zielenden Konsultationen dadurch, dass letztere typischerweise zum Zuge kommen, um bereits der Entstehung von Konflikten vorzubeugen.

**47**    Die ebenfalls zur Gruppe der diplomatischen Streitbeilegungsmittel zählende **Untersuchung** wird zur unparteiischen Klärung strittiger Sachverhalte eingesetzt. Der Untersuchungsbericht kann dann als Grundlage einer weiteren Konfliktlösung dienen.

**48**    Bei der **Vermittlung** wird ein unparteiischer Dritter in die Verhandlungen einbezogen, um (mit eigenen Lösungsvorschlägen) zur Lösungsfindung beizutragen. In engem Zusammenhang damit steht der sog. **Gute Dienst**, bei dem der Dritte jedoch nicht selbst in die Verhandlungen eingreift. Vielmehr übernimmt es der Dritte hier, die Streitparteien (wieder) an einen Tisch zu bringen und Verhandlung (wieder) zu führen. Die Grenzen zwischen bloßem Guten Dienst und Vermittlung sind in der Praxis oftmals fließend.

Weitere diplomatische Streitbeilegungsmethode ist der sog. **Vergleich**, der die Untersuchung und die Vermittlung miteinander verbindet. Der von der neutralen Partei nach Aufklärung der streitrelevanten Tatsachen unterbreitete Lösungsvorschlag, der idealerweise in einen Vergleichsvertrag münden soll, ist für die Parteien wiederum nicht rechtsverbindlich. **49**

## 2. Richterliche Streitbeilegung

Anders als die diplomatischen Streitbeilegungsmittel binden die richterlichen Mittel, die eine rechtlich verbindliche Entscheidung über den Streitfall treffen, die Streitparteien. Streitabschließende Entscheidungen in der internationalen Praxis sind der **Schiedsspruch** und die **Entscheidung eines internationalen Gerichts**. In beiden Fällen sind die streitenden Parteien verpflichtet, die richterliche Entscheidung zu befolgen und alle hierfür notwendigen Maßnahmen zu ergreifen. Eine Nichtbeachtung der richterlichen Entscheidung stellt einen Völkerrechtsverstoß dar. **50**

Die Schiedsgerichtsbarkeit unterscheidet sich von der internationalen Gerichtsbarkeit dadurch, dass das Schiedsverfahren viel stärker zur Disposition der Streitparteien steht. In aller Regel werden Schiedsgerichte für aktuell anstehende Streitfälle eingerichtet (sog. *ad hoc*-Schiedsgericht). Dabei entscheiden die Parteien im Wesentlichen selbst sowohl über den Umfang der Zuständigkeit, die Zusammensetzung des Spruchkörpers als auch über das anzuwendende Recht und die Bestimmungen des Verfahrens. Zu diesem Zweck wird ein meist schriftlicher Schiedsvergleich (sog. Kompromiss) geschlossen. Bei der internationalen Gerichtsbarkeit mit prinzipiell feststehender Zuständigkeit, Zusammensetzung und vorgegebener Verfahrensordnung ist der Einfluss der Parteien hingegen sehr gering. Allerdings gibt es auch ständige Schiedsgerichte mit im Vorhinein festgelegter Zuständigkeit, Besetzung der Richterbank und Verfahrensordnung, weshalb die Unterschiede zwischen Schiedsgerichten und internationalen Gerichten oftmals gar nicht so deutlich und die Übergänge fließend sind. **51**

Die Übertragung künftiger Streitigkeiten an ein ständiges Schiedsgericht kann zum einen durch bi- oder multilaterale **Schiedsverträge** erfolgen. In der Praxis finden sich jedoch häufiger sog. **Schiedsklauseln** im Rahmen internationaler Verträge, mit denen die Parteien für bestimmte Bereiche des jeweiligen Vertrags eine schiedsgerichtliche **52**

Entscheidung vorsehen. Regelmäßig finden sich Schiedsklauseln beispielsweise in bilateralen Investitionsschutzverträgen. Vor allem in den internationalen Wirtschaftsbeziehungen ist die Schiedsgerichtsbarkeit von Bedeutung. Beispiel für ein Schiedsgericht, das für Streitigkeiten aus einem bestimmten Ereignis geschaffen wurde, ist das seit 1981 bestehende *Iran-United States Claims Tribunal* mit Sitz in Den Haag. Dieses Schiedsgericht, das schon über mehrere tausend Klagen entschieden hat, wurde nach der Teheraner Geiselaffäre (→ Kap. 5 Rn. 65) errichtet, die zur Folge hatte, dass der Iran US-amerikanische Firmen enteignete und die USA zu Wirtschaftssanktionen griff und iranische Guthaben in den USA beschlagnahmte. Die Zuständigkeit des Schiedsgerichts erstreckt sich sowohl auf Streitigkeiten zwischen den USA und dem Iran als auch auf Klagen von US- und iranischen Bürgern gegen den jeweils anderen Staat – zum einen insbesondere wegen der Enteignungen im Iran und zum anderen insbesondere wegen der Auswirkungen der US-Sanktionen.

**53**    Ebenso wie die schiedsgerichtliche Zuständigkeit bedarf auch die Gründung einer internationalen Gerichtsbarkeit der Zustimmung der beteiligten Staaten, da es eine obligatorische Gerichtsbarkeit nicht gibt. Neben dem IGH mit Sitz in Den Haag gelten als Prototypen der internationalen Gerichte der *Internationale Seegerichtshof* (ISGH) in Hamburg, der *Internationale Strafgerichtshof* (IStGH) in Den Haag, der *Gerichtshof der Europäischen Union* (EuGH) in Luxemburg und der *Europäische Gerichtshof für Menschenrechte* (EGMR) in Straßburg.

## II. Internationaler Gerichtshof

**54**    Der IGH (→ Kap. 2 Rn. 84 ff.) ist Nachfolger des *Ständigen Internationalen Gerichtshofs* (StIGH), der kriegsbedingt 1940 seine Tätigkeit einstellte und 1946 aufgelöst wurde. Der StIGH war kein Organ des Völkerbundes, wohingegen der IGH eines der sechs Hauptorgane der Vereinten Nationen ist. Der IGH ist (Haupt-) Rechtsprechungsorgan für potentiell alle Rechtsstreitigkeiten zwischen Staaten.

**55**    Vor dem IGH können nur Staaten als klagende oder beklagte Partei auftreten (Art. 34 Abs. 1 IGH-Statut). Zugang haben nicht nur die UN-Mitgliedstaaten, die ohne weiteres Partei des IGH-Statuts sind (Art. 93 Abs. 1 UN-Charta). Vielmehr können auch Nicht-Mitgliedstaaten Vertragspartei des IGH-Statuts sein (Art. 35 Abs. 1 IGH-Statut). Die Zugangsberechtigung zum IGH sagt jedoch noch nichts über die Frage aus, ob der IGH auch zur Verhandlung und Entscheidungsfindung über eine anhängig gemachte zwischenstaatliche Streitigkeit zuständig ist. Die Zuständigkeit des IGH hängt vielmehr davon ab, ob sich die Staaten auch der Gerichtsbarkeit des IGH unterworfen haben. Die **Zustän-**

**digkeit** des IGH kann nach Art. 36 IGH-Statut auf drei Arten begründet werden:

– Erstens dadurch, dass die Parteien im Wege einer *ad hoc*-Vereinbarung die Zuständigkeit des IGH für die konkrete Streitigkeit begründen oder die beklagte Partei nach Einreichung der Klage ihre Zustimmung erteilt oder sich rügelos zur Sache einlässt (Art. 36 Abs. 1 Var. 1 IGH-Statut).

– Zweitens können die Parteien durch Unterwerfung unter die Gerichtsbarkeit des IGH in bi- oder multilateralen Verträgen (Art. 36 Abs. 1 letzte Var. IGH-Statut) vor Entstehung einer Streitigkeit die Zuständigkeit des IGH begründen (sog. kompromissarische Klauseln).

– Drittens können die Staaten durch eine freiwillige Erklärung die Zuständigkeit des IGH im Verhältnis zu jedem anderen Staat, der dieselbe Erklärung abgegeben hat, für bestimmte Arten von Rechtsstreitigkeiten als obligatorisch anerkennen (sog. Fakultativklausel des Art. 36 Abs. 2 IGH-Statut). Nur soweit die Erklärungen übereinstimmen, ist die Zuständigkeit des IGH gegeben. Durch die nach Art. 36 Abs. 3 IGH-Statut gegebene und von den Staaten vielfach genutzte Möglichkeit, die Erklärung mit Vorbehalten zu versehen, wird die mit Art. 36 Abs. 2 IGH-Statut eröffnete Möglichkeit einer obligatorischen Gerichtsbarkeit des IGH geschwächt.

Die vom IGH auf Grundlage der in Art. 38 Abs. 1 IGH-Statut ge- **56** nannten Rechtsquellen und Rechtserkenntnisquellen getroffenen Entscheidungen sind nur für die Streitparteien und nur in Bezug auf den entschiedenen Streitgegenstand bindend (Art. 59 IGH-Statut). Die Urteile sind endgültig und unterliegen keinem Rechtsmittel (Art. 60 IGH-Statut). Die Durchführung bzw. Durchsetzung der Entscheidungen ist nicht Sache des IGH. Vielmehr bestimmt insoweit Art. 94 UN-Charta die Pflicht der Parteien, die Entscheidungen des IGH zu befolgen. Im Falle der Nichtbefolgung durch eine Partei liegt nicht nur eine Verletzung der UN-Charta vor, sondern die andere Partei kann gem. Art. 94 Abs. 2 UN-Charta den Sicherheitsrat anrufen, der nach seinem Ermessen Empfehlungen aussprechen oder Maßnahmen beschließen kann, um dem Urteil Wirksamkeit zu verschaffen.

Das Streitverfahren vor dem IGH besteht aus einem schriftlichen **57** und einem mündlichen Teil (Art. 43 IGH-Statut). Zur vorsorglichen Sicherung der Rechte der Parteien kann der Gerichtshof in jeder Lage des Verfahrens bis zur endgültigen Entscheidung einstweilige Anordnungen treffen (Art. 41 IGH-Statut), die nach Auffassung des IGH für die Parteien rechtlich verbindlich sind, selbst wenn die Zuständigkeit des IGH nur *prima facie* gegeben ist (wobei das zentrale Problem aber die fehlende Durchsetzbarkeit bleibt).

**58**     Neben den streitigen Klageverfahren kann der IGH auf Anforderung der Generalversammlung, des Sicherheitsrats oder anderer Organe der Vereinten Nationen oder Sonderorganisationen **richterliche Gutachten** zu einer rechtlichen Frage abgeben (Art. 96 UN-Charta, Art. 65 ff. IGH-Statut). Das ihm hierbei eingeräumte Ermessen übt der IGH restriktiv aus. Nur wenn zwingende Gründe es rechtfertigen, lehnt der IGH einen Gutachtenantrag ab. Auch wenn den Gutachten häufig besonderes (politisches) Gewicht zukommt, sind sie jedoch rechtlich nicht verbindlich; allerdings können sie als Rechtserkenntnisquelle iSd Art. 38 Abs. 1 lit. d IGH-Statut (als „Entscheidungen") Bedeutung erlangen.

### Testfragen zum 6. Kapitel

1. Welche spezifischen Befugnisse hat der Sicherheitsrat aus Kapitel VII UN-Charta zur Wahrung bzw. Wiederherstellung des Friedens und der internationalen Sicherheit?
2. Welches völkerrechtliche Abkommen enthielt als erstes ein generelles Kriegsverbot und welche Erweiterung erfuhr das Kriegsverbot durch die Charta der Vereinten Nationen?
3. Was besagt das allgemeine Gewaltverbot des Art. 2 Nr. 4 UN-Charta?
4. Wann kann von dem Gewaltverbot rechtmäßigerweise abgewichen werden?
5. Was setzt die Inanspruchnahme der Selbstverteidigung nach Art. 51 UN-Charta voraus?
6. Gestattet das Recht auf Selbstverteidigung den nuklearen Erstschlag?
7. Lässt sich der Sturz einer ausländischen Regierung mit den Erfordernissen der Selbstverteidigung begründen?
8. Welche Formen diplomatischer Streiterledigung gibt es?
9. Welche Voraussetzungen müssen vorliegen, damit sich der IGH mit einem Streitfall befassen kann?
10. Welche weitere Aufgabe kommt dem IGH neben der zwischenstaatlichen Streitentscheidung noch zu?

# Kapitel 7. Menschenrechtsschutz

Die Charta der Vereinten Nationen hat die Entwicklung der Menschenrechte stark vorangetrieben. Während vor 1945 der Einzelne im Wesentlichen durch den Staat mediatisiert war und nur durch seinen Heimatstaat in der Geltendmachung völkerrechtlicher Rechte und Pflichten vertreten war, werden heute dem Einzelnen individuelle völkerrechtliche Rechte zuerkannt, die er auch gegenüber dem eigenen Staat geltend machen kann. Die Entwicklung der Menschenrechte ist bis heute nicht abgeschlossen. Zahlreiche internationale Menschenrechtsverträge und andere Regelwerke haben seit Ende des Zweiten Weltkrieges dazu beigetragen, dass heute Menschenrechte in mannigfacher Weise kodifiziert und verfestigt sind. **1**

Einige dieser Rechte gehören zum völkergewohnheitsrechtlichen Mindeststandard. Zum *ius cogens* werden gezählt: **2**
— das Verbot des Völkermordes und des Sklavenhandels,
— das Verbot der willkürlichen Tötung und unmenschlichen Behandlung,
— der Anspruch auf ein faires Gerichtsverfahren und
— das Verbot der Rassendiskriminierung.

Dieser Kernbestand an Menschenrechten ist *erga omnes* verpflichtend, was zur Folge hat, dass ein die Rechte verletzender Staat nicht nur eine Pflichtverletzung gegenüber dem einzelnen Individuum begeht, sondern auch gegenüber der Staatengemeinschaft.

Die starke Ausdifferenzierung des internationalen Menschenrechtsschutzes darf nicht darüber hinwegtäuschen, dass für eine effektive Überwachung und Durchsetzung der menschenrechtlichen Gewährleistungen oftmals nur recht schwache Mechanismen zur Verfügung stehen. Individualbeschwerdemöglichkeiten und verbindliche Gerichtsentscheidungen sind bislang eher selten verwirklicht. **3**

Mit Blick auf den Charakter und die Zielrichtung werden drei Gruppen bzw. drei sog. **Generationen der Menschenrechte** unterschieden. Zur ersten Generation gehören die klassischen Abwehr- und Freiheitsrechte wie das Recht auf Leben und körperliche Unversehrtheit oder der Schutz vor Folter sowie die elementaren Gleichheitsgarantien wie die Gleichheit vor dem Gesetz oder die Verfahrensgarantien. Der zweiten Generation werden wirtschaftliche, soziale und kulturelle Rechte wie das Recht auf Arbeit oder das Recht auf Bildung zugeordnet. In der dritten, jüngsten Generation werden kollektive **4**

Rechte wie das Recht auf Entwicklung, auf lebenswerte Umwelt, auf Frieden oder auf Mitbestimmung zusammengefasst. Die Staatengemeinschaft tut sich schwer mit der Anerkennung dieser relativ konturenlosen Kollektivrechte. Auch in der Völkerrechtslehre bestehen deutliche Vorbehalte gegen die Würdigung dieser Rechte als Menschenrechte, deren Anerkennung vor allem seitens der Entwicklungsländer gefordert wird.

## A. Internationaler Menschenrechtsschutz

**Literatur:** *Herdegen*, Völkerrecht, § 47 f.; *Hobe*, Einführung in das Völkerrecht, S. 406 ff.; *Ipsen*, Völkerrecht, § 36; *Kempen/Hillgruber*, Völkerrecht, § 53; *Stein/von Buttlar*, Völkerrecht, Rn. 1004 ff.

### I. Menschenrechtsschutz auf UN-Ebene

5    Die Charta der Vereinten Nationen bildet den Grundstock des modernen Menschenrechtsschutzes. Die Charta enthält selbst keinen Katalog von Individualrechten. In Art. 1 Nr. 3 UN-Charta setzen sich die Vereinten Nationen das Ziel,

> *„eine internationale Zusammenarbeit herbeizuführen, um ...*
> *die Achtung vor den Menschenrechten und Grundfreiheiten für*
> *alle ohne Unterschied der Rasse, des Geschlechts, der Sprache*
> *oder der Religion zu fördern und zu festigen".*

Zur Förderung dieses Ziels verpflichten sich die Mitgliedstaaten „gemeinsam und jeder für sich mit der Organisation zusammenzuarbeiten" (Art. 56, 55 UN-Charta). Der Wirtschafts- und Sozialrat (ECO-SOC) kann zur Förderung der Menschenrechte ebenso Empfehlungen abgeben wie die Generalversammlung (Art. 62 Abs. 2, Art. 13 Abs. 1 lit. b UN-Charta).

6    Auf Grundlage des Art. 68 UN-Charta schuf der Wirtschafts- und Sozialrat die UN-Menschenrechtskommission (*Commission on Human Rights*) mit der Ermächtigung, Unterkommissionen einzusetzen. Die UN-Menschenrechtskommission sollte Menschenrechtssituationen in bestimmten Ländern beurteilen, dem Wirtschafts- und Sozialrat entsprechend berichten und Empfehlungen abgeben. Aufgrund der Kritik, nicht effektiv für den Schutz der Menschenrechte einstehen zu können, da ihr zahlreiche Staaten angehörten, in denen Menschenrechtsverletzungen begangen wurden, wurde sie 2006 durch Resolution der UN-Generalversammlung (60/251) vom **UN-Menschenrechtsrat** (*Human Rights Council*) abgelöst. Der Menschenrechtsrat setzt sich aus 47 für

die Dauer von drei Jahren von der Generalversammlung gewählten Mitgliedern (Regierungsvertreter) zusammen, wobei die Verteilung der Sitze auf dem Grundsatz der ausgewogenen geografischen Verteilung beruht. Unter den Mitgliedstaaten befinden sich jedoch wiederum menschenrechtsverletzende Staaten, was Zweifel auch an der Effektivität des Menschenrechtsrats hervorruft, wenngleich die Arbeit des Menschenrechtsrats zunehmend positiv beurteilt wird. Aufgabe des Menschenrechtsrats ist es nicht nur, die Durchsetzung der Menschenrechte zu fördern, sondern schon im Vorfeld von Verletzungen präventiv tätig zu werden.

Die Arbeit der Experten des UN-Menschenrechtsrats wird vom UN- **7** Menschenrechtsbüro (*Office of the High Commissioner for Human Rights, OHCHR*) unterstützt, dessen Aufgabe die Koordinierung der verschiedenen Menschenrechtsorgane der Vereinten Nationen ist. Dem UN-Menschenrechtsbüro steht der **Hochkommissar für Menschenrechte** (*United Nations High Commissioner for Human Rights*, UNHCHR) mit dem Status eines Untergeneralsekretärs vor, dessen Amt durch Resolution der Generalversammlung 1993 geschaffen wurde. Im Gegensatz zum UN-Menschenrechtsrat, dessen Experten für bestimmte Aufgaben bestellt werden, beschränkt sich das Tätigkeitsfeld des Hohen Kommissars nicht auf bestimmte Sachgebiete und bestimmte Länder, sondern umfasst den Schutz aller Menschenrechte weltweit.

Ausgangspunkt für die im Laufe der Zeit entstandenen zahlreichen **8** Menschenrechtspakte bildet die am 10.12.1948 von der UN-Generalversammlung verabschiedete **Allgemeine Erklärung der Menschenrechte**. Die Erklärung enthält einen Katalog von bürgerlichen und politischen Rechten wie das Recht auf Leben, auf Freizügigkeit, auf Rede- und Versammlungsfreiheit sowie wirtschaftliche und kulturelle Rechte wie das Recht auf Arbeit oder das Recht auf Bildung. Die Rechte bestehen nicht schrankenlos, sondern unter dem Vorbehalt gesetzlicher Beschränkungen. Die in Form einer Resolution erlassene *Allgemeine Erklärung der Menschenrechte* hat keine unmittelbare rechtliche Bindungswirkung. Sie dient jedoch regelmäßig der Definition und Auslegung der von den UN-Mitgliedstaaten nach Art. 55 UN-Charta zu fördernden Rechte, und häufig wird auf sie in Erklärungen und Entscheidungen verwiesen. So haben heute zahlreiche der in der Allgemeinen Erklärung statuierten Rechte (auch) völkergewohnheitsrechtliche Geltung erlangt wie das Verbot der Folter, der Sklaverei, des Mordes oder der Rassendiskriminierung. Die *Allgemeine Erklärung der Menschenrechte* gilt als entscheidender Wegbereiter für die Gewährleistung völkerrechtlich verbindlicher Menschenrechte.

## II. Einzelne Menschenrechtsabkommen

### 1. UN-Menschenrechtspakte von 1966

**9**     Zusammen mit der *Allgemeinen Erklärung der Menschenrechte* und den Menschenrechtsbestimmungen der UN-Charta bilden der *Internationale Pakt über bürgerliche und politische Rechte* (IPBPR) und der *Internationale Pakt über wirtschaftliche, soziale und kulturelle Rechte* (IPWSKR) von 1966 das, was als *International Bill of Human Rights* bezeichnet wird. Beide Pakte sind völkerrechtliche Verträge, die 1976 in Kraft traten. Sie sind zwischenzeitlich jeweils von mehr als drei Viertel aller Staaten ratifiziert. Auch die Bundesrepublik Deutschland ist Vertragspartei beider Pakte.

### a) Internationaler Pakt über bürgerliche und politische Rechte

**10**     Der IPBPR garantiert die auch als erste Generation (→ Rn. 4) bezeichneten Menschenrechte, u.a. das Recht auf Leben und Freiheit von Folter und Sklaverei, das Recht auf Freiheit und persönliche Sicherheit, bestimmte Garantien im Prozess, das Recht auf Achtung der Privatsphäre, auf Gedanken-, Gewissens- und Religionsfreiheit oder das Recht auf Meinungs- und Versammlungsfreiheit (s. Teil III IPBPR). Die Vertragsstaaten verpflichten sich, diese Rechte zu achten, sie zu gewährleisten sowie ihnen Wirksamkeit zu verleihen (Art. 2 Abs. 1 und 2 IPBPR). Die Pflicht geht somit über die Abwehr von menschenrechtsverletzenden Eingriffen hinaus und beinhaltet auch ein positives Tätigwerden der Staaten.

**11**     Die im IPBPR garantierten Rechte unterliegen Einschränkungen und Begrenzungen und können, sofern es sich nicht um notstandsfeste Rechte handelt (Art. 4 Abs. 2 IPBPR), unter bestimmten Voraussetzungen auch suspendiert werden (Art. 4 Abs. 1 IPBPR).

**12**     Erweitert wurde der Schutz der bürgerlichen und politischen Rechte durch zwei Fakultativprotokolle. Das Zweite Fakultativprotokoll von 1989 beinhaltet die Abschaffung der Todesstrafe. Das Erste Fakultativprotokoll von 1966 enthält eine **Individualbeschwerdemöglichkeit**. Danach können Einzelpersonen nach Erschöpfung der innerstaatlichen Rechtsbehelfe Beschwerde vor dem Ausschuss für Menschenrechte mit der Behauptung erheben, durch einen Vertragsstaat des Protokolls in einem ihrer im Pakt niedergelegten Rechte verletzt zu sein. Der nach Art. 28 Abs. 1 IPBPR errichtete Ausschuss für Menschenrechte, der aus 18 unabhängigen Experten besteht, trifft nach Beratung in nichtöffentlicher Sitzung eine zwar rechtlich nicht bindende Entscheidung, deren politische Bedeutung bei festgestellter Menschenrechtsverletzung jedoch nicht zu unterschätzen ist. Daneben kommt dem Ausschuss für Menschenrechte die Aufgabe zu, Berichte der Vertragsstaaten über die Menschenrechtslage in ihrem Land entgegenzunehmen, zu prüfen und im Anschluss daran an die Vertragsstaaten Bemerkungen zu richten (Art. 40 IPBPR). Über eine etwaige Vertragsverletzung wird dabei nicht befunden. Weiterhin sieht der Pakt in Art. 41 die Möglichkeit einer **Staatenbeschwerde** vor, wonach ein Vertragsstaat geltend machen kann, ein anderer komme seinen Verpflichtungen aus dem Pakt nicht nach. Voraussetzung für eine Staatenbeschwerde ist die ausdrückliche Anerkennung des Ausschusses für Menschenrechte zur Entgegennahme und Prüfung entsprechender Mitteilungen.

**b) Internationaler Pakt über wirtschaftliche, soziale und kulturelle Rechte**

Im IPWSKR verpflichten sich die Vertragsstaaten unter Ausschöp- **13** fung aller ihrer Möglichkeiten und mit allen geeigneten Mitteln Maßnahmen zu treffen, um die volle Verwirklichung der verbürgten wirtschaftlichen, sozialen und kulturellen Rechte zu erreichen. Der Pakt knüpft die Verpflichtung somit an die Verfügbarkeit der entsprechenden Ressourcen und enthält – anders als der IPBPR – keine unmittelbare Rechtspflicht zur Erfüllung. Bei der Verwirklichung der Gewährleistungen des Pakts ist den Vertragsstaaten ein weiter Gestaltungsspielraum eingeräumt. Zu den überwiegend der sog. zweiten Generation (→ Rn. 4) angehörenden Rechten zählen u.a. das Recht auf Arbeit, das Recht auf soziale Sicherheit, das Recht auf einen angemessenen Lebensstandard für den Einzelnen und seine Familie, das Recht auf Gesundheit oder das Recht auf Bildung.

Als Verfahren zur Überwachung der Gewährleistungspflichten sieht **14** der IPWSKR ein System periodischer Berichtspflicht vor (Art. 16 ff. IPWSKR). Zu diesem Zweck wurde als Hilfsorgan des Wirtschafts- und Sozialrats der Vereinten Nationen ein unabhängiges Expertengremium errichtet – der Ausschuss für wirtschaftliche, soziale und kulturelle Rechte. Er überprüft die dem Wirtschafts- und Sozialrat vorzulegenden Staatenberichte über die zur Verwirklichung der Rechte getroffenen Maßnahmen und die erreichten Fortschritte. Im Jahr 2008 wurde ein Fakultativprotokoll verabschiedet, das die Möglichkeit der Individualbeschwerde beim Ausschuss für wirtschaftliche, soziale und kulturelle Rechte ebenso vorsieht wie die fakultative Möglichkeit einer Staatenbeschwerde. Dieses Protokoll ist am 5.5.2013 in Kraft getreten.

**2. Einzelne Menschenrechtskonventionen**

Die beiden UN-Menschenrechtspakte von 1966 werden durch eine **15** Vielzahl an speziellen Konventionen auf universeller Ebene ergänzt.

Einige Konventionen sehen bestimmte, aus unabhängigen Experten zusammengesetzte Ausschüsse vor, die mittels Berichtsverfahren die Einhaltung und Umsetzung der jeweiligen Konventionspflichten durch die Vertragsstaaten überwachen. Folgende internationale Konventionen seien besonders erwähnt:

16  – Die **Konvention über die Verhütung und Bestrafung des Völkermordes** von 1948. Sie definiert den Tatbestand des Völkermordes und entstand vor dem Hintergrund der Ausrottungspolitik des Dritten Reiches.

17  – Das **Abkommen über die Rechtsstellung der Flüchtlinge** von 1951 (sog. *Genfer Flüchtlingskonvention*), das den Begriff des Flüchtlings definiert und die Vertragsstaaten zu einem Mindestschutzstandard verpflichtet. Ebenfalls im Jahr 1951 nahm der Hohe Flüchtlingskommissar der Vereinten Nationen mit Sitz in Genf (*United Nations High Commissioner for Refugees*, UNHCR) seine Arbeit auf. Seine Aufgabe ist es, auf der ganzen Welt dauerhafte Lösungen für Flüchtlinge zu finden. Dazu gehören humanitäre Hilfsprogramme für Flüchtlinge und Vertriebene ebenso wie der Beistand bei der Integration im Aufnahmeland oder die Unterstützung bei der freiwilligen Rückkehr in den Heimatstaat.

18  – Das **Übereinkommen zur Beseitigung jeder Form von Diskriminierung der Frau** von 1979. Es legt konkrete Pflichten der Vertragsstaaten zur innerstaatlichen gesetzlichen Verankerung der Diskriminierungsverbote fest und verpflichtet sie zu konkreten Gewährleistungen. Ein Zusatzprotokoll von 1999 eröffnet die Möglichkeit, ein Individualbeschwerdeverfahren einzuleiten, das von einem Ausschuss gegen Frauendiskriminierung durchgeführt wird.

19  – Das **Übereinkommen gegen Folter und andere grausame, unmenschliche oder erniedrigende Behandlung oder Strafe** von 1984 (sog. *UN-Anti-Folterkonvention*). Die Konvention definiert den Begriff der Folter und verpflichtet die Staaten, wirksame Maßnahmen zu treffen, um Folter in Gebieten, die ihrer Hoheitsgewalt unterstehen, zu verhindern. Zudem verpflichten sich die Mitgliedstaaten zur Ausgestaltung ihres nationalen Strafrechts, um Folterungen entsprechend ahnden zu können. Fakultativ sieht das Übereinkommen die Möglichkeit vor, eine Individual- und Staatenbeschwerde vor einen Expertenausschuss zu bringen.

20  – Das **Übereinkommen über die Rechte des Kindes** von 1989, das durch ein Fakultativprotokoll betreffend die Beteiligung von Kindern an bewaffneten Konflikten und ein Fakultativprotokoll betreffend Kinderhandel, Kinderprostitution und Kinderpornographie (beide seit 2002 in Kraft) ergänzt wird. Das Übereinkommen schützt in besonderer Weise jede Person unter 18 Jahren und beruht auf dem

Grundsatz der Gleichbehandlung der Kinder mit den Erwachsenen, der Wahrung der Interessen der Kinder, auf dem Grundrecht auf Überleben und persönliche Entwicklung des Kindes sowie auf dem Prinzip der Achtung der Meinungsfreiheit des Kindes.

## B. Regionaler Menschenrechtsschutz

**Literatur:** *Herdegen*, Völkerrecht, § 49; *Hobe*, Einführung in das Völkerrecht, S. 427 ff.; *Ipsen*, Völkerrecht, § 37; *Kempen/Hillgruber*, Völkerrecht, § 54; *Stein/von Buttlar*, Völkerrecht, Rn. 1028 ff.

### I. Europäische Menschenrechtskonvention

Zentrales Übereinkommen des gemeineuropäischen Menschen- **21** rechtsschutzes ist die *Europäische Konvention zum Schutz der Menschenrechte und Grundfreiheiten* (Europäische Menschenrechtskonvention, EMRK), die am 4.11.1950 in Rom unterzeichnet und am 3.9.1953 in Kraft trat. Die EMRK ist das erste verbindliche und wohl fortschrittlichste regionale Menschenrechtsschutzsystem. Sie ist die bedeutendste Ausarbeitung des Europarats, die neben dem menschenrechtlichen Basisschutz wie dem Recht auf Leben oder dem Verbot unmenschlicher oder erniedrigender Behandlung, fundamentale bürgerliche und politische Freiheitsrechte sowie Justizgewährleistungsgrundrechte statuiert. Die in der EMRK gewährleisteten Rechte und Grundfreiheiten werden durch weitere in Zusatzprotokollen verankerte Rechte ergänzt, so zB durch das im 1. Zusatzprotokoll von 1954 enthaltene Recht auf Eigentum.

Wenngleich die EMRK in den Mitgliedstaaten einen unterschiedli- **22** chen Rang hat (teilweise kommt ihr Verfassungsrang, teilweise Gesetzesrang zu), ist sie doch jedenfalls Bestandteil des innerstaatlichen Rechts und inhaltlich tief im Recht der Mitgliedstaaten verwurzelt. Auf das Recht der Europäischen Union wirkt die EMRK ebenfalls ein. Die Europäische Union, die durch Art. 6 Abs. 2 EUV nunmehr formell ermächtigt ist, der EMRK beizutreten, hat diesen Beitritt zwar noch nicht vollzogen, jedoch sind die Grundrechte der EMRK als allgemeine Grundsätze Teil des Unionsrechts (Art. 6 Abs. 3 EUV) und entfalten damit normative Wirkung. Der Gerichtshof der Europäischen Union hat in der Vergangenheit wiederholt aus der Konvention Grundrechtsgehalte abgeleitet und auf die EMRK als europarechtlichen Mindeststandard verwiesen. Die Berücksichtigung der Inhalte der EMRK wie auch die Wechselwirkung zwischen der EMRK und dem Recht der Union stehen heute außer Streit.

**23**    Die Sicherung der zentralen Menschenrechte erfolgt durch den **Europäischen Gerichtshof für Menschenrechte** (EGMR) mit Sitz in Straßburg, dem mit dem 11. Zusatzprotokoll die Aufgabe der Durchsetzung der EMRK-Rechte übertragen wurde. Zur Rechtsdurchsetzung stehen zwei obligatorische Verfahrensarten zur Verfügung: Die **Staatenbeschwerde** nach Art. 33 EMRK, die es jedem Vertragsstaat ermöglicht, den EGMR wegen der Verletzung der Konvention durch einen anderen Vertragsstaat anzurufen; und die **Individualbeschwerde** nach Art. 34 EMRK, wonach jede natürliche Person, nichtstaatliche Organisation oder Personengruppe Beschwerde mit der Behauptung erheben kann, durch eine Vertragspartei – dh selbst durch den eigenen Heimatstaat – in ihren Konventionsrechten verletzt zu sein. Die Individualbeschwerdemöglichkeit nach der EMRK war Vorbild für die Entwicklung der Rechtsschutzmöglichkeiten auf internationaler Menschenrechtsebene. Voraussetzung einer Individualbeschwerde ist nach Art. 35 EMRK vor allem die Erschöpfung aller innerstaatlichen Rechtsbehelfe.

**24**    Ist der Beschwerdeführer erfolgreich, stellt der EGMR die Verletzung der Konvention fest. Eine Möglichkeit, die konventionswidrigen Maßnahmen aufzuheben, besteht für den Gerichtshof nicht. Art. 46 Abs. 1 EMRK verpflichtet jedoch die am Rechtsstreit beteiligten Vertragsstaaten, das endgültige Urteil des EGMR zu befolgen. Nur für die beteiligten Vertragsstaaten entfaltet das Urteil bindende Wirkung (*inter partem*); für die anderen Vertragsstaaten hat es sog. Orientierungswirkung. Die Überwachung der Durchführung der endgültigen Urteile obliegt nach Art. 46 Abs. 2 EMRK dem Ministerkomitee, dem sämtliche endgültigen Urteile zuzuleiten sind. Nach Art. 41 EMRK ist der Gerichtshof befugt, erfolgreichen Beschwerdeführern eine gerechte Entschädigung zuzusprechen, „wenn dies notwendig ist", dh wenn das innerstaatliche Recht des Vertragsstaates nur eine unvollkommene Wiedergutmachung für die Folgen der Verletzung vorsieht und in der Umsetzung des Urteils keine völlige Wiedergutmachung erfolgen kann.

**25**    Der deutsche Strafgefangene *Herbert Hellig* rügte mittels einer Individualbeschwerde nach Art. 34 EMRK, er sei im Gefängnis sieben Tag lang unbekleidet in einer Sicherheitszelle untergebracht worden, was gegen das in Art. 3 EMRK verankerte Verbot unmenschlicher oder erniedrigender Behandlung verstoße. Am 7. 7. 2011 stellte der EGMR durch Kammerbeschluss einstimmig fest, dass eine Verletzung von Art. 3 EMRK vorlag, da der Entzug von Kleidern bei einem Häftling Gefühle der Angst und Minderwertigkeit auslösen konnte, die dazu angetan waren, ihn zu erniedrigen. Darüber hinaus sprach das Gericht nach Art. 41 EMRK Herrn *Hellig* neben den entstandenen Verfahrenskosten 10.000 Euro für den erlittenen immateriellen Schaden zu (Verfahren *Hellig gegen Deutschland*, Beschwerdenummer 20999/05).

## II. Amerikanische Menschenrechtskonvention

Kernstück des amerikanischen Menschenrechtsschutzsystems ist die **26** *Amerikanische Konvention der Menschenrechte* von 1969, die 1978 in Kraft trat und sich in ihrer institutionellen Struktur an der EMRK orientiert. Die Amerikanische Menschenrechtskonvention (AMRK) garantiert grundlegende politische und bürgerliche Freiheitsrechte. Einzelne Menschenrechte der sog. zweiten Generation, dh soziale, wirtschaftliche und kulturelle Rechte (→ Rn. 4), werden in einem Zusatzprotokoll erfasst.

Zur Sicherung und Durchsetzung der Konventionsrechte sieht die **27** AMRK die *Interamerikanische Kommission für Menschenrechte* mit Sitz in Washington D.C. und den *Interamerikanischen Gerichtshof für Menschenrechte* mit Sitz in San José (Costa Rica) vor. Während die Kommission nicht allein Vertragsorgan der AMRK ist, sondern auch unabhängiges Organ der *Organisation Amerikanischer Staaten* (OAS) – gleichsam ein Prototyp einer Regionalorganisation iSd Kap. VIII der UN-Charta –, ist der Gerichtshof allein ein Vertragsorgan der AMRK. Beide Organe ergänzen sich in ihren Aufgaben. Zu den Aufgaben gehört insbesondere die Entscheidung über die (fakultative) Staatenbeschwerde, die nur bei ausdrücklicher Unterwerfung der Konventionsstaaten in Betracht kommt, sowie über die (obligatorische) Individualbeschwerde, für die es keiner besonderen Unterwerfungserklärung bedarf und die von Einzelpersonen, Personengruppen aber auch von Personen, die nicht selbst von einer Konventionsverletzung betroffen sind, nach Ausschöpfung des innerstaatlichen Rechtswegs erhoben werden kann. Bevor sich der Gerichtshof mit einer Staaten- oder Individualbeschwerde befassen kann, muss zunächst zwingend die Kommission in einer Art Vorverfahren eine Entscheidung getroffen haben. Nur die Vertragsstaaten und die Kommission können einen Fall vor den Gerichtshof bringen. Neben der Feststellung einer Konventionsverletzung kann der Gerichtshof in seinen Urteilen auch über angemessene Kompensationsleistungen befinden und unter Umständen auch vorläufigen Rechtsschutz gewähren. Voraussetzung ist allerdings eine entsprechende staatliche Unterwerfungserklärung bzw. Anerkennung der Zuständigkeit des Gerichtshofs.

## III. Afrikanische Menschenrechtskonvention

Die *Afrikanische Charta der Rechte der Menschen und Völker* (sog. **28** *Banjul*-Charta) wurde von der Organisation Afrikanischer Einheit (*Organisation for African Unity*, OAU, Vorläuferorganisation der heutigen Afrikanischen Union, AU) 1981 angenommen und trat 1986 in Kraft. Die Afrikanische Menschenrechtskonvention (AfrMRK) orientiert sich an der EMRK und der AMRK, geht jedoch über sie hinaus, da sie nicht nur individuelle Rechte, sondern auch individuelle Pflichten statuiert und einen Katalog kollektiver Rechte enthält wie das Selbstbestimmungsrecht der Völker oder das Recht auf Entwicklung. In der AfrMRK sind Menschenrechte aller drei Generationen (→ Rn. 4) aufgenommen.

**29**　Der Sicherung und Durchsetzung der Menschenrechte dient die *Afrikanische Kommission für Menschenrechte und Rechte der Völker* mit Sitz in Banjul (Gambia). Die Kommission kann nicht nur Gutachten zu allen Bestimmungen der AfrMRK erstellen, sondern ist auch zuständig für die Entgegennahme von Staaten- und Individualbeschwerden, die sie prüft und zu denen sie Berichte – wenngleich unverbindlicher Art – vorlegt. Um die Arbeit der Kommission zu ergänzen, wurde durch Zusatzprotokoll von 1998 der *Afrikanische Gerichtshof für Menschenrechte und die Rechte der Völker* geschaffen, der 2006 seine Arbeit aufnahm und der mit Streitfällen ebenso befasst werden kann wie mit der Erstellung von Rechtsgutachten. Dieser Gerichtshof mit Sitz in Arusha (Tansania) soll mit dem Gerichtshof der Afrikanischen Union (→ Kap. 2 Rn. 101) verschmolzen werden.

## IV. Arabische Charta der Menschenrechte

**30**　Die *Arabische Charta der Menschenrechte* wurde von der *Arabischen Liga* 1994 verabschiedet und trat 2008 in einer überarbeiteten Version von 2004 in Kraft. Die Charta ist zwar an die *Allgemeine Erklärung der Menschenrechte* und die beiden UN-Menschenrechtspakte von 1966 angepasst, nimmt jedoch gleichzeitig Bezug auf die Besonderheiten der islamischen Scharia und anderer göttlich offenbarter Religionen. Neben den klassischen Schutzrechten, bestimmten Verfahrensgarantien sowie zivilen und politischen Rechten beinhaltet die Charta auch ökonomische, soziale und kulturelle Rechte. Als Überwachungsorgan bestimmt die Charta den Arabischen Menschenrechtsausschuss, der über die periodischen Staatenberichte zur Menschenrechtssituation und die zu ihrer Verbesserung eingeleiteten staatlichen Maßnahmen zu befinden hat. Ein Individual- oder Staatenbeschwerderecht sieht die Charta nicht vor, ebensowenig einen Gerichtshof.

## Testfragen zum 7. Kapitel

1. Welche Bedeutung haben die völkergewohnheitsrechtlich und völkervertragsrechtlich verankerten Menschenrechte für die Völkerrechtssubjektivität des Individuums?
2. Welche Menschenrechte sind als *ius cogens* anzusehen?
3. Einige Menschenrechtsabkommen sehen für die Individuen ein eigenes völkerrechtliches Klagerecht vor. Nennen Sie einige Übereinkünfte mit Individualbeschwerdemöglichkeit.
4. Wodurch unterscheiden sich die einzelnen universellen und regionalen Menschenrechtsabkommen regelmäßig?
5. Welche Möglichkeit hat der EGMR im Fall der Feststellung einer Verletzung der Konvention, wenn keine völlige Wiedergutmachung in der Umsetzung der Urteile erfolgen kann?

# Kapitel 8. Humanitäres Völkerrecht

Als **humanitäres Völkerrecht** werden diejenigen Regeln bezeich- **1**
net, die in bewaffneten Konflikten dem Schutz der Menschenrechte
dienen.

Das auch als Kriegsvölkerrecht bezeichnete humanitäre Völkerrecht **2**
zielt mit seiner menschenrechtsschützenden Komponente auf die
Begrenzung der Art und Weise der zulässigen Kriegsführung (*ius in
bello*) und damit letztlich auf den Schutz der menschlichen Person.
Zahlreiche Regeln des humanitären Völkerrechts stammen aus der
Zeit, als die Staaten den Krieg noch als Mittel der Politik einsetzten.
Anstelle des Begriffs des Krieges wird heute vom **bewaffneten Konflikt** gesprochen. Ein Grund hierfür ist, dass es den klassischen Krieg
mit einer förmlichen Kriegserklärung in der Regel nicht mehr gibt,
sondern es sich bei den kriegerischen Auseinandersetzungen vielmehr
um örtlich begrenzte, das eigene Territorium oftmals nur teilweise
erfassende Konflikte handelt.

Die Regeln des humanitären Völkerrechts beziehen sich traditionell **3**
nur auf den internationalen, dh zwischenstaatlichen bewaffneten Konflikt. Das moderne Völkerrecht tendiert dazu, das humanitäre Völkerrecht in erheblichem Ausmaß auch auf nicht-internationale bewaffnete
Konflikte anzuwenden. Noch nicht verlässlich geklärt ist die Anwendung auf sog. asymmetrische Konflikte, dh Auseinandersetzungen
zwischen Staaten und bewaffneten (Terror-)Organisationen.

Das Völkergewohnheitsrecht spielt für die Regelung bewaffneter **4**
Konflikte nach wie vor eine wichtige Rolle. Eine verstärkte Kodifikation der humanitären Völkerrechtsregeln hat im Wesentlichen ab der
zweiten Hälfte des 19. Jahrhunderts eingesetzt.

## A. Rechtsquellen

**Literatur:** *Herdegen*, Völkerrecht, § 56; *Hobe*, Einführung in das Völkerrecht,
S. 529 ff.; *Kempen/Hillgruber*, Völkerrecht, § 42; *Stein/von Buttlar*, Völkerrecht, Rn. 1223 ff.

Die in den multilateralen Verträgen enthaltenen kriegsrechtlichen **5**
Regeln verfolgen schwerpunktmäßig entweder das Ziel, die zulässigen
Mittel der Kampfführung zu beschränken oder aber den Schutz von

Konfliktopfern zu gewährleisten. Zu den ersten Regelwerken gehören das (erste) *Genfer Abkommen zur Verbesserung des Loses der Verwundeten der Heere im Felde* von 1864 und die *St. Petersburger Erklärung* von 1868 zum Verbot gewisser Wurfgeschosse. Auf den Haager Friedenskonferenzen von 1899 und 1907 wurden zahlreiche Abkommen über die zulässige Kriegsführung geschlossen, von denen die (zweite) *Haager Landkriegsordnung* (HLKO), die dem *IV. Haager Abkommen betreffend die Gesetze und Gebräuche des Landkrieges* von 1907 als Anlage beigefügt wurde, von besonderer Bedeutung ist und deren Regelungen in weiten Teilen auch völkergewohnheitsrechtlichen Charakter haben (→ Kap. 1 Rn. 8). Im sog. *Genfer Giftgas-Protokoll* von 1925 wird die Verwendung von erstickenden, giftigen oder ähnlichen Gasen sowie von bakteriologischen Mitteln im Krieg verboten. Zwei Genfer Abkommen von 1929 ergänzen bereits bestehende Regelungen über die Behandlung der Kriegsgefangenen und die Verbesserung des Loses der Kranken und Verwundeten der Heere im Felde.

6    Zur wichtigsten Quelle des humanitären Völkerrechts zählen die **vier Genfer Abkommen von 1949** (→ Kap. 2 Rn. 120), die weitgehend auch Völkergewohnheitsrecht sind:

– *I. Genfer Abkommen zur Verbesserung des Loses der Verwundeten und Kranken der Streitkräfte im Felde*

– *II. Genfer Abkommen zur Verbesserung des Loses der Verwundeten, Kranken und Schiffbrüchigen der Streitkräfte zur See*

– *III. Genfer Abkommen über die Behandlung der Kriegsgefangenen*

– *IV. Genfer Abkommen zum Schutze der Zivilpersonen in Kriegszeiten*

   Ergänzt werden diese Abkommen durch drei Zusatzprotokolle: die beiden Zusatzprotokolle über den Schutz der Opfer internationaler bzw. nicht-internationaler bewaffneter Konflikte von 1977 sowie das Zusatzprotokoll von 2005 betreffend ein zusätzliches Schutzzeichen in Form eines roten Kristalls (anstelle der roten Kreuzes oder des roten Halbmondes).

7    Dem Schutz der Kulturgüter dient die Haager Konvention von 1954 mit dem zweiten Zusatzprotokoll von 1999.

## B. Bewaffnete internationale Konflikte

**Literatur:** *Herdegen*, Völkerrecht, § 56; *Hobe*, Einführung in das Völkerrecht, S. 536 ff.; *Kempen/Hillgruber*, Völkerrecht, § 43; *Stein/von Buttlar*, Völkerrecht, Rn. 1231 ff.

8    Ausgangspunkt des humanitären Völkerrechts ist der bewaffnete internationale Konflikt, dh eine mit Waffengewalt stattfindende Auseinandersetzung zwischen Staaten. Dabei kommt es nicht auf eine be-

stimmte Intensität der Auseinandersetzung an. Vielmehr sind auch sog. kriegsähnliche Maßnahmen oder Polizeioperationen, bei denen Waffengewalt (und sei es auch nur in Form eines einmaligen Angriffs) zum Einsatz kommt, bewaffnete internationale Konflikte. Die kriegsrechtlichen Regelungen gelten auch für bewaffnete Konflikte, an denen UN-Streitkräfte beteiligt sind, unabhängig davon, ob es um die Durchführung militärischer Zwangsmaßnahmen oder *peace keeping*-Operationen geht.

Eine als zwischenstaatlicher bewaffneter Konflikt ausgetragene **9** Auseinandersetzung verpflichtet die Streitparteien zu unterscheiden: zwischen Personen, die zur Vornahme kriegerischer Handlungen berechtigt sind (**Kombattanten**) und solchen, die es nicht sind (Zivilbevölkerung); zwischen militärischen Zielen, die angegriffen werden dürfen, und zivilen Objekten; zwischen zulässigen Kampfmethoden und -mitteln und solchen, die nicht erlaubt sind. Daraus ergeben sich bestimmte Ge- und Verbote, die auch nicht mit dem Argument militärischer Notwendigkeit ausgehebelt werden dürfen. Militärisch notwendig darf grundsätzlich nichts sein, was nicht gleichzeitig auch legitime Schädigungshandlung ist.

## I. Kombattanten und Schutz der Zivilbevölkerung

Legitime Schädigungsakteure sind nur Kombattanten. **10**

**Kombattanten** sind Angehörige der Streitkräfte oder bestimmter gleichgestellter Verbände einer am Konflikt beteiligten Partei mit Ausnahme des Sanitäts- und Seelsorgepersonals.

Personen, die als Kombattanten an einem bewaffneten Konflikt teilnehmen, dürfen für die Teilnahme an Kampfhandlungen und dadurch verursachte Zerstörungen, Verwundungen und Tötungen nicht bestraft werden. Um eine Unterscheidung von der Zivilbevölkerung sicherzustellen, müssen Kombattanten grundsätzlich als solche erkennbar sein, was bei den regulären Streitkräften regelmäßig durch das Tragen von Uniform der Fall ist. Ohne zu einer am Konflikt beteiligten Partei zu gehören, sind zur Waffengewalt greifende Private grundsätzlich keine Kombattanten – anders jedoch dann, wenn sie bei Herannahen des Feindes aus eigenem Antrieb zu den Waffen greifen, um die eindringenden Truppen zu bekämpfen. Keinen Kombattantenstatus haben auch Söldner und Spione. Für Terroristen ist die Einordnung als Kombattant je nach Falllage nicht absolut ausgeschlossen.

Die nicht zur kämpfenden Einheit gehörenden Personen im Sani- **11** tätsbereich und in der Seelsorge werden als Nicht-Kombattanten bezeichnet. Sie dürfen nicht angegriffen werden. Ebenso wie die Kombattanten können auch die Nicht-Kombattanten den mit bestimmten Rechten belegten Status des **Kriegsgefangenen** für sich in Anspruch nehmen. Kriegsgefangene sind an einem sicheren Ort unter den gleichen Bedingungen unterzubringen, die auch für die eigenen Truppen des Gewahrsamstaates gelten. Sie sind mit Menschlichkeit zu behandeln und haben Anspruch auf Achtung ihrer Person und Ehre.

Die Misshandlungen der irakischen Gefangenen im Militärgefängnis *Abu Ghraib* in Bagdad durch US-Soldaten, von denen Bilder um die Welt gingen, stellten einen erheblichen Verstoß gegen die Achtung der Person und Ehre von Kriegsgefangenen dar.

12    Da Gewalt im bewaffneten Konflikt nur insoweit zulässig ist, als sie darauf abzielt, die gegnerische Partei in ihrer Widerstandskraft zu schwächen, hat dies zwingend zur Folge, dass Gewalt gegen wehrlose Personen, die dem Gegner keinen Schaden mehr zufügen können, verboten ist. Aus diesem Grund dürfen sich ergebende Kombattanten nicht getötet werden. Auch Verwundete und Kranke, die nicht mehr zur Gegenwehr fähig sind, sind besonders zu schützen. Dies bedeutet, dass sie von der eigenen Konfliktpartei vor weiteren Kampfhandlungen zu schonen sind und jede Konfliktpartei ihre notwendige medizinische Versorgung zu gewährleisten hat.

13    Jede Person, die nicht Angehörige der Streitkräfte einer Konfliktpartei oder der kämpfenden Bevölkerung ist, ist Zivilperson. Waffengewalt gegen die Zivilbevölkerung ist vom Grundsatz her verboten. Das erste Zusatzprotokoll von 1977 (→ Rn. 6) enthält hierzu in den Art. 48 ff. grundlegende Regelungen, die im Laufe der Zeit weiter entwickelt wurden. Der **Schutz der Zivilbevölkerung** beinhaltet,

– dass Angriffe gegen die Zivilbevölkerung und gegen Zivilpersonen verboten sind, sofern und solange sie nicht unmittelbar an den Feindseligkeiten teilnehmen.

– dass unterschiedslose Angriffe, also solche, die mangels Begrenzungsmöglichkeit der Kampfmittel auf militärische und zivile Ziele wirken können, verboten sind. Vom Verbot erfasst sind auch Flächenbombardements.

– dass gegen militärische Ziele gerichtete Kampfhandlungen die Zivilbevölkerung und zivile Objekte nur insoweit in Mitleidenschaft ziehen dürfen, als solch ein Kollateralschaden in einem angemessenen Verhältnis zum erwarteten konkreten und unmittelbaren militärischen Vorteil steht.

– dass die Zivilbevölkerung nicht als lebender Schutzschild missbraucht werden darf, indem sich Kampftruppen, wie dies etwa im Bürgerkrieg in Libyen 2011 geschehen ist, in Wohngebiete ver-

schanzen, um von dieser „sicheren" Position heraus den Gegner bekämpfen zu können.

– dass die Zivilbevölkerung jederzeit mit Menschlichkeit behandelt
wird, was bspw. Gewalttätigkeiten, Einschüchterungen, Plünderun-
gen, unnötige Zerstörungen oder Vergeltungsmaßnahmen ausschließt.
Dazu gehört auch, dass im Fall der kriegerischen Besetzung die Bevölkerung mit Lebensmitteln versorgt und die medizinische Versorgung
und überlebensnotwendige Infrastruktur aufrecht erhalten wird.

## II. Schutz bestimmter Objekte

Zulässige Ziele bewaffneter Auseinandersetzungen sind grundsätz- **14**
lich nur militärische Ziele. Zivile Begleitschäden lassen sich jedoch
oftmals nicht vermeiden. Für bestimmte zivile Objekte sieht das Völkerrecht jedoch einen besonderen Schutz vor. So stehen Kulturgüter
wie Denkmäler, Museen oder Bibliotheken unter einem besonderen
Schutz und sind aufgrund der Verwendung spezieller Schutzzeichen
vor Schäden zu bewahren. Grundsätzlich dürfen Dämme, Deiche und
Kraftwerke, selbst wenn es sich um militärische Ziele handeln sollte,
nicht angegriffen werden, wenn dies zu massiven Schäden auch für die
Zivilbevölkerung führen würde.

## III. Beschränkung der Kampfmittel und -methoden

Als Grundregel gilt, dass solche Kampfmittel und -methoden verbo- **15**
ten sind, die überflüssige Verletzungen oder unnötige Leiden zufügen.
Ausgehend hiervon haben sich eine Reihe von spezifischen Waffen-
verboten und verbotenen Methoden der Kampfführung entwickelt, die
in einer Fülle von völkerrechtlichen Verträgen ihren Niederschlag
gefunden haben. Als verbotene Kampfmittel gelten insbesondere
unterschiedslos wirkende Waffen. Zu diesen Waffen, die unterschiedslos
Zivilisten und Militärangehörige treffen, gehören chemische und bakteri-
ologische Waffen, nichterkennbare Splitter-, Anti-Personen-Minen,
Brandwaffen und blindmachende Laserwaffen. Auch wenn gewichtige
Gründe für eine Unvereinbarkeit mit dem humanitärem Völkerrecht
sprechen, ist der (Erst-)Einsatz von Atomwaffen bislang noch nicht
stets und unter allen denkbaren Umständen verboten.

Zwar hat der IGH in seinem Kernwaffen-Gutachten von 1996 festgestellt,
dass der Atomwaffeneinsatz gegen das humanitäre Völkerrecht verstößt, er
konnte sich jedoch nicht mehrheitlich zu der Feststellung durchringen, dass der
Einsatz von Atomwaffen ausnahmslos verboten ist (ICJ Rep. 1996, 226. Bei
dem Gutachten, das mit 7:7 Stimmen erging, gab die Stimme des Präsidenten

den Ausschlag; die unterlegenen sieben Richter hielten den Einsatz von Kernwaffen ausnahmslos für unvereinbar mit dem humanitären Völkerrecht).

**16**    Als unzulässige Kampfmethode gilt vor allem das Verbot der **Heimtücke** (*Perfidieverbot*). Hierzu gehört etwa das Verbot, ein besonderes Schutz- oder Erkennungszeichen wie beispielsweise das Rot-Kreuz-Zeichen oder Abzeichen oder Embleme neutraler oder unbeteiligter Staaten zu missbrauchen, um den Gegner zu schädigen. Von der verbotenen Heimtücke zu unterscheiden sind die nicht verbotenen Kriegslisten wie Tarnungen, Scheinoperationen oder irreführende Informationen. Sie sollen den Gegner zwar irreleiten oder in Sicherheit wiegen, täuschen jedoch anders als heimtückische Handlungen keine völkerrechtliche Schutzsituation vor.

## C. Bewaffnete nicht-internationale Konflikte

**Literatur:** *Herdegen*, Völkerrecht, § 56; *Hobe*, Einführung in das Völkerrecht, S. 536 ff.; *Kempen/Hillgruber*, Völkerrecht, § 43; *Stein/von Buttlar*, Völkerrecht, Rn. 1269 ff.

**17**    Die Regeln des Kriegsrechts gelten unmittelbar nur für bewaffnete Konflikte zwischen Staaten. Oftmals stehen jedoch die heute weitaus häufiger anzutreffenden nicht-internationalen, dh nicht zwischenstaatlichen bewaffneten Konflikte im Erscheinungsbild und Ausmaß den internationalen Konflikten in nichts nach. Die Anwendung der kriegsrechtlichen Regeln auf nicht-internationale, regelmäßig interne Auseinandersetzungen wurde jedoch sehr zurückhaltend von den Staaten angegangen. Zum einen wird es als Beschränkung der Souveränität angesehen, wenn das völkerrechtliche Kriegsrecht die eigene innerstaatliche Rechtsordnung überlagert und damit den eigenen Handlungsspielraum einschränkt. Zum anderen bestehen Vorbehalte bei den Staaten, die (interne) Konfliktpartei als gleichzuachtendes Völkerrechtssubjekt mit internationalem Status und damit als gleichberechtigten Gegner anzuerkennen.

**18**    Die Forderungen der Rot-Kreuz-Konferenzen nach einer Anwendung des humanitären Völkerrechts unterschiedslos auch auf nicht-internationale bewaffnete Konflikte fanden sich 1949 im gemeinsamen Art. 3 der vier *Genfer Abkommen* (→ Rn. 6) wieder. In diesem Artikel wird nur ein Minimum an humanitären Grundregeln zum Schutz von Personen vor unmenschlicher Behandlung im nicht-internationalen bewaffneten Konflikt garantiert. Im ersten Zusatzprotokoll von 1977 wurden zwar die kolonialen Befreiungskriege den internationalen Konflikten gleichgestellt; weiterreichende Regelungen für andere nicht-internationale Konflikte konnten jedoch nicht erzielt werden. Das zweite *Zusatzprotokoll über den Schutz der Opfer nicht-internationaler bewaffneter Konflikte* erweitert in materieller Hinsicht den Opferschutz, beschränkt ihn aber auf solche nicht-internationalen Konflikte,

> *„die im Hoheitsgebiet einer Hohen Vertragspartei zwischen deren Streitkräften und abtrünnigen Streitkräften oder anderen organisierten bewaffneten Gruppen stattfinden, die unter einer verantwortlichen Führung eine solche Kontrolle über einen Teil des Hoheitsgebiets der Hohen Vertragspartei ausüben, dass sie anhaltende, koordinierte Kampfhandlungen durchführen und dieses Protokoll anzuwenden vermögen" (Art. 1 Abs. 1).*

Wenngleich eine Tendenz dahin geht, die Anwendung des völker- **19** rechtlichen Kriegsrechts auszuweiten und auch solche Konflikte dem Kriegsrecht zu unterwerfen, bei denen allein Aufständische gegeneinander kämpfen oder bei denen sie nicht weite Teile des Staatsgebiets kontrollieren, kommt im nicht-internationalen Konflikt den Kämpfern kein Kombattantenstatus zu und damit im Fall der Gefangennahme auch kein Kriegsgefangenenstatus. Ungeschützt sind sie freilich nicht, da ihnen jedenfalls die menschenrechtlichen Garantien zukommen. Die Frage, wie die Regelungen des gemeinsamen Art. 3 der *Genfer Abkommen* oder des zweiten Zusatzprotokolls, die alleine Staaten ratifiziert haben, Verbindlichkeit zwischen einer staatlichen und einer nichtstaatlichen Konfliktpartei erlangen können, wird strittig diskutiert.

## D. Asymmetrische Konflikte

**Literatur:** *Herdegen*, Völkerrecht, § 56; *Hobe*, Einführung in das Völkerrecht, S. 556 f. f.; *Stein/von Buttlar*, Völkerrecht, Rn. 1263

Seit den Terroranschlägen vom 11.9.2001 ist äußerst umstritten, in- **20** wieweit in einem Konflikt zwischen einem Staat und Terroristen das humanitäre Völkerrecht überhaupt anwendbar ist. Kennzeichnend für Terroristen ist, dass sie sich bei ihren Kampfhandlungen gerade nicht an die Regeln des Krieges halten, sondern vielmehr heimlich und heimtückisch vorgehen. Die USA haben Terroristen daher als illegale Kombattanten (*unlawful combattants*) eingestuft, die damit außerhalb des Schutzes des humanitären Völkerrechts stünden. So nachvollziehbar der Wunsch vieler Staaten ist, gegenüber terroristischen Kämpfern, die sich selbst nicht an die Gesetze des Krieges halten, nicht an Völkerrechtsregeln gebunden zu sein, so richtig ist jedoch auch, dass der Kampf gegen den Terror nicht im völkerrechtsfreien Raum geführt werden darf. Die Regeln des bestehenden Kriegsrechts passen auf asymmetrische Konflikte zwar nicht, und noch zeichnen sich keine neuen Regelungen ab. Allerdings mehren sich die Stimmen, die sich für eine Einhaltung der im gemeinsamen Art. 3 der *Genfer Abkommen* enthaltenen Gebote der Menschlichkeit auch gegenüber dem illegalen Terrorismus aussprechen. Auch der US-Supreme Court hatte im Fall *Hamdan gegen Rumsfeld* im Jahr 2006 entschieden, dass die in der Grundsatznorm enthaltenen als unerlässlich anerkannten Rechtsgarantien auch Angehörigen eines mit den afghanischen Taliban zusammenwirkenden Terrornetzwerkes zustünden (ILM 45 (2006), S. 1130 ff.).

# E. Neutralität

**Literatur:** *Herdegen*, Völkerrecht, § 57; *Hobe*, Einführung in das Völkerrecht, S. 577 ff.; *Kempen/Hillgruber*, Völkerrecht, § 44; *Stein/von Buttlar*, Völkerrecht, Rn. 1295 ff.

21    Das Kriegsvölkerrecht regelt auch die Stellung neutraler Staaten, deren bedeutendster Vertreter wohl die Schweiz ist. Zentrale Grundlage findet das Neutralitätsrecht in den beiden *Haager Abkommen* betreffend die Rechte und Pflichten der neutralen Mächte im Falle eines Land- und Seekrieges von 1907, denen auch völkergewohnheitsrechtlicher Charakter zukommt und die sinngemäß auch auf den Luftkrieg angewendet werden. Der Status der Neutralität tritt bei solchen Drittstaaten ein, die an einem zwischenstaatlichen bewaffneten Konflikt nicht beteiligt sind und nicht in die bewaffnete Auseinandersetzung einbezogen werden wollen. Der Neutralitätsstatus hat zur Folge, dass der neutrale Staat zum einen das Recht hat, durch den Konflikt nicht beeinträchtigt zu werden, zum anderen hat er aber zur Wahrung seines Status auch die Pflicht, Unterstützungshandlungen zugunsten einer Streitpartei zu unterlassen, also **unparteilich** zu bleiben. So dürfen neutrale Staaten keine der Konfliktparteien weder militärisch noch wirtschaftlich oder finanziell unterstützen. Ausdrücklich verboten ist vor allem die Lieferung von Kriegsschiffen, Munition oder sonstigem Kriegsmaterial. Rein humanitäre Hilfeleistungen stellen keine Verletzung der Neutralität dar, auch wenn sie einseitig zugunsten einer Konfliktpartei erfolgen.

22    Für einen neutralen Staat gilt die Regel der **Unverletzlichkeit des Staatsgebiets**. Dies bedeutet, dass die Konfliktparteien in keiner Weise in das Territorium des neutralen Staates einschließlich des Luftraums und der Hoheitsgewässer eindringen und für ihre Auseinandersetzun-

gen nutzen dürfen. Gleichzeitig hat der neutrale Staat in zumutbarem Umfang die Pflicht, einen Durchmarsch fremder Truppen oder etwa einen Überflug mit allen ihm zur Verfügung stehenden Mitteln zu verhindern.

Einer ausdrücklichen Erklärung der Neutralität bedarf es mit dem **23** Ausbruch eines bewaffneten internationalen Konflikts grundsätzlich nicht. Ein neutraler Staat verliert seinen neutralen Status, sobald er Partei für eine der Konfliktparteien ergreift. Hierfür reicht jedoch allein die Aufrechterhaltung bestehender Handelsbeziehungen im Rahmen des Normalen nicht aus. Hingewiesen sei abschließend darauf, dass die Neutralitätsregeln auf nicht-internationale bewaffnete Konflikte keine Anwendung finden.

## Testfragen zum 8. Kapitel

1. Womit befasst sich das humanitäre Völkerrecht?
2. Welches sind die wesentlichen Kodifikationen des humanitären Völkerrechts?
3. Wer ist Kombattant?
4. Wodurch unterscheiden sich internationale von nicht-internationalen bewaffneten Konflikten?
5. Was bedeutet Neutralität im völkerrechtlichen Sinn?

# Annex: Lösung der Testfragen

## Testfragen zum 1. Kapitel

**1.** Welches sind die Hauptakteure des Völkerrechts?

**Lösung:** Hauptakteure des Völkerrechts sind die Staaten.

**2.** Um welches Recht geht es dem Wesen nach in erster Linie beim Völkerrecht?

**Lösung:** Es geht primär um das internationale öffentliche Recht.

**3.** Welche beiden Regelungswerke des 19./20. Jahrhunderts sind von zentraler Bedeutung für die Beschränkung der zulässigen Mittel der Kriegsführung?

**Lösung:** Von zentraler Bedeutung sind die *Haager Abkommen* von 1899 und 1907 mit ihrer Anlage, der *Haager Landkriegsordnung*, die in ihrer Fassung von 1907 auch heute noch unverändert gilt.

**4.** Was bedeuten die Begriffe *ius ad bellum* und *ius in bello*?

**Lösung:** *Ius ad bellum* meint das Recht zum Krieg, *ius in bello* das Recht im Krieg.

**5.** Mit welchem Vertrag wurde der Beginn der Eindämmung des *ius ad bellum* eingeleitet?

**Lösung:** Mit dem Pakt zur Ächtung des Krieges, dem sog. *Briand-Kellogg*-Pakt von 1928.
(Hinweis: seinen Namen hat dieser Vertrag vom damaligen französischen Außenminister *Aristide Briand* und seinem US-amerikanischen Amtskollegen *Frank Billings Kellogg*)

**6.** Welches sind die wesentlichen Gründe für die tatsächliche Geltung des Völkerrechts?

**Lösung:** Wesentliche Gründe dafür, dass die Staaten Völkerrecht befolgen, sind die globalen, von den Einzelnen alleine nicht lösbaren

Probleme (zB Terrorismus, Umweltschäden), die Gegenseitigkeitserwartung und die internationale öffentliche Meinung (Prestigeverlust).

## Testfragen zum 2. Kapitel

**1. Was bedeutet beschränkte (partielle) Völkerrechtssubjektivität?**

**Lösung:** Beschränkte (oder partielle) Völkerrechtssubjektivität bedeutet, dass dem entsprechenden Völkerrechtssubjekt nur hinsichtlich einzelner völkerrechtlicher Rechte und Pflichten Rechtspersönlichkeit zukommt.

**2. Welches sind die kraft Tradition anerkannten beschränkten Völkerrechtssubjekte?**

**Lösung:** Traditionell anerkannte beschränkte Völkerrechtssubjekte sind der Heilige Stuhl, der Souveräne Malteser Orden und das Internationale Komitee des Roten Kreuzes (IKRK).

**3. Ist die EU Völkerrechtssubjekt?**

**Lösung:** Seit dem Vertrag von Lissabon hat sich der Streit um die Völkerrechtssubjektivität der EU erledigt. Art. 47 EUV verleiht der EU eigene Rechtspersönlichkeit. Zu beachten ist, dass Völkerrechtssubjekt nur noch die EU ist, da die EU Rechtsnachfolgerin der Europäischen Gemeinschaft ist und an ihre Stelle tritt.

**4. Welche Elemente sind für das Bestehen eines Staates konstitutiv?**

**Lösung:** Nach der Drei-Elemente-Lehre von *Georg Jellinek* ist konstitutiv für einen Staat das Bestehen eines Staatsgebiets, eines Staatsvolkes und einer effektiven Staatsgewalt. Die Fähigkeit, in Beziehungen zu anderen Staaten zu treten, wird in der Staatenwelt nicht als konstitutives Element gesehen. Auch das Merkmal der Souveränität gehört nicht zu den konstitutiven Elementen. Gleiches gilt für die Anerkennung durch andere Staaten, die nach heute herrschender Auffassung rein deklaratorisch wirkt.

**5. Was ist ein *failed state*?**

**Lösung:** Unter *failed state* versteht man Staaten, bei denen ohne Einwirkung von außen aus rein innerstaatlichen Gründen wie zB

Bürgerkrieg, Unruhen etc. die effektive Staatsgewalt vorübergehend weggefallen ist. Die Staatenpraxis zieht hier den Fortbestand der Staatlichkeit nicht in Zweifel, selbst wenn der „vorübergehende" Wegfall der Staatsgewalt schon Jahre andauert.

---

**6.** Auf welche Weise kann es zu einem derivativen Erwerb fremden Territoriums kommen?

---

**Lösung:** Zum Erwerb des Gebiets eines anderen Staates (derivativer Erwerb) kann es durch gewaltsamen – nach heute herrschender Völkerrechtslehre aber rechtswidrigen – Erwerb kommen, sog. Annexion, durch vertraglichen Erwerb, sog. Zession, oder durch Zuerkennung territorialer Souveränität durch eine völkerrechtliche Entscheidung, sog. Adjudikation. In Betracht kommt auch ein Gebietserwerb durch Ersitzung, also durch die ununterbrochene Ausübung effektiver Hoheitsgewalt über eine lange Zeit.

---

**7.** Was ist der Unterschied zwischen einer sog. *de jure-* und einer *de facto*-Anerkennung?

---

**Lösung:** Die *de jure*-Anerkennung ist verbindlich und grundsätzlich unwiderruflich. In der Staatenpraxis geht mir ihr in der Regel die Aufnahme diplomatischer Beziehungen einher. Demgegenüber erzeugt die *de facto*-Anerkennung nur vorläufige Rechtswirkungen. Sie steht gleichsam unter Widerrufsvorbehalt und bringt eine Ungewissheit des anerkennenden Staates über die (endgültige) Stabilität zum Ausdruck. Zwischenstaatliche Beziehungen im Kontext einer *de facto*-Anerkennung beschränken sich demzufolge regelmäßig auf den konsularischen oder handelspolitischen Bereich.

---

**8.** Ist die Bundesrepublik Deutschland nach dem Zweiten Weltkrieg neu gegründet worden oder ist sie mit dem Deutschen Reich identisch?

---

**Lösung:** Ein Fall der Dismembration, also ein Zerfall in mehrere Nachfolgestaaten, fand nicht statt, da mit der Bundesrepublik Deutschland gerade kein neuer Staat gegründet wurde. Damit ist das Deutsche Reich als Völkerrechtssubjekt nie untergegangen, sondern besteht in Form der Bundesrepublik Deutschland fort.

---

**9.** Was ist Voraussetzung für das Vorliegen einer zwischenstaatlichen internationalen Organisation?

**Lösung:** Eine zwischenstaatliche internationale Organisation ist ein auf völkerrechtlichem Vertrag beruhender, mitgliedschaftlich strukturierter Zusammenschluss von mindestens zwei Staaten, der mit eigenen Organen ausgestattet Angelegenheiten von gemeinsamem Interesse besorgt.

---

**10.** Was ist zentrale Aufgabe der Vereinten Nationen und was sind ihre Hauptorgane?

---

**Lösung:** Aufgabe der Vereinten Nationen ist die Wahrung des Weltfriedens und der internationalen Sicherheit. Ihre Hauptorgane sind nach Art. 7 Abs. 1 UN-Charta die Generalversammlung, der Sicherheitsrat, der Wirtschafts- und Sozialrat, der Treuhandrat, der Internationale Gerichtshof und das Sekretariat.

---

**11.** Welche Aufgabe kommt dem Sicherheitsrat der Vereinten Nationen zu und wie setzt er sich zusammen?

---

**Lösung:** Der Sicherheitsrat trägt die Hauptverantwortung für die Wahrung des Weltfriedens und der internationalen Sicherheit (s. Art. 24 Abs. 1 UN-Charta). Er besteht aus 15 Mitgliedern: 5 ständigen und 10 nichtständigen Mitgliedern. Die nichtständigen Mitglieder werden jeweils für zwei Jahre von der Generalversammlung gewählt (s. Art. 23 UN-Charta).

---

**12.** Was versteht man unter dem Veto- bzw. Doppel-Vetorecht des Sicherheitsrats?

---

**Lösung:** Das Vetorecht bedeutet, dass jeder der 5 ständigen Mitglieder des Sicherheitsrats prinzipiell jeden Beschluss, außer zu Verfahrensfragen, verhindern kann (s. Art. 27 Abs 3 UN-Charta). Da über die Qualifikation, wann eine Verfahrensfrage vorliegt, bei Unklarheit ebenfalls Beschluss zu fassen ist, unterliegt diese Frage ebenfalls dem Vetorecht der ständigen Mitglieder (sog. Doppel-Vetorecht).

---

**13.** Wodurch unterscheiden sich die Vereinten Nationen von der NATO?

---

**Lösung:** Die NATO, eine regionale Abmachung gem. Art. 52 UN-Charta, ist – jedenfalls von ihrem Ursprung her – ein kollektives, nach außen gerichtetes Verteidigungsbündnis (s. Art. 5 Abs. 1 NATO-Vertrag), dh die Gründungsmitglieder sichern sich gegenseitig militärische Unterstützung im Falle eines Angriffs durch einen Drittstaat zu. (Die Ausrichtung gegen Bedrohungen von außen wurde durch das

Strategische Konzept von 1999 allerdings dahingehend ergänzt, dass auch nicht unter Art. 5 NATO-Vertrag fallende Krisenreaktionseinsätze erlaubt sind.) Im Gegensatz dazu sind die Vereinten Nationen ein System gegenseitiger kollektiver Sicherheit, in dem es in erster Linie um Friedensmechanismen und die Absicherung gegen Bedrohungen von innen geht.

## Testfragen zum 3. Kapitel

**1.** Was versteht man unter einem völkerrechtlichen Vertrag?

**Lösung:** Unter einem völkerrechtlichen Vertrag versteht man eine Einigung zwischen mindestens zwei Völkerrechtssubjekten auf dem Gebiet des Völkerrechts.

**2.** Was ist die Wiener Vertragsrechtskonvention (WVK)?

**Lösung:** Die WVK ist ein völkerrechtlicher Vertrag, der die wesentlichen Regeln des Völkervertragsrechts enthält. Da der Vertrag allgemeine Rechtsregeln festlegt, spricht man von einer Konvention. In der WVK sind die wesentlichen bereits gewohnheitsrechtlich bestehenden Regeln bezüglich völkerrechtlicher Verträge kodifiziert.

**3.** Wer hat bei Staaten die Vertragsschlusskompetenz?

**Lösung:** Nach dem Vollmachtsprinzip ergibt sich die Kompetenz aus einer ausdrücklichen Vollmacht (Art. 7 Abs. 1 lit. a WVK), aus der Übung der beteiligten Staaten oder aus anderen Umständen (Art. 7 Abs. 1 lit. b WVK). Kraft Amtes besteht die widerlegbare Vermutung der vollumfänglichen Vertragsschlusskompetenz beim Staatsoberhaupt, dem Regierungschef und dem Außenminister (Art. 7 Abs. 2 WVK).

**4.** Was ist Geltungsgrund völkerrechtlicher Verträge?

**Lösung:** Geltungsgrund ist das Prinzip *pacta sunt servanda*, s. Art. 26 WVK.

**5.** Wonach richtet sich die Auslegung von völkerrechtlichen Verträgen?

**Lösung:** Die Auslegung richtet sich gem. Art. 31 WVK nach dem Wortlaut, nach der Systematik und nach Ziel und Zweck des Vertrags.

---

**6.** Multilaterale Verträge können durch die Erklärung von Vorbehalten durch und für einzelne Staaten angepasst werden. Bei einem multilateralen Vertrag, der kein Vorbehaltsverbot vorsieht, möchte eine Partei (P) einen Vorbehalt zu einer Vertragsnorm anbringen. Partei A nimmt den Vorbehalt an. Partei B erhebt Einspruch gegen den Vorbehalt, während Partei C nicht nur dem Vorbehalt widerspricht, sondern auch nicht wünscht, dass vertragliche Beziehungen zwischen ihr und P entstehen. Was sind die jeweiligen Rechtsfolgen?

---

**Lösung:** Zwischen A und P tritt der Vertrag in Kraft und zwar nach Maßgabe des erklärten Vorbehalts (Art. 20 Abs. 4 lit. a, Art. 21 Abs. 1 WVK). Zwischen B und P tritt der Vertrag in Kraft, jedoch wird die vom Vorbehalt betroffene Vertragsnorm nicht angewendet (Art. 20 Abs. 4 lit. b, Art. 21 Abs. 3 WVK). Zwischen C und P tritt der Vertrag gar nicht in Kraft, so dass es zu keiner vertraglichen Bindungswirkung kommt. Auf das Vertragsverhältnis zwischen A, B und C untereinander hat der Vorbehalt keine Auswirkung; der Vertrag gilt zwischen ihnen vollinhaltlich.

---

**7.** Was sind sog. *inter se*-Abkommen?

---

**Lösung:** *Inter se*-Abkommen sind Modifikationen, die nur einen Teil der Parteien eines multilateralen Vertrags betreffen, dh der Vertrag wird nicht zwischen allen Vertragsparteien modifiziert, sondern nur im Verhältnis der die Modifikation vornehmenden zwei oder mehr Vertragsparteien zueinander. Die Zulässigkeit von *inter se*-Abkommen sowie das Verfahren sind in Art. 41 WVK geregelt.

---

**8.** Welches sind die Entstehungsvoraussetzungen völkerrechtlichen Gewohnheitsrechts?

---

**Lösung:** Als objektives Element bedarf es einer allgemeinen Übung, sog. *consuetudo*, was voraussetzt, dass eine bedeutende Anzahl der betroffenen Völkerrechtssubjekte eine Verhaltensweise über einen längeren Zeitraum praktizieren muss. Hinzu kommen muss als subjektives Element die Überzeugung der Völkerrechtssubjekte, dass ihr Verhalten rechtlich geboten ist, sog. *opinio iuris sive necessitatis*.

**9.** Wann kann ein Völkerrechtssubjekt grundsätzlich die Bindungswirkung des Völkergewohnheitsrechts für sich ausschließen?

**Lösung:** Ein Völkerrechtssubjekt kann die Bindung für sich ausschließen, wenn es sich beharrlich und dauerhaft einer ständigen
Übung widersetzt, sog. *persistent objector*.

**10.** Was versteht man unter *ius cogens*?

**Lösung:** *Ius cogens* ist eine Regel des Völkerrechts, die von der internationalen Staatengemeinschaft in ihrer Gesamtheit angenommen
wird als eine Norm, von der nicht abgewichen werden darf und die
nur durch eine spätere Norm des allgemeinen Völkerrechts derselben
Rechtsnatur geändert werden kann (vgl. Art. 53 S. 2 WVK).

**11.** Was sind „allgemeine Rechtsgrundsätze" iSd Art. 38 Abs. 1
lit. c IGH-Statut? Nennen Sie Beispiele!

**Lösung:** Allgemeine Rechtsgrundsätze sind aus den Rechtssätzen
des innerstaatlichen Rechts abgeleitete allgemeine Prinzipien, also
Prinzipien, die in den meisten nationalen Rechtsordnungen anerkannt
sind. Zu diesen Prinzipien zählen u.a. der Grundsatz von Treu und
Glauben, der Grundsatz der Billigkeit, der Grundsatz der Erstattung
ungerechtfertigter Bereicherung oder der Grundsatz der Verjährung
und Verwirkung.

**12.** Art. 38 Abs. 1 lit. a–c IGH-Statut nennt drei anerkannte Rechtsquellen des Völkerrechts. Welche weiteren Rechtsquellen ließen
sich anführen?

**Lösung:** Wenngleich umstritten ist, ob die Aufzählung in Art. 38
IGH-Statut abschließend ist, könnte den einseitigen Rechtsakten und
dem *soft law* Rechtsquellencharakter zugesprochen werden.

**13.** Kann bspw. die *Friendly Relations Declaration* der UN-
General-versammlung als Rechtsquelle herangezogen werden?

**Lösung:** Nein, da Resolutionen der UN-Generalversammlung wie
die *Friendly Relations Declaration* keine unmittelbaren Rechte oder
Pflichten begründen und somit keine Bindungswirkung entfalten. Die
*Friendly Relations Declaration* kann lediglich als Nachweis für gleich-
lautendes Gewohnheitsrecht herangezogen werden.

## Testfragen zum 4. Kapitel

---

**1.** Weshalb ist die Unterscheidung von territorialer Souveränität und Gebietshoheit von praktischer Relevanz?

---

**Lösung:** Die Unterscheidung ist deshalb von praktischer Relevanz, weil es verschiedene Situationen gibt, in denen einem anderen Staat die Ausübung von staatlicher Tätigkeit auf dem eigenen Territorium gestattet wird, ohne dass dies Auswirkungen auf die Zugehörigkeit des Gebiets zum eigenen Staatsgebiet hat. Während die Gebietshoheit bspw. im Fall des Badischen Bahnhofs in Basel zugunsten von Deutschland eingeschränkt ist, ändert dies an der Souveränität der Schweiz und der völkerrechtlichen Zuordnung des Bahnhofsgebiets zum schweizerischen Staatsgebiet nichts.

---

**2.** Welches sind neben dem wichtigsten völkerrechtlichen Erwerbstitel der Zession die weiteren Möglichkeiten für einen Gebietserwerb?

---

**Lösung:** Als weitere Möglichkeiten des Gebietserwerbs kommen die Annexion, die Okkupation, die Ersitzung, die Adjudikation und die Anschwemmung in Betracht.

---

**3.** Was versteht man unter einer Zession?

---

**Lösung:** Unter einer Zession versteht man die vertragliche Übertragung eines Teils eines Staatsgebiets durch einen Staat an einen anderen Staat. Gebietsabtretungen werden heutzutage regelmäßig im Rahmen von Friedensabkommen und Grenzverträgen vorgenommen.

---

**4.** Was ist im Völkerrecht zur Bestimmung des Staatsvolkes das entscheidende Element?

---

**Lösung:** Das entscheidende Element zur Bestimmung des Staatsvolkes ist die Staatsangehörigkeit des Einzelnen.

---

**5.** Welches sind die Erwerbsgründe der Staatsangehörigkeit mit der Geburt?

---

**Lösung:** Die typischen Erwerbsgründe der Staatsangehörigkeit mit der Geburt sind die Abstammung von einem Staatsangehörigen (*ius sanguinis* – Abstammungsprinzip) oder die Geburt im Staatsgebiet (*ius soli* – Geburtslandsprinzip).

**6.** Welches sind anerkannte Gründe für den Verlust der Staatsangehörigkeit?

**Lösung:** Anerkannte Gründe für den Verlust der Staatsangehörigkeit sind etwa die Entlassung auf Antrag, der Erwerb einer anderen Staatsangehörigkeit, der Eintritt in den Staatsdienst oder die Streitkräfte eines anderen Staates oder die Heirat mit einem Ausländer.

**7.** Wonach kann die Staatszugehörigkeit juristischer Personen bemessen werden?

**Lösung:** Die Staatszugehörigkeit juristischer Personen kann nach dem Ort der Gründung und dem der Gründung zugrunde liegenden Recht (Gründungstheorie) oder nach dem tatsächlichen (effektiven) Verwaltungssitz (Sitztheorie) bemessen werden. Beide Theorien können auch gekoppelt werden.

**8.** Welches sind die Voraussetzungen für die Ausübung diplomatischen Schutzes?

**Lösung:** Die Voraussetzungen für die Ausübung diplomatischen Schutzes, die kumulativ vorliegen müssen, sind neben einer bereits eingetretenen oder unmittelbar bevorstehenden Völkerrechtsverletzung, dass der Verletzte Staatsangehöriger bzw. Staatszugehöriger des Schutz gewährenden Staates ist. Ein weiteres Erfordernis ist, dass der Verletzte den nationalen Rechtsweg im Verletzerstaat erfolglos ausgeschöpft haben muss.

## Testfragen zum 5. Kapitel

**1.** Auf welcher Grundlage beruht das Interventionsverbot und was schützt es?

**Lösung:** Das Interventionsverbot beruht auf der souveränen Gleichheit aller Staaten. Geschützt wird vom Interventionsverbot der Bereich der inneren Angelegenheiten (*domaine réservé*). Die inneren Angelegenheiten eines Staates sind diejenigen, die keiner völkerrechtlichen Regelung unterliegen wie bspw. die Innenpolitik oder die Wahl des politischen Systems.

**2.** Wie lässt sich eine Intervention definieren? Nennen Sie Beispiele für eine Intervention.

**Lösung:** Nach modernem Verständnis lässt sich eine Intervention definieren als eine zwangsweise Maßnahme wirtschaftlicher, politischer oder sonstiger Art. Als Beispiele für eine verbotene Intervention sind die finanzielle Unterstützung von Aufständischen, die Unterstützung eines Umsturzes über nationale Medien, die vorzeitige Anerkennung eines Staates sowie die Ausübung militärischer Gewalt zu nennen.

**3.** Woraus resultiert die Staatenimmunität und was bedeutet sie?

**Lösung:** Die Staatenimmunität resultiert aus dem Grundsatz der souveränen Gleichheit aller Staaten (Art. 2 Nr. 1 UN-Charta). Sie bedeutet, dass grundsätzlich weder ein Staat selber noch seine leitenden Organe der Gerichtsbarkeit eines anderen Staates unterworfen sind.

**4.** Was bedeutet die Ausgestaltung des Wiener Übereinkommens über diplomatische Beziehungen als *self contained regime*?

**Lösung:** Die Ausgestaltung als *self contained regime* bedeutet, dass auf eine Verletzung dieses Regelungssystems nur mit den ausdrücklich dort genannten Sanktionsmöglichkeiten reagiert werden darf – dies ist gem. Art. 9 WÜD die Erklärung des Diplomaten zur *persona non grata*.

**5.** Was bedeutet die Immunität von Diplomaten und Konsuln?

**Lösung:** Die Immunität von Diplomaten und Konsuln bedeutet, dass sie vom Empfangsstaat – soweit die Immunität reicht – nicht zur Rechenschaft gezogen werden können. Im Unterschied zum Diplomaten ist beim Konsul die Immunität auf die dienstliche Aufgabenwahrnehmung beschränkt.

**6.** Reicht die diplomatische Immunität über das Ende der Dienstzeit hinaus?

**Lösung:** Während die Immunität für dienstliche Handlungen auch nach dem Ende der Mission fortbesteht, endet die Immunität für privatrechtliche Handlungen normalerweise mit dem Zeitpunkt der Ausreise oder mit dem Ablauf einer vom Empfangsstaat gewährten angemessenen Frist (s. Art. 39 Abs. 2 WÜD).

**7.** Unter welchen Voraussetzungen haftet ein Staat für eine Völkerrechtsverletzung?

**Lösung:** Ein Staat haftet für eine durch Tun oder Unterlassen herbeigeführte Völkerrechtsverletzung, wenn sie ihm zuzurechnen ist. Zurechenbar ist dem Staat nicht nur das Handeln seiner eigenen Organe einschließlich der Organe seiner Gliedstaaten, sondern auch das Verhalten von Beauftragten und solches Verhalten Privater, das sich der Staat bspw. durch Billigung selbst aktiv zurechnet.

**8.** Was versteht man unter einer Repressalie und unter welchen Voraussetzungen ist sie zulässig?

**Lösung:** Unter einer Repressalie ist ein Völkerrechtsverstoß zu verstehen, der in Reaktion auf einen vorangegangenen Völkerrechtsverstoß erfolgt und deswegen rechtmäßig ist (Art. 22 ILC-Entwurf). Eine Repressalie ist grds. zulässig, wenn sie auf die Wiederherstellung der völkerrechtmäßigen Lage zielt, vorher angekündigt und verhältnismäßig ist und nicht selbst gegen *ius cogens* verstößt.

**9.** Welche weiteren Rechtfertigungen schließen die völkerrechtliche Verantwortlichkeit aus?

**Lösung:** Weitere die völkerrechtliche Verantwortlichkeit ausschließende Rechtfertigungsgründe sind die Einwilligung, die Selbstverteidigung, höhere Gewalt, eine Notlage oder ein Notstand.

**10.** Welches sind die Rechtsfolgen der völkerrechtlichen Staatenverantwortlichkeit?

**Lösung:** Neben der Pflicht des für die Völkerrechtsverletzung verantwortlichen Staates, das völkerrechtswidrige Verhalten zu beenden und nicht zu wiederholen, besteht als Rechtsfolge die Pflicht zur Wiedergutmachung in Form von Naturalrestitution und – subsidiär – Schadensersatz sowie in Form von Genugtuung gegenüber dem Verletzten etwa im Wege einer offiziellen Entschuldigung.

**11.** Welche Formen der Wiedergutmachung völkerrechtlichen Unrechts sind anerkannt?

**Lösung:** Als Grundformen der Wiedergutmachung sind anerkannt die Naturalrestitution, der Schadensersatz und die Genugtuung.

## Testfragen zum 6. Kapitel

> **1.** Welche spezifischen Befugnisse hat der Sicherheitsrat aus Kapitel VII UN-Charta zur Wahrung bzw. Wiederherstellung des Friedens und der internationalen Sicherheit?

**Lösung:** Der Sicherheitsrat kann nach Feststellung einer Situation der unmittelbaren Friedensbedrohung, des Friedensbruchs oder einer Angriffshandlung (s. Art. 39 UN-Charta) eine Reihe von Zwangsmaßnahmen erlassen. Dazu gehören neben dem Erlass vorläufiger Maßnahmen wie etwa der Anordnung eines Waffenstillstandes oder des Rückzugs von Streitkräften (Art. 40 UN-Charta) nicht-militärische Zwangsmaßnahmen wie insbesondere der Abbruch von wirtschaftlichen Beziehungen oder die Verhängung von Embargos (Art. 41 UN-Charta) sowie als *ultima ratio* die Durchführung militärischer Zwangsmaßnahmen (Art. 42 UN-Charta).

> **2.** Welches völkerrechtliche Abkommen enthielt als erstes ein generelles Kriegsverbot und welche Erweiterung erfuhr das Kriegsverbot durch die Charta der Vereinten Nationen?

**Lösung:** Ein erstes generelles Kriegsverbot enthielt der nach dem französischen und dem amerikanischen Außenminister benannte *Briand-Kellog*-Pakt von 1928. Mit Art. 2 Nr. 4 der UN-Charta von 1949 wurde das Kriegsverbot zu einem allgemeinen Gewaltverbot ausgeweitet.

> **3.** Was besagt das allgemeine Gewaltverbot des Art. 2 Nr. 4 UN-Charta?

**Lösung:** Nach dem allgemeinen Gewaltverbot ist nicht nur jeder kriegerische Angriff, sondern jede Art der militärischen Gewalt verboten, und zwar nicht nur eine gegen die territoriale Unversehrtheit oder die politische Unabhängigkeit gerichtete Gewalt. Eine bestimmte Mindestintensität der militärischen Gewalt kennt das Gewaltverbot nicht.

> **4.** Wann kann von dem Gewaltverbot rechtmäßigerweise abgewichen werden?

**Lösung:** Unter der Voraussetzung, dass der Sicherheitsrat Zwangsmaßnahmen nach Kapitel VII UN-Charta verhängt sowie im Fall der individuellen oder kollektiven Selbstverteidigung kann von dem Gewaltverbot rechtmäßigerweise abgewichen werden. Als weitere Rechtfertigungsgründe für militärische Gewalt werden der Schutz eigener Staatsangehöriger, der Schutz der Zivilbevölkerung im Fall eines *failed state* und die humanitäre Intervention diskutiert.

**5.** Was setzt die Inanspruchnahme der Selbstverteidigung nach Art. 51 UN-Charta voraus?

**Lösung:** Eine Selbstverteidigung setzt einen bewaffneten Angriff voraus, der eine bestimmte Intensitätsschwelle erreicht haben und grundsätzlich gegenwärtig erfolgen oder unmittelbar bevorstehen muss.

**6.** Gestattet das Recht auf Selbstverteidigung den nuklearen Erstschlag?

**Lösung:** Grundsätzlich ist ein nuklearer Erstschlag als Reaktion auf einen mit konventionellen Waffen geführten Angriff aufgrund der erheblichen Auswirkungen als unverhältnismäßig anzusehen und damit nicht vom Recht auf Selbstverteidigung erfasst. Allerdings hat der IGH in seinem Gutachten von 1998 den Einsatz von Atomwaffen in Fällen extremer Bedrohung zur Selbsterhaltung des angegriffenen Staates für jedenfalls nicht völkerrechtlich verboten gehalten.

**7.** Lässt sich der Sturz einer ausländischen Regierung mit den Erfordernissen der Selbstverteidigung begründen?

**Lösung:** Nein, denn die Selbstverteidigung mit dem Ziel, die Regierung des Angreiferstaates zu stürzen (*regime change*), ist mit dem Verhältnismäßigkeitsgrundsatz regelmäßig unvereinbar.

**8.** Welche Formen diplomatischer Streiterledigung gibt es?

**Lösung:** Zu den diplomatischen Verfahren gehören die Verhandlungen, die Untersuchung, die Vermittlung, der sog. Gute Dienst und der Vergleich.

**9.** Welche Voraussetzungen müssen vorliegen, damit sich der IGH mit einem Streitfall befassen kann?

**Lösung:** Zunächst muss es sich bei den Verfahrensbeteiligten um Staaten handeln, da nur diese parteifähig sind (Art. 34 IGH-Statut). Sie müssen zudem Vertragsparteien des IGH-Statuts sein (Art. 35 Abs. 1 IGH-Statut), was die Mitgliedstaaten der Vereinten Nationen ohne weiteres sind (Art. 93 Abs. 1 UN-Charta). Zudem ist Voraussetzung, dass sich die Parteien der Gerichtsbarkeit des IGH unterworfen haben. Dies kann nach Art. 36 Abs. 1 IGH-Statut durch eine *ad hoc*-Erklärung der betroffenen Staaten oder durch rügelose Einlassung zur Sache in einem anhängigen Prozess erfolgen, durch eine Unterwerfung in bi- oder multilateralen Verträgen, oder nach Art. 36 Abs. 2 IGH-Statut durch einseitige Staatenerklärung dahingehend, dass die Zuständigkeit des IGH gegenüber jedem anderen Staat, der dieselbe Verpflichtung übernimmt, für bestimmte Rechtsstreitigkeiten anerkannt wird (sog. Fakultativklausel).

---

**10.** Welche weitere Aufgabe kommt dem IGH neben der zwischenstaatlichen Streitentscheidung noch zu?

---

**Lösung:** Neben zwischenstaatlichen Streitigkeiten ist der IGH nach Art. 96 UN-Charta auch für die Erstellung von Rechtsgutachten zuständig, die von den Organen der Vereinten Nationen angefordert werden.

## Testfragen zum 7. Kapitel

---

**1.** Welche Bedeutung haben die völkergewohnheitsrechtlich und völkervertragsrechtlich verankerten Menschenrechte für die Völkerrechtssubjektivität des Individuums?

---

**Lösung:** Die Menschenrechte erkannten den Menschen als Individuum zum ersten Mal als Völkerrechtssubjekt an und durchbrachen damit die Mediatisierung im Völkerrecht. Der Einzelne wurde zur eigenen, unabhängigen Rechtspersönlichkeit.

---

**2.** Welche Menschenrechte sind als *ius cogens* anzusehen?

---

**Lösung:** Als *ius cogens* anzusehen sind das Verbot des Völkermordes und des Sklavenhandels, der willkürlichen Tötung und unmenschliche Behandlung, der Anspruch auf ein faires Gerichtsverfahren und das Verbot der Rassendiskriminierung.

---

**3.** Einige Menschenrechtsabkommen sehen für die Individuen ein eigenes völkerrechtliches Klagerecht vor. Nennen Sie einige Übereinkünfte mit Individualbeschwerdemöglichkeit.

---

**Lösung:** Eine Individualbeschwerdemöglichkeit ist in den Fakultativprotokollen zum IPBPR und zum IPWSKR ebenso enthalten wie beispielsweise im Fakultativprotokoll zum *Übereinkommen zur Beseitigung jeder Form von Diskriminierung der Frau,* fakultativ in der *UN-Anti-Folterkonvention* von 1984, sowie obligatorisch in der EMRK (Art. 34) und in der AMRK.

---

**4.** Wodurch unterscheiden sich die einzelnen universellen und regionalen Menschenrechtsabkommen regelmäßig?

---

**Lösung:** Die Menschenrechtsabkommen unterscheiden sich regelmäßig durch ihren unterschiedlichen Umfang der Rechtsgewährleistung, da sie nicht durchweg alle drei „Generationen" der Menschenrechte vereinen und die einzelnen Generationen auch nicht in gleichem Ausmaß. Zudem unterscheiden sie sich durch die erst vereinzelt zu verzeichnenden obligatorischen gerichtlichen Durchsetzungsmechanismen der Staaten- und Individualbeschwerde.

---

**5.** Welche Möglichkeit hat der EGMR im Fall der Feststellung einer Verletzung der Konvention, wenn keine völlige Wiedergutmachung in der Umsetzung der Urteile erfolgen kann?

---

**Lösung:** Der EGMR hat in diesem Fall die Möglichkeit, erfolgreichen Beschwerdeführern eine angemessene Entschädigung zuzusprechen, die zum einen den Ersatz für materiellen oder immateriellen Schaden und zum anderen den Ersatz der Kosten und Ausgaben im Verfahren umfasst.

## Testfragen zum 8. Kapitel

---

**1.** Womit befasst sich das humanitäre Völkerrecht?

---

**Lösung:** Das humanitäre Völkerrecht befasst sich mit Regelungen, die die negativen Auswirkungen des Krieges und der Mittel gegenseitiger Schädigung einschränken sollen, und dies sowohl zum Schutz der an den Kampfhandlungen teilnehmenden Personen als auch vor allem zum Schutz der Zivilbevölkerung.

---

**2.** Welches sind die wesentlichen Kodifikationen des humanitären Völkerrechts?

**Lösung:** Neben der (zweiten) *Haager Landkriegsordnung* von 1907 ergeben sich die wesentlichen Regelungen des humanitären Völkerrechts aus den vier *Genfer Abkommen* von 1949 und den beiden Zusatzprotokollen von 1977.

---

**3.** Wer ist Kombattant?

---

**Lösung:** Kombattant ist ein Angehöriger der Streitkräfte oder bestimmter gleichgestellter Verbände einer am Konflikt beteiligten Partei. Nur der Kombattant darf rechtmäßigerweise Schädigungshandlungen im Krieg vornehmen; umgekehrt darf nur ein Kombattant gezielt durch den Gegner angegriffen werden.

---

**4.** Wodurch unterscheiden sich internationale von nicht-internationalen bewaffneten Konflikten?

---

**Lösung:** Der internationale bewaffnete Konflikt ist eine bewaffnete Auseinandersetzung zwischen Staaten, wobei der internationale bewaffnete Konflikt auch die in Ausübung des Selbstbestimmungsrechts geführten Befreiungskriege erfasst. Nach traditioneller Auffassung galt das völkerrechtliche Kriegsrecht nur für zwischenstaatliche bewaffnete Konflikte, nicht aber für nicht-zwischenstaatliche, dh nicht-internationale bewaffnete Konflikte. Es ist jedoch eine Tendenz erkennbar, auch nicht-internationale bewaffnete Konflikte von gewissem Ausmaß dem völkerrechtlichen Kriegsrecht zu unterstellen. Ein humanitärer Mindeststandard ist jedenfalls auch bei nicht-internationalen bewaffneten Konflikten durch den gemeinsamen Art. 3 der vier *Genfer Abkommen* von 1949 und das zweite *Zusatzprotokoll über den Schutz der Opfer nicht-internationaler bewaffneter Konflikte* garantiert.

---

**5.** Was bedeutet Neutralität im völkerrechtlichen Sinn?

---

**Lösung:** Neutralität im völkerrechtlichen Sinn, die nur auf zwischenstaatliche Konflikte bezogen ist, bedeutet auf der einen Seite das Recht des neutralen Staates, nicht in bewaffnete Auseinandersetzungen hineingezogen zu werden, was sich vor allem in dem Grundsatz der Unverletzlichkeit des eigenen Staatsgebiets zeigt, sowie auf der anderen Seite die Pflicht, nicht an der Auseinandersetzung teilzunehmen und unparteilich zu bleiben. Mit dieser Grundpflicht einher gehen die Verbote, einer Konfliktpartei das eigene Hoheitsgebiet zur Verfügung zu stellen oder militärische Unterstützung zu leisten.

# Stichwortverzeichnis

**Kapitel** Randnummer